ホームレス研究

―― 釜ヶ崎からの発信 ――

高田　敏　桑原洋子　逢坂隆子　編

信山社

はしがき

「釜ヶ崎」は，大阪市西成区の一地域であり，面積0.62km（西成区総面積7.42kmの8.4％），東京の山谷，横浜の寿町と並んで三大寄せ場（日雇い労働力市場）のひとつである。しかも日本最大の寄せ場であり，2万5千～3万の土木・建築労働者が住んでいるといわれている。高度経済成長期に日雇い仕事を求めて全国各地からやってきた単身労働者たちも，今や平均年齢は50歳代半ばとなった。「あのトンネルも，あのビルも，高速道路も造ったんや」と語る釜ヶ崎の労働者たちは，間違いなく，わが国の高度経済成長を支えた人たちである。厳しい経済不況の中，50歳をこえた労働者には，ほとんど日雇い仕事がまわってくることはない。常時日雇い仕事からも失業し，野宿を余儀なくされている。仕事を失い，住む場所を追われ，路上や公園などで野宿をする者が増え，今や，釜ヶ崎は「ホームレスの街」ともいえる様相を呈している。大阪のド真ん中で，餓死や凍死さえでている。

不況が長引く中，全国的にも野宿生活を余儀なくされている人々が増えている。2003年2月に国が実施した「ホームレスの実態に関する全国調査」によると，ホームレス数は全国で25,296人，そのなかで大阪府は7,757人を数え，全体の3割を占めている。大阪府下で圧倒的に多いのは大阪市であり，大阪市のホームレス数は6,603人と府下の8割を超え，全国大都市中実数として最多であるだけでなく，人口あたりの数（人口1000人あたり2.52）もまた，他大都市とくらべて突出している。大阪でホームレス数が多いことについては，失業率の高さをはじめとして大阪特有の事情や理由が指摘されているが，なかでも日雇い労働者とホームレスの関わりが明らかになっている。日雇い労働者の多くが経済不況のなか，仕事を失い，ホームレス化せざるをえなかったことが，大阪のホームレス数を大きくしたといわれている。

本書は，釜ヶ崎を中心とする大阪のホームレスや日雇い労働者の生活と健康，労働，保健医療福祉ニーズの実態を多角的かつ実証的に明らかにし，その効果的支援策を探ろうとしたものである。そのために公衆衛生学・法医学・社会福

祉学・法学・地理学・社会保障学・労働経済学など多分野の研究者などによる学際的研究成果をまとめたものとなっている。

　まず序章で，高田敏は，憲法・行政法を専門分野とする法学者の立場から，憲法第97条・第11条，第13条・第25条などをあげて「ホームレスの人権」について論じた上で，生活保護法，ホームレスの自立支援等に関する特別措置法などホームレスに関する法律に触れ，住民基本台帳法にも言及している。

　本論は2部構成であり，第Ⅰ部では，ホームレス・日雇い労働者の労働・生活・健康の実態を紹介する。

　はじめに，中山徹（労働経済学）と海老一郎（西成労働福祉センター職員）が「日雇い労働市場の縮小過程と野宿生活者問題」の中で，釜ヶ崎の日雇労働市場が果たしてきた役割と課題を職業紹介事業の変遷をとおして明らかにする。またバブル経済崩壊後，日雇労働者をかかえる建設業界がどのように労働者の雇用を抑制してきたのか，その中で日雇労働者の就労・生活はどのように変化したかその実態を明らかにする。国や地方自治体が実施する「ホームレス自立支援法」にもとづく対策だけでは問題の解決にはならないと考え，今日広がる非正規雇用化という「雇用破壊」を食い止めるための課題の解決のひとつとしてその方向を指摘する。

　続く水内俊雄（地理学）の「生活保護受給の激増と脱野宿生活者の地域居住の現状——釜ヶ崎から西成全域をめぐって——」は，1990年代後半よりホームレス問題が，公園のテント生活者の激増をきっかけとして，都市問題として認識されるようになる中で，その現象の最も早期にして，かつ現象として深刻に体現した大阪市において，野宿生活問題に最も親近性を有していた西成区で，どのような試行錯誤が，ホームレス問題の対処として取られたかを明らかにした論考である。結果として，生活保護適用による脱野宿生活者のアパート居宅という大きな流れが起こるようになり，西成区では4割弱の高齢生活保護者が野宿を経験し，3分の2近くは日雇労働に従事していることがわかった。そうした単身高齢者の地域生活の実態も明らかにしている。

　逢坂隆子（公衆衛生学）は「釜ヶ崎高齢日雇労働者の生活と健康」の中で，釜ヶ崎の無料低額診療施設入院患者の聞き取り調査をもとにホームレスの生活と健康実態について述べるとともに，野宿を余儀なくされている高齢日雇労働

者を対象とした公的就労事業である「大阪市高齢者特別就労事業」に従事するホームレスに対して実施した生活と健康調査，中でも結核検診結果をもとにして，ホームレスと結核問題に関して論じる。さらにこのような調査から明らかになってきたホームレスの健康問題を継続的に支援する実践的研究の中からみえてきた課題や展望について論考する。

　続いて黒木尚長・的場梁次（法医学・監察医）は「ホームレスの死（医療の現場から）」において，2000年から2004年までの5年間に大阪府で発生した「ホームレスの死」について述べる。警察へ届けられる異状死体という観点から，実数調査を行い，5年間で1052名が死亡し，2000年の256名が2004年の152名までに漸減したことを明らかにし，ホームレスへの支援体制の影響について論じる。さらに「ホームレスの死」の原因に凍死や飢餓死などもあり劣悪な生活環境の影響があること，多くの潜在疾患が解剖所見から確認できたことを述べ，「ホームレスの死」の多くは予防可能な死といえると推論する。

　第Ⅱ部では第Ⅰ部を受けて，ホームレス対策と法制度を論じている。

　まず桑原洋子が「ホームレス処遇の歴史と制度」の中で，釜ヶ崎という名の寄せ場は近世に形成され，大阪市が南に拡大するにつれて現在地に至ったこと，前近代から現代に至るホームレス処遇の歴史，ホームレス支援法制定のプロセスについて述べる。これを踏まえて，ホームレスに関する判例を整理し，現行制度を検討した上で，ホームレス対策として今後実施すべき課題について提言している。

　山本繁（公衆衛生学・元尼崎市保健所長）は保健行政経験を踏まえて「ホームレスと自治体の役割」について述べている。尼崎市では，2002年度からホームレスへの健康支援がホームレス自立支援法とは関係なく既存施策の中で行われているが，発展拡大というより衰退傾向にあり，その原因には，関係職員の熱意の低下も考えられるが，大きな背景として，保健所法の廃止，老人保健法の見直し，結核予防法の廃止など公衆衛生行政の後退を挙げる。今後の公衆衛生行政の変貌を見据えた時，住民（市民）要求の再編が重要な課題となり得る中，保健・福祉・医療関連のNPOが，住民（市民）の代弁者となって，特に地方自治体と連携することの重要性を論じている。なお，この中でふれられている尼崎市保健所のホームレス健康支援に関する報告は全国的にみても先駆的であり，

本研究の一部として実施した大阪市高齢者特別就労事業従事者の生活と健康調査の下敷きとなったものである。

続いて，高鳥毛敏雄（公衆衛生学）は「ホームレスの健康と保健・医療」の中で，ホームレスの健康問題は住環境，食生活など社会経済的要因に起因し，頻度の高い疾患としては高血圧，糖尿病，肝疾患，骨関節疾患などがあること，結核問題は数％の人に関わる頻度の高い疾患ではないが，診断，治療，管理の方法が確立されており，法制度も整えられている疾患であるにも関わらず克服できていない現状にあり，結核問題が解決できない状況の下ではその他の疾患に対する健康支援も無理であろうことを述べている。近年の保健，医療，福祉制度の緻密化がホームレスのような社会的基盤が弱い人々の健康支援をより難しくしてきており，公的または民間の種々の支援団体の育成と連携体制の整備が必要であることを示している。

終章では黒田研二（公衆衛生学）が，「ホームレス問題が社会に問いかけるもの」として，まず，少年らによるホームレス襲撃事件および生活保護行政の実態より，日本社会におけるホームレスの社会的排除の現実を一瞥し，次にホームレスの健康阻害状況を，大阪市の高齢者特別就労事業従事者を対象に行った健康診査結果をもとに，以下のごとく示した。①要医療者・要精密検査者が健診受診者の4分の3を占める，②とくに高血圧の人の割合が多く，背景に，野宿からくるストレス，医療受診からの疎外などがある，③食事・栄養摂取，歯の状態に問題がある人が半数以上を占める，④飲酒の問題は3割の人に認められ，肝機能障害の頻度も高い。問題飲酒はストレスと関連している。こうした状況におかれているホームレスの包括的支援をするために，課題として，①健康支援と必要な医療の確保，②個別継続支援，③公民連携，分野間政策連携について論じている。ホームレス問題は，さまざまな社会問題が凝集している領域であり，この問題に取組むには，複合的な視点による総合的施策が求められていることを強調している。

最後の「住み続けられる街をめざして―医療・生活保護の現場から―」は座談会方式をとって，釜ヶ崎における福祉・医療行政の現状と課題についての検討を行っている。この座談会では，①バブル経済崩壊後の釜ヶ崎における生活保護行政の現状と課題，②釜ヶ崎の居宅生活における支援の現状と課題，③行

旅病人（緊急入院要保護患者）への対応と課題に焦点をあて，今後の釜ヶ崎における生活保護行政や居宅生活支援のあり方についての検討を行った。なお座談会には道家浩（大阪市緊急入院保護業務センター調査室嘱託），松崎喜良（神戸女子大学教員），奥村晴彦（大阪社会医療センター付属病院医事課課長代理），加美嘉史（司会：大阪体育大学健康福祉学部教員）など釜ヶ崎問題と深い関わりのある4名が参加した。

なお，本書中で「釜ヶ崎」は釜ヶ崎地区（地域），あいりん地区（地域）と同義語として使用している。また，「ホームレス」は国際的には「不安定な居住状況あるもの」つまり，野宿生活者だけではなく，簡易宿泊所や建設現場の飯場や，シェルター（夜間緊急避難宿泊施設）などに寝泊りする状態にいるものも含まれる。2002年8月に施行された「ホームレスの自立の支援等に関する特別措置法」では，ホームレスを野宿生活者（公園，河川敷，道路など野外で寝て生活している人）に限定している。本書では特に断りがない場合には，「ホームレス」を「野宿生活者（野宿者）」と同義語として使用する。

本書出版にあたり，多くの執筆者をはじめとして，編者として本書の編集にご尽力いただいた高田敏・桑原洋子両氏，信山社の社長袖山貴氏・本書の編集担当者稲葉文子氏，四天王寺国際仏教大学をはじめ，研究に協力いただいた多くの方々に対し，紙上をお借りして，心より感謝を述べたい。

 2007年7月

逢 坂 隆 子

目　次

はしがき　　　　　　　　　　　　　　　　　　　　　　逢坂隆子
序章　人権とホームレス……………………………………高田　敏… *1*

第Ⅰ部　ホームレスの実態調査と実践活動

1　日雇労働市場の縮小過程と野宿生活者問題………中山　徹・海老一郎… *34*
2　生活保護受給の激増と脱野宿生活者の地域居住の現状
　　──釜ヶ崎から西成区全域をめぐって──……………水内俊雄… *68*
3　釜ヶ崎高齢日雇い労働者の生活と健康………………………逢坂隆子… *89*
4　ホームレスの死（医療の現場から）………………黒木尚長・的場梁次… *116*

第Ⅱ部　ホームレス対策と法制度

5　ホームレス処遇の歴史と制度…………………………………桑原洋子… *136*
6　ホームレスと自治体の役割──自治体からの話題提供──…山本　繁… *161*
7　ホームレスの健康と保健・医療………………………………高鳥毛敏雄… *172*
終章　ホームレス問題が社会に問いかけるもの………………黒田研二… *188*

〈座談会〉住み続けられる街をめざして──医療・生活保護の現場から──
　　………………………道家　浩・松崎喜良・奥村晴彦・加美嘉文… *203*
　あとがき………………………………………………………桑原洋子… *225*

序章　人権とホームレス

高田　敏

はじめに

(1) ホームレスとは

　本書は，ホームレスに関する研究である。

　このホームレスという語は，多義的である。この語は，ホームレスという状態を意味することもあれば，そのような状態にある者（ホームレス者）を意味する場合もある。ホームレスの自立の支援等に関する特別措置法（平成14年8月7日法律第105号，以下，「ホームレス自立支援法」という）は，第2条において，「『ホームレス』とは，都市公園，河川，道路，駅舎その他の施設を故なく起居の場所とし，日常生活を営んでいる者をいう」との定義を設け，ホームレスをホームレス者の意味で用いている。ただ，同法第1条では，「自立の意思がありながらホームレスとなることを余儀なくされた者」という表現も用いているが，ここでいうホームレスは，同条のみの解釈からすれば，ホームレスの状態とホームレス者の二様の意味を包含しているとも言い得よう。しかし，同法を総体として解すれば，ホームレス者の意となろう。

　ホームレスという語は，このように，状態と状態にある者を意味し得るが，さらに，状態についても，それがどのような状態にあるかについて，定まっているわけではない。上場のホームレス自立支援法は，「都市公園，河川，道路，駅舎その他の施設を故なく起居の場所とし，日常生活を営んでいる」（1条）状態を挙げ，ホームレスをいわゆる野宿（生活）者と同義で用いている。ただ，国際的には，むしろもっと広く，不安定な居住状況にあるものを言い，野宿生活者以外に，簡易宿泊所，建築現場の飯場，シェルター（夜間緊急避難宿泊施設）その他に起居し居所を転々とする状態にある者を含むことがみられる

(「はしがき」参照)。このようなホームレスの観念を「広義のホームレス」と称し，自立支援法における定義を「狭義のホームレス」と称することもできよう。そして，ホームレスを広義にとらえるという視点は，現在，必要であると考えられる[1]。

　本書においては，ホームレスを一義的に用いることはしないが，ただ基本的には，この語は自立支援法と同義で用いられている。

(2) 序章の課題

　本書の課題は，ホームレスの実態・制度・支援の実践・対策等の研究にあるが，それに先立つ序章においては，ホームレスを人権の視点からみておくこととしたい。

　いうまでもなく，ホームレス（者）は日本国憲法の保障する人権の享有主体であるが，従来，そのような視点からホームレスがみられることは，むしろ少なかったと言えよう。しかし，2002年に成立したホームレス自立支援法は「ホームレスの人権」を謳い，その配慮（1条）および擁護（3条1項3号，8条2項4号）を課題としている。ここにホームレス観の進展を認めることができよう。ただ，そこにおいては，同法の目的の中にホームレスの人権に配慮し地域社会の理解と協力を得て必要な施策を講ずることが掲げられ（1条），ホームレスへの人権侵害行為等[2]に対する人権の擁護が施策の目標（3条）および基本方針（8条）の一つとされている。したがって，同法は，ホームレスの人権から出発してホームレス自立支援等を総合的に講ずるという構成をとっていない。すなわち，同法は，ホームレスの人権を支援施策の基底・出発点においているわけではなく，むしろ，支援施策の目標や基本方針の一つの場で「ホームレスの人権の擁護」を掲げているのである。

　これに対して，ここでは，ホームレスが日本国憲法の保障する基本的人権の享有主体（97条・11条）であることから出発したい。とすれば，ホームレスは，日本国憲法第三章の人権の主体であり，ホームレスに関する立法・制度等は，トータルにとらえられたホームレスの人権の具体化法であるべきである。序章では，このような視点からホームレス法をみることとしたい。

　以下においては，まず第一に，人権そのものについて一般的に触れ，ホーム

レスが人権の享有主体であることを確認しておく。第二に，ホームレスに関する法（現行法）の主たるものを，ホームレスの人権の視点から瞥見する。そして第三に，ホームレスの人権に最も関わる生活保護法等を取り上げ，ホームレスに関する若干の判例をみておくこととする。最後に，これらの検討を踏まえて，人権具体化法としてのホームレス法について，私見を述べさせていただきたい。

１）ホームレスと人権

(1) 人権宣言の成立・展開

(a) 近代 人権宣言の先駆としては，17世紀イギリスにおける伝来的な権利と自由の宣言（1628年の権利請願および1689年の権利章典）を挙げなければならないが，人間の権利としての人権の観念が人権宣言の形を採って憲法上に成立したのは，18世紀後半である。それは，自然権保障のために社会契約によって国家を成立させ，そこにおいて基本的人権を保障しようとするものであったが，それを確保するために権力分立原理に基礎づけられた統治機構を設けようとするものでもあった。1776年6月のヴァージニア権利章典をはじめとするアメリカ諸州の人権宣言がその嚆矢をなすものであるが，1789年8月26日のフランス人権宣言も，ルソー的な思想の影響のもとにアメリカに比してより高い地位を法律に与えているが，これに属する。

19世紀に入ると，ヨーロッパでは，フランス革命の影響のもとに，近代的意味の憲法の成立が，一般化する。これらの憲法は，18世紀には形式上独立していた人権宣言を，成文憲法の中に組み入れている。また，そこでは，君主との協約憲法ないし君主の欽定憲法の成立によって，基本的人権ではなく国民ないし臣民の権利が保障されることとなった。

このような近代憲法・人権宣言においては，自由と所有権ならびに（形式的）平等が核とされるとともに，それを担保する参政権と一定の国務請求権（裁判を受ける権利等）が保障されていた。そして，欧米で成立した近代憲法は，ヨーロッパ外においても，採用されて行ったのである（明治憲法の成立は1889年）。

(b) 現代化　　現代化は，近代的な人権保障に変容をもたらした。20世紀に入り，第一次大戦後にいたると，1919年8月11日のドイツ・ヴァイマル憲法は，基本権を保障する第二部の第5章の冒頭において，「人間に値する生存の保障」を目的とする「正義の原則」を掲げ，経済生活の秩序がこれに適合しなければならないものとした（151条1項）。この現代憲法の古典的規定は，現代的人権としての生存権的基本権ないし社会権の登場を象徴するものであった（これは，日本国憲法25条の成立にも影響を与えている）。

(c) 20世紀半ば以降　　第二次大戦後，人権の質，内容および拡がりにおいて大きな進展がみられた。まず第一に，人権の質であるが，19世紀における国民ないし臣民の権利に対して，人間の権利としての人権が一般化し，人権の質の強化がみられる。第二に，内容・種類の面においては，人権の現代化がみられ，人権の種類が増大し多様化した。第三に，人権保障の妥当する範囲，人権享有主体の範囲が拡大した。

このような第二次大戦後における人権の大きな変化には，第二次大戦後における国際的人権宣言が大きな影響を及ぼしたと言えよう。すなわち，1948年12月10日に国連総会決議217として採択された世界人権宣言は，法的拘束力を有しない宣言であったが，「すべての人民とすべての国とが達成すべき共通の基準」とされ（前文），第二次大戦後の世界における人権の確立に大きな影響を与えたのである（ちなみに，日本でも，これが採択された12月に，人権週間が設けられている）。そしてこれに続いて，法的拘束力を有する条約の検討が行われ，1966年には，「経済的・社会的及び文化的権利に関する国際規約」（社会権規約，日本でいわゆるA規約）と，「市民的及び政治的権利に関する国際規約」（自由権規約，日本でいわゆるB規約）が成立した（日本の批准は遅く，1979年。また留保も付されている）。また，第二次大戦後における人権の国際的保障については，地域的人権条約が注目される。その嚆矢をなし，極めて大きな役割を果たしてきたのは，1950年（1953年発効）のヨーロッパ人権条約である。この影響のもとに，1969年の米州人権条約（1978年発効）および1981年のアフリカ人権憲章（1986年発効）が成立しているが，アジアにおいては未成立である。なお，ヨーロッパには，1961年のヨーロッパ社会憲章（1965年発効）もある。

(2) 人権宣言とホームレス

では，ホームレスは，このような人権宣言とどのような関わりをもつのであろうか。ここでは，事実に即してではなく，理論的に考えてみることとしたい。

(a) 近 代　人権宣言は，近代においては，18世紀後半に「人権」宣言として成立し，19世紀にはむしろ「国民」ないし「臣民」の権利となった。

そこでは，「人間」または「国民」ないし「臣民」である以上，ホームレスも形式的には権利主体であったと言うことができる（但し，アメリカにおいては，黒人は，1865年までは人ではなく，法的には物として扱われていた）。ただ，そのように言っても，「自由と所有権」および形式的平等を核とする近代的権利保障の下では，その保障は，ホームレスの人権に意味をもたせる方向で作用したとは考え難い。当時においては，ホームレスは，むしろ警察（公共の安全秩序の維持，障害の除去）[3]の観点から扱われたと言うことができよう。

(b) 現代化　現代化によって生存権的基本権ないし社会権が成立するにいたると，ホームレスは，はじめて本質的な場で人権と向き合うことになろう。すなわち，ホームレスは，警察規制の対象，警察権発動という視点とは異なった，人間に値する生存，健康で文化的な生活という視点から，その人権が問題とされ得ることとなった，と言えよう。

ただ，人間に値する生存の保障については，第二次大戦時までは，西欧においても，それをプログラムと解するのが通説であったという状況の下で[4]，ホームレスの人権の問題に発展することはなかった，と考えられる。

日本においては，明治憲法は近代的な国民の権利を保障するもので（第二章臣民権利義務），現代的な生存権的基本権を知らないものであったがゆえに，明治憲法下において現代的なホームレスの人権が問題となる可能性はなかったのである（明治憲法下のホームレスの法的処遇については，本書第Ⅱ部5の桑原・1）の(4)，参照）。

(c) 第二次大戦後　上述の(1)の(c)でみた第二次大戦後における人権状況の変化・進展は，ホームレスの人権の基礎を構築したと言い得よう。

ここでは，日本国憲法からホームレスの人権がどのように引き出されるのかについて，みておくこととしたい。

(3) 日本国憲法とホームレスの人権

(a) 基本的人権の享有主体としてのホームレス　日本国憲法は，「第10章 最高法規」の冒頭の第97条において，「この憲法が日本国民に保障する基本的人権は，人類の多年にわたる自由獲得の努力の成果であって，これらの権利は，過去幾多の試練に堪へ，現在及び将来の国民に対し，侵すことの出来ない永久の権利として信託されたものである。」と定める。同条は，上述の(1)で瞥見したような人類の努力の成果である基本的人権を，憲法上の人権として保障し，これを不可侵・永久の権利として現在および将来の国民に対して信託したものである。そして憲法第11条は，このようにして憲法において保障され国民に信託されるにいたった基本的人権を，人権の章（第三章　国民の権利及び義務）において「侵すことのできない永久の権利」として保障したのである[5]。これらの規定から，およそ国民は，ホームレスを含めて，基本的人権の享有主体であり，日本国憲法はそのような人間としての権利を保障するために制定されたものと解されよう。

ホームレス自立支援法は，その第1条において，ホームレスの人権への配慮について定めているが，そこにおける「ホームレスの人権」自体は，当然の事理を定めた注意規定ということができる。

(b) 人間の尊厳とホームレス　では，ホームレスの享有する基本的人権において，どの人権がホームレスにとってとくに重要であろうか。

ドイツ連邦共和国基本法（ボン基本法，以下 GG という）第1条第1項は，「人間の尊厳は不可侵である。これを尊重し，かつこれを保護することは，すべての国家権力に義務づけられている。」と定める。この条項は，基本権カタログの冒頭におかれ，かつ憲法改正権の限界をなすものであって（79条3項 GG），「人間の尊厳は，自由な民主主義においては，最高の価値である」[6]とされている。そしてこの人間の尊厳の意義については，これが哲学史に基礎づけられた概念であるとされ[7]，カント哲学が示唆される[8]。カントの実践哲学においては，各人はその人（人格 Person）における人間性（Menschheit）の故に，単に手段として用いられてはならず，常に同時に目的として扱われなければならないのである。したがって，ドイツにおいては，この人間の尊厳について，客体公式（Objektformel）が支持され，「人間を国家における単なる客体となす

ことは，人間の尊厳に反する」とされている[9]。

　ホームレスも，その人間の尊厳は，不可侵であって，尊重され，保護されなければならない。なるほど，日本国憲法にはボン基本法のような規定はない。しかし，そもそも，そこで保障される基本的人権（97条・11条）にそれは内在するということができようし（なお，国際人権規約自由権規約16条も参照）[10]，「個人の尊重」を定める日本国憲法第13条は，まさに人間の尊厳を保障したものと解することができよう。さらに，第13条の保障する幸福追求権も，ホームレスにとって重要な権利であるということができよう。

　（c）**生存権とホームレス**　　日本国憲法の定める個別的人権は，ホームレスに保障される。その中でホームレスにとって特に重要な権利は，生存権であろう。

　憲法第25条は，「すべて国民は，健康で文化的な最低限度の生活を営む権利を有する。（第1項）」「国は，すべての生活部面について，社会福祉，社会保障及び公衆衛生の向上及び増進に努めなければならない。（第2項）」，と定める。

　まず25条1項は，健康で文化的な最低限度の生存権を保障したものであるが，ホームレスという状態は，それ自体が，ここでいう「健康で文化的な最低限度の生活」への適合性を問われ得るものであろう。もっとも，その適合性が法的問題となるか否かは，生存権の法的性質にかかっている[11]。すなわち，初期に有力であった25条1項プログラム説によれば，同条同項違反は法的問題とならない。これに対して，1960年代以降次第に有力となった権利説によれば，それが抽象的権利説であれ，具体的権利説であれ，法的問題となる。もっとも，抽象的権利説の場合，憲法25条1項の具体化法の定立のない段階での裁判的訴求はできないこととなるが，生存権具体化法の憲法適合性は問題となり得る。序章においては，3）および4）において，ホームレスに関し，25条1項へのその具体化法の適合性の問題を取り上げる。

　また，25条2項は，「社会福祉，社会保障及び公衆衛生の向上及び増進」を国の課題とする。さらに，ホームレスも，広く生存権的基本権（社会権）を享有する主体であるが，ホームレスという存在にとって重要な意味を有するのは，勤労の権利（憲法27条1項）であろう。本書は，これらの実態を検討するもの

2）ホームレスに関する法

(1) ホームレスの人権と法

　ホームレスの人権について検討しようとする場合，その実態，法制度，その運用，立法論その他種々の視点からの考察があり得る。本書の第Ⅰ部においては主として実態について，第Ⅱ部においては主として法制度と運用について，検討が行われるが，両者は相互関連性を有する。

　そもそも，人権のあり方は，人権に関する制度に大きくかかっているが，人権保障を目的とし，それを実効的に実現するための法制度を構築すべき法治国家においては，その制度は，そのような目的に適合する法制度とならなければならない。本章では，次節（3))以下において，生活保護法等の法制度とその運用等の一部を，ホームレスの人権の視点から，考察することとしたい。

　その前提として，本節（2))では，本来，ホームレスに関しどのような法があるのかを一般的に見ておかなければならないが，この問題は，本書第Ⅱ部5の桑原洋子「ホームレス処遇の歴史と制度」において取り上げられている。したがって，ここでは，重複を避ける趣旨で，次のようにさせていただく。

　まず，ホームレスに関する法をみるに際しては，現行法を歴史的現実として認識する必要があると考えられるが，とくに明治期以降の歴史的検討が必要となろう。この点に関しては，第Ⅱ部5の1)が「ホームレス処遇の沿革」に当てられ，その「(4)　近代以降のホームレスに対する制度的対応」および「(5)　第二次世界戦争終結後のホームレスの処遇」において，明治期以降の制度史が扱われているので，そちらに譲らせていただく。

　つぎに，ホームレスに関する現行法についても，本書第Ⅱ部5において取り上げられている。したがってここでは，それを参照しながら，簡単に現行法に触れるに留めさせていただきたい。

(2) 現　行　法

(a)　行旅病人及び行旅死亡人取扱法（明治32年3月28日法律第93号，以下

「行旅病人法」）

　本法でいう行旅病人とは「歩行ニ堪ヘサル行旅中ノ病人ニシテ療養ノ途ヲ有セス且救護者ナキ者」をいい，行旅死亡人とは「行旅中死亡シ引取者ナキ者」をいう（1条）。そして，行旅病人については，市町村の救護義務（2条），関係者への通知・引取手続（3条），救護費用の負担者（4条・5条），扶養義務者への引取又は費用弁償の請求（6条）等が，行旅死亡人については，その埋葬又は火葬（7条），その同伴者の救護（8条），公告（9条），その関係者への通知（10条），取扱費用の負担（11条），遺留物件の処分・引渡し（12条・14条），取扱費用の弁償なき場合の措置（13条）等が，定められている。このほか，同法では，外国人たる行旅病人等の特例（17条），船車内における行旅病人等の特例（18条）等についての定めもみられる。

　この行旅病人法は，明治憲法下においては当時におけるホームレス法としての意味を有していたが，日本国憲法下においては意味を減じるにいたった（本書第Ⅱ部 5－1）－(4)・(5)）。

　現行法下において，「行旅病人」は，一般には，市町村において緊急入院要保護患者として扱われている。そして，入院後は，生活保護法（医療扶助－15条－等）の適用の問題へと移行する（その実態と問題点については，本書座談会－4，参照）。

　「行旅死亡人」については，本法により原則として市町村が行政的対応を行うが，葬祭費については，生活保護法上の葬祭扶助（18条）があり得る。

　なお，行旅病人等の引取り者がない場合ならびに行旅病人の救護費用および行旅死亡人の取扱費用の弁償がない場合に，引取り・費用負担をなすべき公共団体については，政令によって定められている（行旅病人死亡人等ノ引取及費用弁償ニ関スル件　明治32・6・17勅令277）。

　本法は，明治32年に制定・施行されたものであり，日本国憲法下においても改正されてはいるが，形式的な定めに留っており，憲法25条1項具体化法の性質はみられない。

　(b)　生活保護法

　明治憲法下においては，立憲国家化前に成立した恤救規則（明治7年12月8日太政官達第162号）が先ず効力を有していたが，軍人およびその家族等に関す

る公的扶助法（軍事救護法―後の軍事扶助法―等）等を除くと、いくつかの救済法案の不成立の後、大正期末から準備された救護法（昭和4年4月2日法律第39号）が成立し施行された[12]。これらのうち、恤救規則は、独身で一定の極貧廃疾者・高齢重病・老衰者・労働不能疾病者・13年以下の者等に対して一定の給付をする旨定めていたが、国の法的義務を定めたものということができず、いわゆる警察国家（法治国家成立前の段階）的救貧法であったと言い得よう。これに対して、救護法は、公的扶助義務を定めていたが、要救護者はそれの反射的利益を有するに過ぎないものとされ、権利を有するものとはされていなかったのである[13]。

第二次大戦後、生活保護法（昭和21年9月9日法律第17号）が成立した。このいわゆる旧生活保護法は、救護法、軍事扶助法、母子保護法、医療保護法および戦時災害保護法を廃止して制定されたものであって（44条）、日本国憲法成立前にその成立をみたものである。したがって、旧生活保護法は、憲法25条を知らない段階における法であり[14]、生存権具体化法たる性格はもち得なかったのである。

現行生活保護法（昭和25年5月4日法律第144号）は、憲法25条具体化法となることを目的とする法である（1条）。したがって、ホームレスの人権に最も関わる法ということができよう。本章においては、次節において、ホームレスへの生活保護法の適用の問題を、ホームレスの人権の視点からみることといたしたい。

(c) **ホームレスの自立の支援等に関する特別措置法**（平成14年8月7日法律第105号、以下「ホームレス自立支援法」という）

本法は、「自立の意思がありながらホームレスになることを余儀なくされた者が多数存在し、健康で文化的な生活を送ることができないでいるとともに、地域社会とのあつれきが生じつつある現状にかんがみ、ホームレスの自立の支援、ホームレスとなることを防止するための生活上の支援等に関し、国等の果たすべき責務を明らかにするとともに、ホームレスの人権に配慮し、かつ、地域社会の理解と協力を得つつ、必要な施策を講ずることにより、ホームレスに関する問題の解決に資することを目的」として、2002年に制定された法である。本法制定の過程については、本書第Ⅱ部5の2)－(1)において扱われている[15]。

本法は，4章構成で，17条から成っている。まず，第一章「総則」においては，目的規定（1条，上掲）以外に，ホームレスの定義（2条，本章「はじめに」(1)参照），ホームレスの自立の支援等に関する施策の目標等（3条），ホームレス自らの自立への努力（4条），国および地方公共団体の責務（5条・6条），国民の協力（7条）等が定められている。ついで，第二章「基本方針及び実施計画」では，厚生労働大臣および国土交通大臣がホームレスの自立の支援等に関する基本方針を策定すべきこと（8条），そして，都道府県・市町村が基本方針に即し実施計画を策定しなければならないこと（9条）とされている。また，第三章「財政上の措置等」は，地方公共団体や民間団体のホームレス支援等を国が支援するための財政上の措置等（10条）および都市公園その他の公共の用に供する施設の適正な利用の確保（11条）について，そして最後に第四章「民間団体の能力の活用等」は，民間団体の能力の活用等（12条），国および地方公共団体の連携（13条），ホームレスの実態に関する全国調査（14条）について，定めている。

　本法の中核をなすのは，ホームレスの自立支援等に関する施策の目標（3条）→基本方針の策定（8条）→実施計画の策定（都道府県－市町村，9条）であろう。そこでは，「ホームレスの自立のためには就業の機会が確保されることが最も重要である」（3条2項）との認識のもとに，ホームレスの自立支援等に関する施策が総合的に推進されるべきことが目標とされており（3条），第8条においても，それに対応する事項に関する基本方針の策定が求められている。

　とすれば，同法に掲げるホームレス自立支援等施策の目標は，狭義の生存権（憲法25条1項）に限定されず，勤労の権利（憲法27条1項）も含め広く生存権的基本権（社会権）の保障に照準を合わせたものと解すべきであろう。その意味において，本法は，ホームレスについて対症療法的なものにとどまっていた従来の法制度に対して，総合的なものへの志向をうかがわせるものと言えよう。したがってまた，「ホームレスの人権」は広くとらえられるべきであり，人権そのものが保障される施策がなされるべきであろう。

　ただ，本法においては，「人権」は，総体として捉えられてはいない。とくに，本法がホームレス自立支援施策の目標および基本方針において「ホームレ

スの人権の擁護」（3条1項3号，8条2項4号）をいう場合，それは，人権の一面（人権に対する積極的な侵害からの擁護）を核とするものに留まっていると解される[16]。また，ホームレス自立支援施策の目標（3条）をうけた基本方針および実施計画についても，問題がある。すなわち，自立支援等に関する基本方針は，厚生大臣および国土交通大臣にその策定が義務づけられているが（8条1項），本法ではその事項（8条2項1号乃至6号）および策定に際しての関係行政機関の長との協議（8条3項）が定められているにとどまり，基本方針自体は，「ホームレスの自立の支援等に関する基本方針（平成15年7月3日厚生労働省・国土交通省通告第一号）」として，つまり法規としてではなく，制定されているのである。そして，基本方針に即した実施計画の策定については，都道府県の実施計画は，「施策を実施するため必要があると認められるとき」に策定しなければなれないが，市町村の実施計画は，「…必要があると認めるとき」に策定すべきこととされている（9条）のである。

3） ホームレスと生活保護

(1) 日本国憲法第25条と生活保護法

　憲法25条1項は，「すべて国民は，健康で文化的な最低限度の生活を営む権利を有する。」と定め，生存権を保障している。そして，これを直接的に具体化している法律は，生活保護法（以下「法」という）である。

　法1条は，「日本国憲法第25条に規定する理念に基き，国が生活に困窮するすべての国民に対し，その困窮の程度に応じ，必要な保護を行い，その最低限の生活を保障するとともに，その自立を助長すること」を同法の「目的」とする旨，そして法3条は，「この法律により保障される最低限度の生活は，健康で文化的な生活水準を維持することができるものでなければならない」ことを，定めている。すなわち，法1条は，憲法25条の具体化を法の目的とすることとし，法3条は，憲法25条1項の「健康で文化的な最低限度の生活」を国民に保障すべきこととしているのである。

　このように，生活保護法は，生存権具体化法であるべきものである（法5条は，法1条・3条等を「この法律の基本原理」と位置づけ，「この法律の解釈及び運

用は，すべてこの原理に基いてされなければならない」と定めている）。ただしかしながら，同法の解釈・運用によっては，同法は，その性格を有しないものとなる。例えば，保護は，「厚生労働大臣の定める基準により測定した要保護者の需要を基」として行われるが（法8条1項），その基準は，「最低限度の生活の需要を満たす」もの（法8条2項）とされている。朝日訴訟第一審判決（東京地判昭和35年10月19日行裁例集11巻10号2921頁）によれば，「健康で文化的な生活水準」（法3条）は，「特定の国における特定の時点においては一応客観的に決定」されるべきものであって，その認定は「第一次的には政府の責任にゆだね」られてはいるが，それは「憲法から由来する……法第3条，第8条2項に規定せられるところを逸脱することを得ないもの」とされる。これに対して，その上告審判決（最大判昭和42年5月24日民集21巻5号1043頁）は，「何が健康で文化的な最低限度の生活であるかの認定判断は，いちおう，厚生大臣の合目的的な裁量に委されており，その判断は，当不当の問題として政府の政治責任が問われることはあっても，直ちに違法の問題を生ずることはない」，とする。

したがって，生活保護法の保障する「健康で文化的な生活水準」を維持することのできる最低限度の生活（法3条）について，朝日訴訟第一審判決は，それを生存権（憲法25条1項）具体化法と解しているが，最高裁はそのようには扱っていない。最高裁判決は，憲法25条1項の「健康で文化的な最低限度の生活」が何かについての判断権が結局は行政権に委ねられる，という結果をもたらすこととなるのである[17]。

(2) ホームレスと生活保護法——法と判例

では，生存権具体化法としての生活保護法という性質は，ホームレスに関して妥当しているのであろうか。生活保護法の若干の規定を，若干の判例を通してみてみたい。ただし，ホームレスに関する判例は，本書第Ⅱ部5「ホームレス処遇の歴史と制度」（桑原洋子執筆）の中で取り上げられており（2）の(2)ホームレスに関する判例），判例の展開をみる形でそれらがまとめられている（以下，「桑原」という）。ここでは，生活保護法の条文と関連づけて判例をみることとしたい。

(a) 保護の補足性（法4条）——林訴訟

生活保護法は，1条乃至4条に規定するところを「この法律の基本原理」としているが（法5条），保護の補足性もその一つである。

法第4条第1項は，「保護は，生活に困窮する者が，その利用し得る資産，能力その他あらゆるものを，その最低限度の生活の維持のために活用することを要件として行われる。」と定める（同条第2項は，民法上の扶養義務者の扶養[18]および他の法律上の扶助の優先について規定している）。この4条1項の保護の補足性のうち，よく問題になるのは「その利用し得る資産」であるが，これはホームレスには本来は問題となり難いものである。ホームレスにとっては，「その利用し得る」「能力」が重要である。

この「能力」の典型である稼働能力が始めて取り上げられたのは，いわゆる林訴訟においてである（桑原・(2)の(c)参照）[19]。本件は，次のような事件である。

[事実] 1938年生まれの男性で，中学校を卒業して幾度か転職した後，1978年頃から日雇建設労働に従事し飯場等を転々としていた者（Xという）は，1990年代に入って，不況と両足の不具合等から新たな就労先を見つけることができず，野宿を余儀なくされるにいたったことから，1993年7月30日に，生活保護開始の申請をした。しかし，社会福祉事務所長（Yという）は，医師の検診（法28条）にもとづく意見が就労可能であったことから，稼働能力の活用が不十分であり，補足性（法4条1項）の要件を充足していないとの判断をして，生活扶助および住宅扶助を認めず，上記（申請当日）の医師の検診に際しての診察および薬の投与を医療扶助とする保護開始決定（法24条，以下「本件処分」という）を行った（1993年7月30日決定，8月12日付通知書は9月3日に受領。そして，開始決定の翌7月31日に保護廃止決定，その通知書は8月13日に受領）。Xは，これに対する知事への審査請求および厚生大臣への再審査請求（棄却）を経て，本件処分を違法とし，その取消しとともに，損害賠償を請求した。

[判決とその意義] 第一審の名古屋地裁平成8年10月30日判決（判例時報1605号34頁，判例タイムズ933号109頁）は，法4条1項に定める「利用し得る能力を活用する」との補足性の要件について，申請者が稼働能力を有する場合であっても，その具体的な稼働能力を前提としたうえで，「申請者にその稼働能

力を活用する意思があるかどうか，申請者の具体的な生活環境の中で実際にその稼働能力を活用できる場があるかどうか」によりそれを判断すべきものと解した。そして，Xは，申請当時，軽作業を行う稼働能力を有していたが，就労しようとしても，実際に就労する場がなかったと認定し，稼働能力を活用していなかったと言えない，とした（保護開始決定を取消す。また，本件開始決定，廃止決定，通知の遅滞という一連の行為により，本件開始決定の取消しによっては回復できない精神的損害を被ったと認定）。

控訴審の名古屋高裁平成9年8月8日判決（判例時報1653号71頁，判例タイムズ969号146頁）は，補足性の原則自体については一審判決と同様の解釈を示したが，その原則の本件への適用において一審判決と異なった判断を示した。すなわち，控訴審判決も，「補足性の要件は，保護開始申請者が稼働能力を有し，その具体的な稼働能力を前提として，その能力を活用する意思があり，かつ実際のその稼働能力を活用する就労の場を得ることができるか否かにより判断されるべきである」，と一審判決と同様に解する。ところが，同判決は，Xが稼働能力を有していたにもかかわらず，就業のための努力が不足していたと認定，原判決を取消し，Xの請求を棄却した。

このように，林訴訟判決[20]において，ホームレスであって且つ稼働能力およびその能力を活用する意思を有している者であっても，その稼働能力を活用できる場がない場合には，保護の補足性の要件を充たし，生活保護を受け得るものとなったのである。この判決は，それまでの生活保護行政に大きな影響を与え（3）-（3）において後述する），重要な意義を有するものとなった[21]。

(b) 保護の廃止（法26条）と居住実態不明——柳園訴訟等

ここで扱う柳園訴訟は，判例史上は，(a)でみた林訴訟の前の段階に属するもので，生活保護行政を違法とした初期の判例と言うことができよう。

そもそも，高度経済成長が終焉を告げ，低成長期に入ると，ホームレスを生活保護の対象としないという運用が，地方公共団体において増加することとなった。その場合，ホームレスが入院した場合には現在地保護を開始（法19条1項2号・24条）するが，退院すると保護の廃止（法26条）をするという例が多く見られたのである。次に取り上げる柳園事件[22]は，これとは異なった事例ではあるが，このような状況を背景としてみれば，理解し易い面を有してい

よう。

　[事実]　Xは，糖尿病，肝硬変等に罹患して，1989年3月1日，社会福祉法人U病院に入院したが，入院後に生活保護の申請を行った。保護の実施機関（Y市長から保護の実施権限を委任されたY市福祉部長）は，Xに対し，現在地保護（法19条1項2号）により，居住地不明の要保護者として，療養の必要と，就労不能を理由に，3月6日に遡って生活保護を開始する旨の決定をし，通知した（法24条）。

　Xは，4ヶ月後，両眼白内障，糖尿病性網膜症の治療のため，府立病院に転院し，さらに4ヶ月後，府立病院での治療を一旦終えて退院した。しかし，U病院には，満床のため，再入院することができず，やむなく糖尿病，肝硬変，結核等の疾病につきU病院に通院治療することとなった。通院に際し，Xは，U病院に近い知人方に寝泊まりさせてもらっていたが，Y市保護課を訪ね，担当ケースワーカー訴外Tに事情を説明した際，その知人方と異なった連絡先を告げた。Tは，Xから聴取した連絡先が事実と異なることを知った後，連絡して来たXに居住場所について詰問し，翌日訪れて来たXに対し，退院後の連絡も遅れ，居所も明かにしない以上，「居住実態不明」であって，保護を廃止するしかないと言明し，同日，Y市福祉部長は，Xに対し，「傷病治癒」との理由で，保護廃止決定（以下「本件廃止決定」という）を行い，4日後（1989年12月13日）に決定書をXに交付した（その後の事実関係は省略する）。

　Xは，Y市職員により本件廃止決定その他の違法行為を受けたとして，Y市および国（当時，生活保護は国の機関委任事務）を被告として，国家賠償法にもとづき損害賠償を請求した（但し，Xは死亡し，訴訟承継がなされた）。

　[判決とその意義]　京都地裁平成5年10月25日判決（判例時報1497号112頁，判例タイムズ844号116頁）は，本件保護廃止決定を違法とし，それによって原告の蒙った精神的損害について，被告に対し慰謝料30万円を支払うよう命じた（その余の請求は棄却，一審で確定）。

　本判決においては，まず，「傷病治癒」という本件保護廃止決定の理由はその実体を欠如しており，本件処分は違法である，とされた。その場合，被告らは，その記載は手続上の過誤で，真実の理由は別にあると主張したが，判決では，単なる手続上の過誤によりそのような結果が生じるとは考え難い，とされ

ている。

　次に，被告らが真の廃止事由として主張する「居住実態不明」については，保護廃止事由となるような事実があったとは言い難く，これを理由としても，本件決定は違法である，とした。さらに，およそ「居住実態不明」が法26条1項の保護廃止事由となるかについても，次のように解している。すなわち，「居住実態不明」は被保護者の不誠実な対応に起因することが多く，それが保護実施機関の職権行使を妨げるものとなる場合には，実施機関の何らかの対応権限があってよい。しかし，そのことが，直ちに要保護性消滅の推定根拠になるものではない。居住実態不明を理由として保護の廃止を行うことは，不誠実な対応に対する制裁であって許容することができない。その趣旨の保護廃止（法62条3項）は，法27条（指導・指示）・62条4項（弁明の機会の付与）という手続を経て，なされなければならない，と。

　本判決は，Xの側にも問題があったことを認めながらも，行政措置の杜撰さを衝くものとなっている。処分庁であるY市福祉部長がXへの保護廃止決定に際し，「傷病治癒」という明かに事実に反する理由を付記したことについて，本判決は，「真実の理由があったとすれば，それを表向き理由としては掲げにくいので，表面上は実体のない『傷病治ゆ』を理由に挙げたのではないかと推測」している。処分庁としては，当時，退院即廃止という例が多くみられ，傷病治癒＝「保護を必要としなくなったとき」の保護の廃止（法26条）には行政手続法第三章の適用除外（法29条の2）があるのに対して，居住実態不明を理由とするときは，被保護者の居住地異動の届出義務（法61条）違反→被保護者への指導又は指示（法27条）→被保護者の指示等に従う義務（法62条1項）→被保護者への弁明の機会の付与（法62条4項）→保護の廃止（法62条3項）という手続を履践しなければならなかったのである。このことが処分理由を別のものとした理由ではないか，と推測されよう。

　かくて，本件廃止決定は，「傷病治癒」を理由とするものは違法であり，その処分理由の差替えが許されるかについても疑問があるが，「居住実態不明」を理由としても違法であることには変わりはないのである。

　なお，本件に直接関わる問題ではないが，法29条の2の行政手続法の適用除外の意味についても，本序章の趣旨からすれば，考えておく要があろう（「お

わりに」，参照）。

　[山科事件]　本件は，狭義のホームレスに関する事件ではない。しかし，柳園事件に関連して触れた「退院即廃止」の最近の事例であるので，極めて簡単に言及することとしたい[23]。

　Xは，高校卒業後上洛し，就職したが，1999年3月頃失業し，食事もとれない状態での生活を続けた後，同年3月15日，隣人に助けを求めて救急車で緊急入院した。そこにおいて，Xに対する生活扶助および医療扶助（現物給付）の開始決定が行われた（住宅扶助はなされなかった）。Xは，5月6日に退院したが，5月7日をもってXに対する生活保護を廃止する旨の決定がなされた。そして，7月27日，自室での死亡が発見され，死因は心臓疾患の疑い，推定死亡日時は同月上旬ころとされた。

　Xの両親らは，Y市乙山福祉事務所長（Y'）が，違法に生活保護廃止決定をした結果，Xが栄養障害等により死亡するにいたったなどと主張し，国家賠償法にもとづき，Y市を被告として損害賠償請求をした。

　京都地裁平成17年4月28日判決（判例時報1897号88頁）は，Y'が「入院中のみの保護」の方針を採って保護の開始をし，Xが「退院して要保護性が消滅したことを理由に，本件廃止決定をしたもの」と認定し，Y'の本件廃止決定は実体上の要件を欠いて違法である（且つ違法な本件廃止決定につき過失がある）として，Y市の国家賠償責任を認めた。

　この事件からも，入院と共に生活保護が開始された場合，退院と共に，保護廃止の要件の検討なしに，廃止決定のなされる例が最近でも見られることが分かる。

（c）　生活扶助の方法としての居宅保護・施設保護（法30条）——佐藤訴訟

　生活保護法30条1項は，「生活扶助は，被保護者の居宅において行うものとする。ただし，これによることができないとき，これによっては保護の目的を達しがたいとき，又は被保護者が希望したときは，被保護者を救護施設，厚生施設若しくはその他の適当な施設に入所させ，若しくはこれらの施設に入所を委託し，又は私人の家庭に養護を委託して行うことができる。」と定める。ここでは，居宅保護が原則とされている。しかし，ホームレスについては，保護を開始するとしても，但書に定める施設保護を行うのを原則とするような行政

実務が多く見られたのである。以下に扱う佐藤訴訟（桑原・(2)の(d)）[24]は，そのような制度運用に変更を迫るものとなった。

　［事実］　Xは，65才の男性であるが，来阪し，大阪府内で建設労働や鉄工所等の日雇労働者として生計をたてていた。バブル崩壊後，仕事が減少してドヤに宿泊し，野宿生活を強いられる日もあった。Xは，さらに聴覚に障害を生じ，釜ヶ崎医療連絡会議が実施していた机出し医療相談を受けたことを契機として，社会医療センターの難聴である旨の紹介状を持参して，大阪市立厚生相談所長（Y）に保護開始の申請を行った。それに対して保護の決定（法24条）がなされたが，扶助の方法は厚生施設（法38条1項2号・3項）への入所による生活扶助であった（法30条1項但書）。同所で，Xは，難聴のため周囲とのコミュニケーションに困難を生じ，集団生活を続けることができず，自ら施設を退所して野宿に戻った。再度の申請の場合も施設入所となり，Xは，入所後，再び退所してホームレスに戻っている。そこでXは，再々度保護申請を行ったが，今度は，これまでの経緯から，聴力障害のために相部屋の入所者同志の話や職員の指示が聞こえず，強いストレスを感じることを理由として，居宅保護を希望する旨の保護開始申請をYに提出した。しかしYは，居宅保護は「範囲を超えている」として，厚生施設（一時保護所）での生活扶助を開始する旨の決定を行い，Xに通知した。

　Xは，施設収容保護の決定を不服として大阪府知事に対し審査請求をしたが，請求を棄却されたため，Yの生活保護（施設収容保護）開始決定の取消請求，ならびに大阪市および大阪府に対する損害賠償請求を行った。

　［判決とその意義］　大阪地裁平成14年3月22日判決[25]は，大阪市立相談所長（Y）がXに対して行った生活保護開始決定を取消し，大阪市及び大阪府に対するXの請求を棄却した。本訴訟の争点[26]のうち，ここでは，とくに重要なYの生活保護開始決定の違法性の問題を取り上げる。

　本件収容保護決定の違法性について，本判決は，次のような判断を示した。すなわち，生活保護法は，居宅保護を原則とし，収容保護は，これによっては目的を達しがたいとき，または被保護者が希望したときに行うことができるとしている（法30条1項）。これは，同法の目的（法1条）に鑑み，居宅保護が法の目的により適うものであるとの考慮にもとづく。とすれば，この原則は，要

保護者が現に住居を有しない場合にも妥当する。また，住宅扶助（法14条・33条）についても，現に住居を有していない要保護者を対象外と解してはならない。もっとも，地方自治体においては，現に住居を有しない要保護者に対する保護は，なお厚生施設や救護施設への収容保護が中心であり，居宅保護を原則とする運用が行われているとまでは認め難い。とすれば，Yが諸要素の総合的考慮のもとに保護の内容を決定するについては，一定の裁量権があると解される。しかし，Yは，住居を有しない要保護者に対して居宅保護を行うことができないとの法解釈を前提として，本件収容保護決定を行ったものと認められる。それゆえ，必要な裁量判断を行わず，誤った法解釈を前提としてなされた本件収容保護決定は，違法である，と。

控訴審の大阪高裁平成15年10月23日判決も，控訴を棄却した（確定）。

このように，佐藤訴訟において，裁判所は，法30条の生活扶助の方法を，法1条に定める同法の目的（そこでは同法が憲法25条の具体化法であることが謳われている）から解釈し，居宅保護の原則をホームレスにも適用しようとした。その結果，本件判決は，法30条1項但書にもとづいて大阪市立厚生相談所長（Y）が行った厚生施設収容保護への変更決定を適法とした大阪地裁昭和63年2月25日判決（行裁例集39巻1・2号132頁，釜ヶ崎の事件）よりも，厳格な裁量統制の手法を示すものとなった。すなわち，昭和63年判決は，施設収容保護の要件として法30条1項但書が定める，居宅保護によっては「保護の目的を達しがたいとき」について，その判断が保護を決定・実施する「行政庁の裁量に委ねられており」，その「決定が裁量権の範囲を超え，又はその濫用があったものと認められる限り違法となる」として，Yの判断の消極的審査に留めた。これに対して，佐藤訴訟判決は，Yの一定の裁量権を認めながらも，居宅保護が法の目的により適い，それが原則であることにもとづいて，Yの判断過程に立ち入り，それを違法とした。この判決は，当時の行政運用に警鐘を鳴らすものともなったのである。

(3) 生活保護法をめぐる判例とホームレス行政

(a) 生活保護行政とホームレス

以上，ホームレスに対する生活保護法の適用をめぐる判例を，1990年代以降

の若干のものについてみてきた。それらは、生活保護法の目的（法1条）に即して同法の規定を解釈し、当時の行政運用との間に緊張関係を生じさせるものとなった。

そもそも、1950年に成立・施行された生活保護法（昭和25年5月4日法律第144号）による保護の実施については、厚生事務次官通達「生活保護法による保護の実施要領」（昭和36年4月1日厚生省発社第123号），厚生省社会・援護局長通達「生活保護法による保護の実施要領について」（昭和38年4月1日社発第246号）および厚生省社会・援護局保護課長通達「生活保護法による保護の実施要領の取扱について」（昭和38年4月1日社会保第34号）が発せられている。これらの通達の中でホームレスに最も関係すると思われるのは、「第2 実施責任」である。これは法19条（実施機関）に関するもので、保護の実施責任が要保護者の居住地または現在地により定められるという原則についての実施要領となっている。ここでは現在地保護についても定められており、ホームレスを保護の対象から外すという解釈は引き出され得ない。

ところが、行政運用においては、ホームレスを生活保護の対象としないという地方公共団体が、1970年代に入って増加し始め、1980年代には多数を占めるという減少がみられるにいたった、とされる[27]。上述の裁判例における事実の中にも、そのような潮流をうかがうことができよう。

(b) 判例の行政運用への影響

ところが、1980年代以降、ホームレスによる行政不服申立ておよび訴訟が増加し、1990年代以降、(2)でみた判例からもうかがわれる通り、ホームレスの請求が認容される例が増加するにいたった。そしてこのことは、行政運用に変更を迫るものとなったのである。

これを受けての行政の対応としては、2000年頃からの厚生労働省におけるホームレスへの生活保護適用の見解を挙げることができる[28]。例えば、2001年3月5日の全国都道府県主管課長会議においては、「生活保護の適用の基本的な考え方」として、「居住地がないことや稼働能力があることのみをもって保護の要件に欠けるものではない。」との見解が示されている[29]。ここには、明らかに、林訴訟判決の影響が認められる。

その翌年2002年7月31日に、ホームレス自立支援法が成立したが、同法が公

布・施行された8月7日に、厚生労働省社会・援護局保護課長通知「ホームレスに対する生活保護の適用について」(平成14年8月7日社援保発第0807001号) が発せられ、翌年、それを廃止して「ホームレスに対する生活保護の適用について」(平成15年7月31日社援保発第0731001号、以下「厚労省2003年通達」という) が定められた。そこでは、「1 ホームレスに対する生活保護の適用に関する基本的な考え方」として、「生活保護は、資産、能力等を活用しても、最低限度の生活を維持できない者、すなわち、真に生活に困窮する者に対して最低限度の生活を保障するとともに、自立を助長することを目的とした制度であり、ホームレスに対する保護の適用に当たっては、居住地がないことや稼働能力があることのみをもって保護の要件に欠けるものでないことに留意し、生活保護を適正に実施する。」という方針が、掲げられている。

かくて、厚生労働省の通達においても、林訴訟判決で採られた法解釈が採用されることとなったのである。そしてまた、柳園事件判決等に示された生活保護法の厳格な解釈は、行政運用において疎かにすることのできないものとなったと言えよう。さらに、佐藤訴訟判決に示された居宅保護原則のホームレスへの適用についての法解釈(ホームレスに対して居宅保護を行うことはできないとの法解釈を前提とした処分は違法)は、行政実務において動かし難いものとなったと思われる。なお、上述の厚労省2003年通達の時点では、佐藤訴訟一審判決は出されており、同通達「2 基本方針の留意点」には、その影響が認められるのである(四つの留意点のうち、とくに(1)および(3)において)。

おわりに

(1) ホームレス法の課題と自立支援法

本章においては、「はじめに」に記したように、「ホームレスが日本国憲法の保障する基本的人権の享有主体(97条・11条)であることから出発」し、「ホームレスに関する立法・制度等は、トータルにとらえたホームレスの人権の具体化法であるべき」ことを課題として、ホームレス法を見ようとした。その場合、とくに、ホームレスにとって最も重要な個別的人権である生存権とその具体化法としての生活保護法を若干の判例を素材として検討しょうとした。このささ

やかな検討から，ホームレス法については，取り敢えず，次のように言えるかも知れない。

　まず，ホームレス自立支援法は，狭義の生存権（憲法25条1項）に限定されず，広く生存権的基本権（社会権）の保障に照準を合わせ，総合的な施策を志向するものとなる可能性をうかがわせるものと言えよう。しかし，それを現実化するためには，同法それ自体を人権具体化法とし，それを実施して行く要があろう。なるほど，同法は，「ホームレスの人権」への「配慮」・「擁護」を掲げているが，それは，自由権的な人権の侵害からの擁護を核とするものにとどまっている。そして同法は，「必要な施策を講ずることにより，ホームレスに関する問題の解決に資することを目的とする」ものとされているが（1条），そこには，公共の安全をも含めた社会問題の解決という色彩がみられるのである。トータルな人権の具体化法化が望まれるところである。

（2）　生存権具体化法としての生活保護法

　トータルな人権の享有主体としての各人は，そのおかれる場によって，個別的人権のうちのいずれに最も関わるものとなるかに，差異を見せることとなる。そして，ホームレスの場合は，生存権が，そして法律としてはその具体化法としての生活保護法が，重大な関わりをもつこととなろう（1)－(3)－(c)，3)）。

　生活保護法（以下「法」という）は，憲法具体化法・人権具体化法という性質を自ら明示している法律ということができる。すなわち，法1条は同法が憲法25条の理念に基くものであることを，そして法3条は同法が「健康で文化的な」「最低限度の生活」を保障するものであることを謳い，法5条は，これらの規定が同法の基本原理であって，同法の解釈・運用の基準となることを宣言しているのである。

　したがって，生活保護法については，とりわけ，個々の規定を切り離し，自己完結的に解釈してはならない。3)－(2)で取り上げた事件においては，法の行政運用が，法の規定の自己完結的な解釈に拠ってなされていたのに対して，判例においては，生活保護法の体系的把握にもとづいた解釈が採られた（とくに佐藤訴訟一審判決においては明示的に）と言えよう。

　ホームレスへの生活保護法の適用という問題については，まず，ホームレス

が人権享有主体であることから出発し，法に定める要件を満たす限り無差別平等に法の保護を受けることができるとする法2条の原則（同法の基本原理を構成する，法5条）を確認する要があろう。そして法の定める要件の充足の有無の認定については，人権享有主体としてのホームレスの実態をザッハリッヒにとらえ，それに生存権具体化法的に解釈された法を適用することが肝要であろう。

なお，生活保護法については，法29条の2の問題（(3)–(2)–(b)において留保した問題）がある。すなわち，同条は，法4章の規定による処分については行政手続法3章（12条および14条を除く）の規定は適用しない，としている。しかし，同条を文字通りに解釈してはならないであろう。それは，適正手続原則が憲法原則だからである。筆者としては，同条を次のように解釈したい。

法第4章の規定による処分には，行政手続法第3章の聴聞の規定は適用しない。しかし，それは，同章の弁明の機会の付与の規定も適用しないことを意味するものではない。生活保護法は，62条3項の処分をする場合には，弁明の機会を付与しなければならないとしている（法62条4項）。法4章の処分で62条3項の処分に類する不利益処分については，弁明の機会を付与すべきものとするのが憲法原則である，と。

(3) 住民登録とホームレス——扇町公園転居届不受理訴訟

本章においてこれまで挙げなかった住民基本台帳法が，最近，ホームレスに関わるものとしてクローズアップされることとなった。それは，扇町公園住民票転居届不受理処分取消請求事件を通してである。これは次のような事件である。

［経過］　Xは，1999年頃から大阪市北区扇町公園内に居住していたが，2000年頃からは，同公園南西隅の約30のテント群の中にテントを設置し，そこを起居寝食の場所とするにいたった。住民登録に関して，Xは，2001年2月，従前の住所からホームレス支援グループに属する大阪市北区に居住するA方に転入した。ところがA方を住所として，X以外にも数名のホームレスの住所登録が行われており，そのことを理由に，Aは，2004年2月，電磁的公正証書原本不実記載幇助で逮捕され，A宅を住所とするホームレス全員の転居ないし転出が

ない限り起訴にいたる旨、説得されていた。また、Yも、A方の住民登録について措置を講じようとした。Xは、このような事情の下で、2004年3月末、上記テントの所在地（大阪市北区23号）を住所とする転居届を大阪市北区長（Y）に提出した。これに対して、Yは次のような理由を付して、本件転居届の不受理をXに通知した。

「今回の事件について、個人が扇町公園内に住所を有することができるかどうかについて、公共の用に供する公園に私的な工作物を設置することは、公園の適正な利用を妨げるもので認められるものではなく、したがって、社会生活の客観的事実のなかで裏付けられているとは言いがたく、住所とは認められない。」

Xは、本件不受理処分の取消を求めて、訴えを提起した。

第一審の大阪地裁平成18年1月27日判決（判例タイムズ1214号160頁、判例地方自治280号22頁）(30)は、Xの請求を認容し、住民票転居届不受理処分を取り消した。同裁判所は、まず、住民基本台帳法（以下「法」という）における住所の意義から出発し、住民の住所に関する法令の規定は、地方自治法10条1項に規定するそれと同じく（法4条）、各人の生活の本拠を指すものと解され、「その者の生活に最も関係の深い一般生活、全生活の中心を指すもの」であるが、住所であるか否かは「客観的に生活の本拠たる実体を具備しているか否かにより決すべきもの」であると解した。そして、本件テントの所在地を生活の本拠たる実体を具備していると認定し、住民基本台帳法にいう住所と認めて、本件転居届を受理すべきものとしたのである。

これに対して、控訴審の大阪高裁平成19年1月23日判決は、一審判決を取り消した。控訴審判決も、一審判決と同様に住所を解し、住所であるか否かは、客観的に生活の本拠としての実体を具備しているか否かにより決すべきものとした。ところが、控訴審判決は、「生活の本拠」としての実体があると認められるためには、法にいう住所の有する性格にかんがみ、単に一定の場所において日常生活が営まれているというだけでは足りず、その形態が、健全な社会通念に基礎づけられた住所としての定型性を具備していることを要するものと解し、本件テントにおけるXの生活形態はそのような住所としての定型性を具備していないと認定し、Xは本件テントの所在地に住所を有するものと言えない、

とした。

　[検討]　本件にいたるまで，ホームレスの住民登録については，本件処分理由に示されたところが行政運用であり，また常識でもあった。それに対して，本件は，重大な問題を提起したものとなった。この問題への対応として，控訴審判決は常識（「健全な社会通念」と表現）に従い，一審判決は，法を総合的に解釈し，事実を客観的に認定（先入観から解放された認識）して，本件テントの所在地を法にいう住所と認めたのである。

　本件一審判決も控訴審判決も，住民基本台帳法のみの解釈としては，いずれも論理的に成立し得る。しかも，控訴審判決の方が「常識」に適うかも知れない。しかし，本件のような事例は，ホームレスに適用される法のとらえ方の相違が，法解釈の大きな相違をもたらすことを示すこととなる。すなわち，ここでの法のとらえ方の相違とは，個々の法規定を切り離して自己完結的にとらえる方法と，ホームレスの人権をトータルにとらえて法を体系的・総合的に解釈する方法である。控訴審判決の示す解釈は，前者の方法を採用している。そこでは，憲法論・人権論が脱落し，住民登録がなされないことによる不利益（「住所を持たないことによる不利益」は桑原3)－(1)に扱われているので，そちらに譲る），それが人間を人権喪失の状態に追い込むであろうことが，考慮されていない。したがって，住民登録・住所をめぐる問題については，本章で提示した，ホームレスをトータルな人権享有主体ととらえ，そこから憲法を頂点とする総合的な法の解釈を導き出すことが肝要と考える。

　そして，法解釈の及ばないところでは，この趣旨の施策が必要である。その意味において，ホームレス自立支援法が，ホームレスの人権をトータルに捉えてそこから出発し，施策を講ずることが肝要であろう。

(4)　む　す　び

　以上，憲法上の人権享有主体であるホームレスと，そのホームレスに関する法をみてきた。

　まず，ホームレスも，トータルな人権享有主体である。トータルな人権という場合，それは，人間の尊厳を基底におき，個別的人権を包摂する人権の体系ということができよう。そして，ホームレスも，個別的人権一般を享有するが，

その中でも特に生存権に極めて大きな関わりをもつ。

　つぎに，ホームレス法も，憲法具体化法であるべきであり，ホームレスの人権の具体化法であるべきである。その場合，ホームレス法は，いずれの人権に関わるかの相違をみせる。

　第一に，ホームレス自立支援法は，広く生存権的基本権（社会権）を保障するための施策を講ずる法でなければならない。

　第二に，生活保護法は，憲法25条1項の憲法具体化法でなければならない。

　第三に，住民基本台帳法の住民登録に関する規定は，住民登録のもつ重大で広汎な機能から，トータルな人権に関わるものと言えよう。

　ただ，本章のささやかな検討からも，次のように言えよう。第一に，ホームレス自立支援法は，生存権的基本権具体化法と異なった側面を有している。第二に，生活保護法自身は生存権具体化法を志向しているが，行政運用はそれと異なっていた。判例を通じて，行政運用も改善される兆しは見えるが，未だ道は遠いかもしれない。そして第三に，住民基本台帳法における住民登録の問題については，判例も未だ従来の「常識」にとらわれ，憲法具体化法・人権具体化法的視点が欠けているものがみられる。

　憲法で保障された人権が憲法下位法（または下位法の解釈）の故に保障され得ないとすれば，それは論理的に逆である，といわなければならない[31]。ホームレス法については，さらなる憲法具体化法化・人権具体化法化が図られるべきであろう[32]。

　(1)　ホームレス自立支援法にいう「ホームレス」はいわゆる野宿者であるが（狭義），居住状態が不安定な者は更に広汎に存在する（広義）。そして，野宿者ではないが広義のホームレスに属する者の中には，狭義のホームレスの予備層構成者が存在するのであって，広義のホームレスについての検討は必要と言わなければならないであろう。
　　ホームレス自立支援法も，「ホームレスの自立支援」だけではなく，「ホームレスとなることを防止するための生活上の支援」をも同法の目的としており（1条），同法で「ホームレスの自立支援等」（傍点筆者）という場合，それは広義のホームレスを意味すると言えよう。
　　現在，いわゆる格差社会化とともに，ワーキング・プアが増大し，その結果，広義のホームレスに属する者が増加している（例えば，家賃の支払いが不可能となり，ネット

カフェその他で夜を過ごす者，等）。したがって，そのような現状の認識のもとに，ホームレスを広義でとらえて考察の対象とし，施策を講ずることが肝要となろう。

(2)　ホームレス自立支援法8条1項の規定に基づいて定められた「ホームレスの自立の支援等に関する基本方針」（平成15・7・31厚労・国交告1）」は，その「第3　ホームレス対策の推進方策」の「2　各課題に対する取組方針」「(8)　ホームレスの人権の擁護に関する事項について」において，ホームレスに対する偏見・差別意識，暴力・嫌がらせを挙げている。なお，その他に，ホームレスの入居施設における人権の尊重と尊厳の確保への配慮が掲げられている。

(3)　ここでいう「警察」（Porizei, la police）は，学問上・理論上，公共の安全・秩序を維持し，その障害を除去する作用をいうもので，常識的に用いられる警察組織の作用とは一致しない。

(4)　たとえば，ドイツのヴァイマル憲法（その訳文については，高田　敏／初宿正典編訳・ドイツ憲法集，4版144頁以下，信山社・2005年）の下での解釈論の状況については，高田・社会的法治国の構成（信山社，1993年）146-148頁，参照。

(5)　日本国憲法前文第一段，第97条および第11条の関係については，高田「日本国憲法における『権利問題と事実問題』の区別――社会契約と日本国憲法――」伊藤　満先生米寿記念・憲法と行政法の現在（北樹出版，2000年）18頁以下，参照。

(6)　連邦憲法裁判所1956年8月17日判決，BVerfGE, 5, 85（204）．

(7)　Bodo Pieroth/Bernhard Schlink, Grundrechte Staatsrecht II, 16.Aufl., 2000, S. 80（ボード・ピエロート／ベルンハルト・シュリンク，永田／松本／倉田訳『現代ドイツ基本権』法律文化社・2001年，116頁）。

(8)　Klaus Stern, Das Staatsrecht der Bundesrepublik Deutschland, Band III/1, 1988, S, 7ff., S.102.

(9)　高田　篤「生存権の省察」村上／高橋／松本編・法治国家の展開と現代的構成（法律文化社，2007年）156頁以下。

(10)　自由権規約第16条は，「すべての者は，すべての場所において，法律の前に人として認められる権利を有する。」と定める。

(11)　生存権の法的性質については，多くの文献があるが，ここでは，二つのみを掲げておく。中村睦男／永井憲一『生存権・教育権』（法律文化社，1889年），棟居快行「生存権の具体的権利性」長谷部恭男・現代の憲法（日本評論社，1995年）155頁以下（棟居『憲法学再論』信山社／2001年・に収録）。

(12)　小川政亮「社会保障法」講座日本近代法発達史1（勁草書房，1958年）163頁以下。

(13)　明治憲法下においては，行政裁判所は「法律勅令ニ拠リ行政裁判所ニ出訴ヲ許シタル事件ヲ審判」したが（行政裁判所法15条），その「事件」を定めた「行政庁ノ違法処分ニ関スル行政裁判ノ件」（明治23年10月10日法律第106号）の列記事項には，この件は含まれていなかった。

(14) 日本国憲法を審議した第90回帝国議会において，憲法改正小委員会の憲法草案に現行第25条第1項（当時は23条1項）が加わったのは，昭和21年8月初であり，衆議院本会議での議決は8月24日，貴族院本会議での議決は10月6日，貴族院回付案に対する衆議院の可決は10月6日，枢密院本会議における可決は10月29日，公布は11月3日であった。佐藤達夫（佐藤　功補訂）・日本国憲法成立史第4巻（有斐閣，2004年）713頁以下，とくに775頁以下。
(15) なお，尾藤広喜「ホームレス裁判と公的扶助法の課題」社会保障法第21号（法律文化社，2006年）22−25頁。
(16) 「はじめに」の「(2) 序章の課題」および註(2)，参照。
(17) 高田「現代における法治行政の構造」渡辺宗太郎先生古稀記念論文集（有信堂，1970年）53−54頁
(18) 民法上の扶養義務者（兄）の仕送りを契機として，厚生大臣（現厚生労働大臣）の保護基準（8条）を争ったのが，朝日訴訟である。
(19) なお，前田雅子「保護の補足性と稼働能力の活用」社会保障判例百選（3版）174頁，等参照。
(20) Xは，上告審係属中に死亡し，支援者による訴訟承継が主張されたが，取消訴訟は終了し，損害賠償請求訴訟については，上告棄却された（最高裁2001年5月13日判決）。
(21) この判決を評価するものとして，例えば，尾藤・前掲(註15)19頁は，それまでの「行政慣行」に根本的転換を求めたものとし，笹沼弘志「住所裁判とホームレスの人々の市民権」賃金と社会保障1416号13頁は，「野宿者の人権宣言というべき意義を持つ訴訟であった」という。
(22) 桑原・2)−(2)−(b)；菊池馨美「被保護者の居住実態不明を理由とする生活保護廃止決定」社会保障判例百選（3版）184頁。
(23) 本件については，吉田雄大「『退院即廃止』の生活保護行政を断罪──京都市山科生活保護事件判決の意義」賃金と社会保障1397号8頁，参照。
(24) 本件については，小久保哲郎「野宿者に敷金支給・居宅保護の道開く」賃金と社会保障1321号4頁，赤井朱美「居宅保護を求めた要保護者に対する収容保護決定の取消訴訟」賃金と社会保障1358号32頁，がある。
(25) LEX/DBインターネットTKC法律情報データベース［文献番号］28071305
(26) 本訴訟における争点は，次の五つである。①本件収容保護決定を取り消す法律上の利益。②本件各廃止決定（Xが施設から退所したことに伴い，Xに対する施設収容保護決定をYが廃止するとした決定）およびこれに際してYが居宅保護について調査・指導，説明をしなかったことの違法性。③本件収容保護決定の違法性。④本件裁決が本件審査請求から約一年を要したことの違法性。⑤原告の損害。

　本判決は，争点①については，本件収容保護決定の取消しを求める法律上の利益がXには存するとする。争点②については，保護廃止決定はXの保護辞退を理由とする点で

は違法とは言えないが、手続的瑕疵があり（しかしこれは決定を無効とするものではなく、またＸの権利・利益を侵害したとも認められない）、またＹの調査・指導義務について注意義務懈怠があったが、説明義務については、義務があると解されるが、当時の運用の実情の下では、注意義務違反があったとは言えない、とした。また、争点④については違法とまでは言えないとし、争点⑤については、損害が生じたとは認められない、とした。以下の本文では、争点③についてみることとする。

(27) 桑原・1)－(5)、尾藤・前掲(註15)14－15頁。

(28) 加美嘉史「『ホームレス』問題の現状と課題」寺久保光良／中川健太朗／日比野正興編・大失業時代の生活保護法（かもがわ出版、2002年）115－116頁。

(29) 「ホームレスに対する基本的な生活保護適用について」厚生労働省・ホームレス主管課長会議資料50頁。

(30) なお、賃金と社会保障1412号58頁。評釈として、永島靖久「『占有権原がなくても生活の根拠たる実体があれば住所』は当然の判決」同誌53頁；笹沼・前掲(註21)。

(31) 高田・前掲（註17）52－53頁

(32) 本稿で触れることができなかった、残された問題がある。

　まず第一は、判例を扱った際に記さなかった点であるが、それらの事件は改正前の行政事件訴訟法下のものであった。改正法の下では、それ以外の訴訟類型が、より適切なものとして用いられ得る（例えば、義務づけ訴訟等）。

　第二に、そもそも憲法論・人権論としても未だ充分に議論がなされていない問題がある。例えば、住居権・居住権の変質がその一つである。

　そもそも近代憲法において、住居・居住の権利は、自由権であった。この意味における権利は、明治憲法22条（居住の自由）、日本国憲法35条（住居の不可侵）において保障されている。

　ただ、ホームレスにとって重要なのは、自由権ではなく、住居を求める権利であろう。この権利は、生活保護法上の住宅扶助（11条1項3号、14条）請求権、居宅保護（30条1項）請求権（佐藤訴訟）等として具体化されよう。しかし、このような権利は、住居の不可侵等の自由権と異なって、人権とはされて来なかった、と言えよう。

　日本国憲法下においては、憲法25条1項の生存権が権利であり（1)－(3)－(c)）、住居・居住に欠ける状態自体が「健康で文化的な最低限度の生活」への適合性を問われ得るものとなる限り、住居・居住の権利は生存権的基本権としての人権と解し得よう。

　なお、比較法的にみた場合、例えば、ドイツにおいては、東の諸ラントにおいて、社会的基本権的な住居・居住の権利が保障されている（Klaus Stern, Das Staatsrecht der Bundesrepublik Deutschland, Band III/2, 1994, S. 1447 は、旧東ドイツに属した諸ラントの再統一後の憲法を挙げている）。それらは、住居（Wohnung）を求める権利（ブランデンブルク憲法47条1項は、「ふさわしい住居（angemessene Wohnung）を求める権利の実現」をできる限り配慮する義務をラントが負っている旨定める）ないし居住空間

(Wohnraum）を求める権利（ザクセン憲法7条1項は、「人間に値する生存を求める各人の権利、とくに労働、ふさわしい居住空間、ふさわしい生計、社会保障および教育を求める権利」を、ラントが国家目標として承認する旨定める。また、ザクセン・アンハルト憲法40条1項は、住宅建設の援助によって既存の居住空間を維持し、他の適切な措置によって充分で人間に値する居住空間を適切な条件ですべての人に対して準備することを、国および自治体が促進しなければならない旨、定めている）と称されている。

第I部

ホームレスの実態調査と実践活動

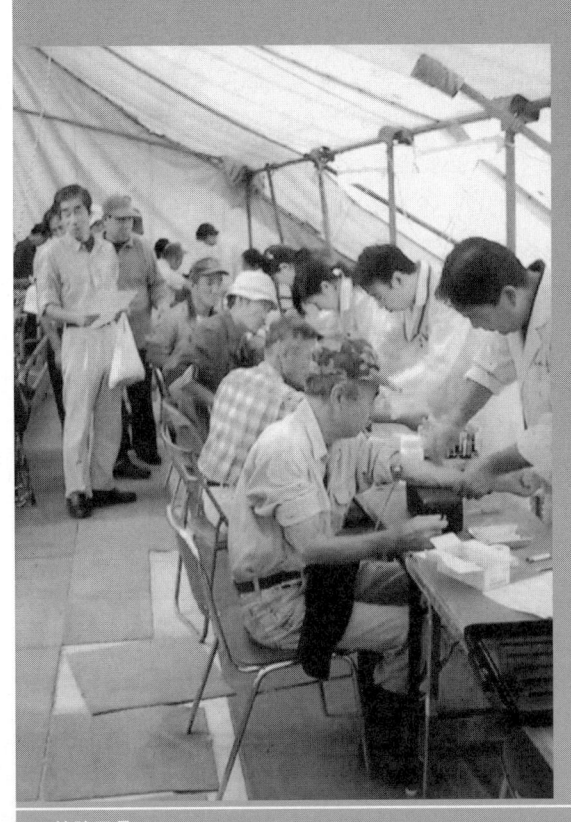

検診風景

1　日雇労働市場の縮小過程と野宿生活者問題

中山　徹・海老一郎

1）はじめに

　現在ワーキング・プア問題や格差の拡大問題が社会問題としてクローズアップされてきている。ホームレス問題もまた，これらを示す一つの事例である。こうした状況下で，2007年1月から2002年施行の「ホームレスの自立の支援等に関する特別措置法」（以下，ホームレス支援法）の見直しに向けた厚生労働省による全国調査（目視調査と聞き取りによる生活実態調査）が実施されている。

　2003年の全国調査結果の全国数値によれば，野宿生活に至る直前職は，建設関係の仕事が55.2％と半数を超え，また雇用形態では，「日雇」が36.1％と4割弱が日雇であった。ホームレス問題を考える際，建設労働市場・建設日雇労働市場の動向を押さえておく必要性を示している。特に，大阪市におけるホームレス問題を把握する際には，釜ヶ崎（行政用語では，あいりん地区とも呼称される）で展開されている建設日雇労働市場の変容過程が大きな影響を与えていることは，これまでの調査研究で明らかになっている。2003年の全国調査における大阪市の調査結果によると，野宿生活直前の職業が建設関係であった人が62.2％（全国値55.2％）であり，雇用形態が「日雇」の人は51.2％（全国値は36.1％）で，「常勤職員・従業員（正社員）」が30.2％（全国値は39.8％）であった。また，大阪市の釜ヶ崎などの日雇労働市場（寄せ場）で就労・求職活動の経験がある人は50.4％（全国値36.2％）であった。このことから，建設日雇労働市場の動向がホームレスの形成に影響を与えていることが伺える[1]。また，ホームレス支援法においても，「ホームレスとなることを余儀なくされるおそれのある者が多数存在する地域を中心として行われるこれらの者に対する生活上の支援に関する事項」同法第8条2項3号と規定している。「基本方針」で

は，ホームレスとなることを余儀なくされるおそれのある者が多数存在する地域を中心として行われるこれらの者に対する生活上の支援についても指摘している。

本稿では，第1に，近年の建設労働市場の動向，第2に，釜ヶ崎における日雇労働市場の「制度化」の変容を踏まえ，第3に，職業紹介事業を中心とした釜ヶ崎の日雇労働市場の変遷，労働者の就労環境の現状や不安定就業としての日雇労働者の特性とその就労・生活実態を明らかにし，最後に，バブル経済崩壊後の「ホームレス」問題の本質と今日的課題を明らかにする。(なお，本稿は，1），2），3) は中山　徹が，4），5) については海老一郎が担当執筆した。

2）近年の建設業における就業構造

いわゆるバブルの崩壊以降の民間投資の減少と近年の公共投資の削減の動きによる建設投資額の大幅な減少傾向，建設労働者の過不足状況における過剰傾向，建設業就業者の高齢化の進展，将来にわたる技能労働者の不足の懸念等，建設業は現在，様々な課題に直面している。特に，公共事業が縮小に向かう1997年を契機に大きく異なった様相を示しているとされている[2]。

本稿の考察対象である釜ヶ崎で展開されている建設日雇労働市場もまた近年の建設労働市場の変化を反映している。そこで，ここでは，近年の就業構造に関する既存統計等に基づいて確認しておこう。まず指摘できることは，第1に，建設就業者は，表1-1にみるように，1997年の685万人とピークに減少に転じ，2005年には568万人にまで減じており，全産業に占める割合も，建設市場の縮小を示している。全産業に占める割合もピーク時の10％台から10％を割ってきていることである。

第2に，建設就業者の高齢化が進展していることである。表1-2にみるように，建設就業者数が絶対的に減少する中で，30歳代，40歳代の働きざかりの割合が高くなっているものの，50歳以上が年々高くなっていることがわかる。50歳〜54歳をみると，2000年では14.5％であったものが，毎年その割合は高くなっており2006年で30.4％とその割合を高めており，50歳以上でみると，2000年39.4％と4割弱であったものが，2006年には，63.3％と6割を超えている。

表1-1　建設業就業者総数の推移　　　　　　　　　　　　　　（万人）

年	全産業就業者総数	建設業就業者総数	建設業の全産業比(%)
1985	5,807	530	9.1
1986	5,853	534	9.1
1987	5,911	533	9.0
1988	6,011	560	9.3
1989	6,128	578	9.4
1990	6,249	588	9.4
1991	6,369	604	9.5
1992	6,436	619	9.6
1993	6,450	640	9.9
1994	6,453	655	10.2
1995	6,457	663	10.3
1996	6,486	670	10.3
1997	6,557	685	10.4
1998	6,514	662	10.2
1999	6,462	657	10.2
2000	6,446	653	10.1
2001	6,412	632	9.9
2002	6,330	618	9.8
2003	6,316	604	9.6
2004	6,329	584	9.2
2005	6,356	568	8.9

出典：総務省「労働力調査」より作成

　第3に，2000年から2006年の職種別増減数をみると，技能工，採掘，製造建設作業者及び労務作業者で実に147万人の減少となっており，現場における職人・建設作業者で減少が大きいことがわかる。建設市場の縮小が現場労働者を直撃していることが推測される。

　第4に，大阪における建設就業者就業者の変化を就業構造基本調査（1997年と2002年）によりみておくと（表1-3），すべての都道府県で就業者を減少さ

表1-2 建設就業者の年齢別構成比の推移

	2000	2001	2002	2003	2004	2005	2006
建設就業者数	653	632	618	604	584	568	559
合計　構成比%	100.0	100.0	100.0	100.0	100.0	100.0	100.0
15〜29歳	20.5	19.6	19.1	17.7	16.1	15.5	15.0
30歳代	18.4	28.8	29.1	28.6	27.2	26.9	26.3
40歳代	21.9	31.0	31.9	32.1	31.8	32.4	32.7
50〜54歳	14.5	28.8	29.8	30.6	31.2	32.2	32.9
55歳以上	24.8	30.2	29.8	29.6	29.8	29.6	30.4
※50歳以上	39.4	59.0	59.5	60.3	61.0	61.8	63.3

出典：総務省「労働力調査」より作成

表1-3 就業構造基本調査による建設就業者の推移　　　　　　　　　　　（万人）

	1997	2002	増減数	増減率
全国	6,867	6,086	−781	−11.4
東京	541	493	−48	−8.9
大阪	446	385	−61	−13.7

出典：総務庁「就業構造基本調査」より作成

表1-4 普通建設事業費の推移　　　　　　　　　　　　　　　　　　（百万円，％）

	1995	2001	増減数	増減率
全国	17524475	12724095	−4,800,380	−27.4
東京	1,857,856	746,143	−1,111,713	−59.8
大阪	630,825	357,213	−273,612	−43.4

出典：総務省資料より作成

注）普通建設事業費とは，地方公共団体の経費の中で，道路，橋りょう，学校，庁舎等公共又は公用施設の新増設等の建設事業に要する経費のことをいい，自治体が国から負担金や補助金を受けて実施する「補助事業費」，自治体が国からの補助金等を受けずに，独自の経費で任意に実施する「単独事業費」，「国直轄事業負担金」からなる。

せているが，大阪府は6.1万人減，減少率13.7％で，東京都や全国の減少率より高いこことがわかる。

　第5に，このような建設就業者の減少に少なからず影響を与えているのが，地方自治体発注の公共事業費の低下である。1995年と2001年の普通建設事業費

表1-5　建設業からの転職先（1997年～2002年）　　　　　　　　　　　（人，％）

	全国	大阪	全国	大阪
建設業からの転職者数	609,600	44,500	100.0	100.0
農業	44,200	400	7.3	0.9
林業	1,800	—	0.3	—
漁業	3,100	—	0.5	—
鉱業	1,000	—	0.2	—
製造業	119,200	10,500	19.6	23.6
電気ガス熱供給水道業	2,300	—	0.4	—
情報通信業	13,500	300	2.2	0.7
運輸業	70,600	3,900	11.6	8.8
卸売・小売業	110,200	9,300	18.1	20.9
金融保険業	13,900	1,300	2.3	2.9
不動産業	14,600	800	2.4	1.8
飲食．宿泊業	29,700	3,600	4.9	8.1
医療・福祉	22,900	2,500	3.8	5.6
教育・学習支援業	12,300	1,300	2.0	2.9
複合サービス業	3,900	—	0.6	—
サービス業	136,800	10,200	22.4	22.9
公務	6,500	100	1.1	0.2
分類不能	4,700	300	0.8	0.7

出典：総務省「就業構造基本調査」より作成

の増減率をみると（表1-4），全国で27.4％の減少，大阪府では43.4％の減で，東京都（59.8％減），宮城県（43.8％減）に続き高い減少率となっている。このことは大阪における建設労働市場の縮小と大きく関わっているものと考える。

　第6に，そして，1997年から2002年建設産業から他産業に転職した就業者の動向をみると（表1-5），全国で約61万人が他産業に転職した。そのうちサービス業が約14万人，約12万人が製造業へ，約11万人が卸・小売業となっている。そして，転職者が最も多いのは大阪府と東京都でそれぞれ4.5万人程度となっている。建設就業者の他産業への転職先は，一般的に比較的不安定な業種を抱えているサービス業や卸・小売業が多い。大阪府では，全国の転職先とほぼ同様の傾向を示しているが，製造業や卸・小売業，医療・福祉などの構成比が高いなどの特徴がみられる。すでにみたように，建設就業者は50歳以上が6割を超えており，若年層や壮年層の移動が進展することにより高齢者に偏った産業

となる。そして，なによりも重要なのは，建設業の高齢就業者の労働移動は，失業者化やホームレス化となる可能性は否定できないものと指摘されている[3]。そして，本稿では十分触れることができないが，今日，建設業は非効率的産業として位置づけられて，同産業から他産業への労働移動を奨励する政策が展開されている。例えば「建設産業の構造改革に伴う円滑な労働移動に係るプロジェクトチーム」による「建設産業の構造改革に伴う円滑な労働移動に向けた対応策についての提言について」(2001年)や建設業労働移動円滑化支援助成金制度の創設（2006年度で廃止），さらに2005年1月の労働政策審議会による(1)事業主の新分野進出の支援，(2)建設業離職者の円滑な労働移動の推進，(3)建設業における労働力需給調整システム，(4)必要な技能労働者の育成・確保の促進，を柱とする建設労働対策，それに基づいた2005年10月施行の「建設労働者の雇用の改善等に関する法律の一部を改正する法律」に端的に示されていよう。

　同法では，建設業内外への円滑な労働移動の推進，建設業内外の新規・成長分野への進出の促進および各種支援策に関する情報提供・相談援助のワンストップサービスの提供を強化するとともに，新たな労働力需給調整システムの導入を指摘している。

　最後に，大阪における日雇労働市場とホームレス化の労働市場の背景として高い失業率が上げられるであろう。「就業構造基本調査」(2002年)でみると，表1－6のように完全失業率は，全国の5.4％に対し大阪府は8.6％で，沖縄に次いで高い水準にあるだけでなく，45歳以上の高年齢者等では，最悪の状態にあることがわかる。野宿生活にいたる原因として，失業や倒産などの理由が高い割合を示していることはすでに触れたが，大阪の場合，より厳しい状況にあることがわかるのである。

　このような，建設業の就業構造の変化は，少なからず釜ヶ崎で展開されている日雇労働市場の今日の在り方に大きな影響を与えていよう。特に，公共事業における変化は，建設業における重層的下請構造の末端労働力供給システムとしての日雇労働市場においてその変化は大きい。

表1-6　都道府県別年齢別完全失業率　　　　　　　　　　　　　単位：%

	総数						
	総数	15～24歳	25～34歳	35～44歳	45～54歳	55～64歳	65歳以上
全　国	5.4	9.5	6.8	4.2	4.3	5.7	1.9
東京都	5.9	8.1	7.8	5.5	4.3	5.9	1.9
大阪府	8.6	14.0	10.3	6.0	8.2	8.1	1.9
沖縄県	9.3	20.8	11.5	7.5	6.1	7.5	1.4

出典：総務省「就業構造基本調査結果」2002年より作成

3）日雇労働市場の「制度化」とその変容

　日雇労働市場は，重層的下請構造の底部に存在する労働市場として，また「共通ベルト的階層」[4]として位置づけられてきた。同時に，この労働市場は，失業者の受け皿としての役割をもつものと捉えられてきた。当然その受け皿は，最終的な受け皿ではなく，高齢化等に伴いより下降させる，あるいはしみださせる機能をもあるものと捉えられる底辺労働市場である。その日雇労働が集中的に展開する地域は，「寄せ場」（あるいは「寄り場」）と呼称されてきた。そして，釜ヶ崎は，日本における東京都山谷地区，横浜市寿地区，名古屋市笹島地区[5]といった日本を代表する四大寄せ場の中では最大のものである。山谷地区や寿地区等は，ピーク時を過ぎており，「福祉の街」といった様相を呈してきてから久しい。ここで触れる釜ヶ崎においても近年日雇労働市場としての機能が弱体化してきている。そこで，ここでは釜ヶ崎で展開されている建設日雇労働市場の「制度化」とその変容について考察する。ここでいう「制度化」とは，建設労働，特に底辺労働力が様々な法的「制度」の中に包摂されていく過程を意味している[6]。

（1）　日雇労働市場の「制度化」

　1970年代中頃以降，最底辺に位置し建設労働者を供給し続けてきた，釜ヶ崎は「制度」とはほど遠い存在として建設業界で機能していたが，釜ヶ崎の労働者も，港湾労働法（1966年）の施行，あいりん職安の開設（1970年），さらに

1975年の雇用保険法，1976年の建設雇用改善法の施行によって，制度の枠内に組み込まれ始めた。1969年には全港湾建設支部西成分会も結成され労働組合による組織化も開始されはじめ（原田達・182頁），「制度化」された労働市場の網の目の中にも位置づけられ始めた。そして，この制度化は80年代，90年代を通して基本的には変わることなく続いた[7]。

その「制度化」の実質は以下の諸点に示されている。

まず，第1に，釜ヶ崎で展開された労働市場は，文字通りの青空労働市場であったが，労働福祉センターによる斡旋業務は質量共に拡大していった。1970年には，青空労働市場があいりん総合センターの寄り場に移動していった。後で詳しく述べられるように，釜ヶ崎に特徴的な労働市場システムである「相対方式」の成立が重要なポイントとなる。

第2に，この過程は，また雇用保険（当時は失業保険）制度の適用拡大過程でもあったことである。今日，マスコミを賑わしているいくつかの建物への住民登録問題の発端はここにあろう。日雇労働者の特質を踏まえないと問題の本質を見誤ることになると考える。同時に，この適用拡大過程における施策展開は釜ヶ崎の特例措置として行われたこともまた重要である。

社会保険制度から排除されていた日雇失業保険制度への加入斡旋が開始されたのは，1965年4月であるが，実質的な効果を挙げることができなかった[8]。その理由としては，第1に，被保険者手帳（正式には雇用保険日雇労働者被保険者手帳，「白手帳」とも呼称される）の取得には，住民票の提出が義務づけられていたということ，第2に，求人側の業者の大半が零細業者であり，雇用保険の未加入事業所であったということがあげられる。そこで，ドヤ経営者の出すドヤ宿泊（居住）証明によって「管轄内に居住を有する」証明に替えた。そして，日雇労働者が，失業保険に未加入の業者に雇用されたとしても，「就労申告書」の業者証明印で就労の事実を認定し，印紙保険料を納めた者とみなす「就労申告書制度」の導入である。日雇健康保険制度もこれにリンクしていた。この措置は，あくまで釜ヶ崎の特例措置として認められた。こうして釜ヶ崎の日雇労働者は社会保険制度の網の目に組み込まれ，社会的に承認されていったのである。

そして，この就労申告書制度はまた，行政が求人業者の存在やその業務内容

を把握する有効な手段ともなった。1974年の雇用保険法で零細事業所も「強制適用」となったため，この「証明書」が業者への雇用保険適用を推し進めることになった。そして，労働組合から白手帳所持者に対する夏・冬の一時金の支給を求める運動が進められていたが，1971年には，夏・冬の一時金支給制度である「日雇労働者福利厚生措置事業」による「日雇労働者福利厚生資金」（労働組合や労働者はソーメン代・もち代と呼称した）の支給が開始された。原資は，建設業協会，大阪市・大阪府の三者負担によってまかなわれた。これらの制度の確立によって，日雇労働者の白手帳所持者の増加がすすんだ。しかし，これらの制度は，あくまで大阪独自のものであった。

　第3に，「制度化」に大きく寄与したのは，上で指摘した1974年の雇用保険法の他，後でも触れられるように，1976年施行の建設雇用改善法である。西成労働福祉センターは，これを契機に求人事業所の登録制度を開始した。その結果，西成労働福祉センターへの登録事業所は表1-9にみるように大幅に増加したのである。

　このように，日雇労働市場の「制度化」は，労働者にとっては，安定的な仕事を得ることができるようになったことや業者とのトラブルが少なくなったこと，賃金のピンハネなどの程度が低くなったなどの改善が図られたとされている[9]。

　ただし，雇用保険制度については，1982年に「就労申告制度」が，1986年には「ドヤ証明」による新規の白手帳交付が廃止された。同年労働省通達によって白手帳の新規手帳交付には住民票が必要となったためである。この結果，釜ヶ崎における白手帳所持者数が大幅に減少した。

　このように労働市場から「制度化」は一定程度進んだものの，建設業で働く人々に対する退職金制度である「建設業退職金共済制度」への加入は少なく，また日雇という雇用形態であることや居住が一定していないことにより，国民年金制度への未加入者も非常に多く，日雇労働者の高齢化とともに，労働市場からの引退後の生活問題が極めて重要な生活課題となってきた。雇用の悪化の中で，中高年・高齢期を迎えた日雇労働者のホームレス化への途を促進することにつながった。

(2) 「制度化」の揺らぎ

　この「制度化」の揺らぎは、80年代後半からみられはじめた。第1は、日雇労働者の高齢化である。白手帳所持者の平均年齢が50歳を超えたのは1989年であり、2005年現在54.4歳である。90年には白手帳所持者の50歳以上の割合は60.9％を占めるにいたった。第2は、日雇労働者の募集方法の変化などである。新聞広告による求人や駅手配の拡大、さらに携帯電話といった募集方法の転換が進んだ。また求人における年齢制限などにより高齢日雇労働者の排除がすむことになった。高齢日雇労働者の建設日雇の仕事につける可能性は減少した。第3に、求人数の減少である。表1-9にみるように、2005年745,927件で、最盛期の1,874,507件の約4割程度にまで減少している。そして、登録事業所数も1288事業所と91年の46.6％の水準となっている。94年には雇用保険制度が前2ヵ月に28日の印紙保険料の添付から前26日に短縮されたものの、アブレ手当（正式には日雇労働求職者給付金）を受給できない者が増加した。

　このように日雇労働市場としての機能低下が進んだ。その結果、高齢日雇労働者を中心に、ホームレス化が進むことになった。「あいりん地域の中長期的なあり方」（あいりん総合対策検討委員会）の策定の基礎資料収集のため、96年9月に筆者も参画して実施された社会構造研究会「あいりん地域日雇労働者調査」[10]によると、日雇労働者の野宿生活者化が常態化しており、アルミ缶収集などによって生計を維持している、いわば「窮迫的自立」とでもいうべき事態の進展が明らかとなった。同調査結果によると、1ヵ月まったく就労していない者は60歳代が最も多く、55歳以上で約6割を占めていた。そして、このうち、野宿をしていた者は67.5％と7割弱であった。この調査結果を踏まえて、同委員会の最終報告がなされたのが、98年2月であった。しかし、大阪市は98年8月には全市的に拡大した野宿生活者の概数・概況調査を実施した。その結果は8660人で、西成区は実に22.1％を占めていることが明らかとなった。

　このような建設日雇労働市場の縮小の中で、「制度化」の重要な柱の1つであった白手帳の交付数が激減していることがわかる（表1-7、表1-8参照）。釜ヶ崎での交付数は、2001年には10,430であったのが、2005年には6,247にまで減少したのである。そして、白手帳とセットで開始された、白手帳所持者に対する一時金支給である「日雇労働者福利厚生措置事業」いわゆる「ソーメ

表1-7 大阪府における日雇労働被保険者手帳交付数

	日雇労働被保険者手帳交付数
1999年	18,990
2000年	19,455
2001年	18,222
2002年	16,020
2003年	14,315
2004年	11,870
2005年	9,627

出典：大阪府労働局年報より作成

表1-8 あいりん地区における日雇労働被保険者手帳交付数

	大阪府	あいりん地区	あいりん地区の割合
2001年	18,222	10,430	57.2
2003年	14,315	9,803	68.5
2005年	9,627	6,247	64.9

出典：大阪府労働局年報より作成

図1-1 高齢者特別清掃事業のフローチャート（事業の流れ） 2007年4月現在

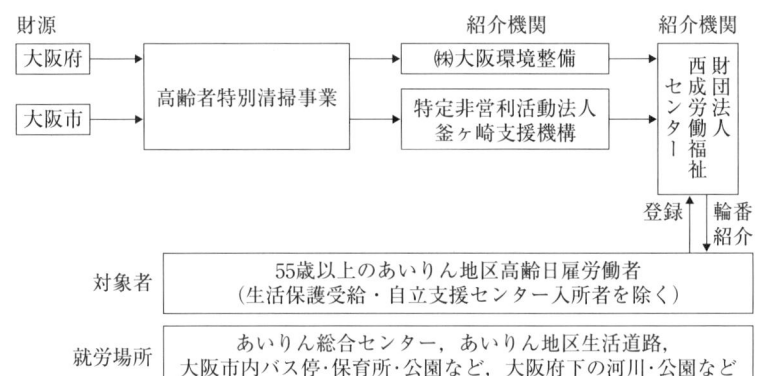

財源：大阪府、大阪市 → 高齢者特別清掃事業 → 紹介機関：㈱大阪環境整備、特定非営利活動法人釜ヶ崎支援機構 → 紹介機関：財団法人西成労働福祉センター（登録・輪番紹介）

対象者：55歳以上のあいりん地区高齢日雇労働者（生活保護受給・自立支援センター入所者を除く）

就労場所：あいりん総合センター，あいりん地区生活道路，大阪市内バス停・保育所・公園など，大阪府下の河川・公園など

出典：高齢者特別清掃事業の概要をもとに海老作成

ン・もち代」（大阪府では，）も2005年には廃止された。

　この「制度化」に替わって登場してきたのは，同地区高齢日雇労働者に対する就労・雇用機会の確保策，つまり「仕事」づくりである。1993年に釜ヶ崎就労・生活保障制度をめざす連絡会（反失連）が結成され，仕事の創出を要求し，1994年には「高齢者特別清掃事業」が開始され，同事業への緊急地域雇用交付金の活用（1999年～2004年，2002年からは緊急地域雇用創出特別交付金とされた）によって拡大がなされた。だが，同交付金は2005年廃止されたため，現在，大阪府は「あいりん地域高齢日雇労働者特別清掃事業」，「あいりん地域高齢日雇労働者就労自立支援事業」として継続している（図1-1）。

4）釜ヶ崎における職業紹介の変遷と労働者の就労環境

(1) 本稿の目的

　前項の中山論文は，釜ヶ崎の日雇労働市場の機能低下が日雇労働市場のホームレス化を進行させた要因として①日雇労働者の高齢化，②日雇労働者の募集方法の変化，③求人数の減少などをあげている。こうした指摘を具体的に検証するため，本稿では，まず釜ヶ崎の日雇労働市場が果たしてきた役割と課題を職業紹介事業の変遷をとおして明らかにする。またバブル経済崩壊後，釜ヶ崎の日雇労働者をかかえる建設業界がどのように労働者の雇用を抑制してきたのか，その中で日雇労働者の就労・生活はどのように変化したのかその実態を明らかにしたい。最後に国や地方自治体が実施する「ホームレス自立支援法」にもとづく対策だけでは問題の解決にはならないと考え，今日広がる非正規雇用化という「雇用破壊」を食い止めるための課題の解決のひとつとしてその方向を指摘したい。

(2) 釜ヶ崎の日雇労働市場の変遷──職業紹介事業を中心として──
(a) 第Ⅰ期　大阪府労働部西成分室から財団法人西成労働福祉センター設立へ

　1962年8月1日に発生した第一次釜ヶ崎暴動を契機に，大阪府は地域の労働者を正規な労働につかせ，生活を安定させるため，「一元的な行政措置だけでは，十分な実効がえられず，民官一体をもって公益法人を組織して，幅広く労働福祉にまで延長することが良策である」[11]として，とりあえず同年9月1日から大阪府労働部西成分室を開設し，労働者の就労援助にあわせ，職業，医療，生活の相談を行った。その後西成分室の機能を発展させ，「日雇労働者の就労と労働福祉を一層充実せしめるため，地域における特殊性を把握しつつ，法的行政的に制約させた施策だけに終わらず，(中略) 広範な対策と活動を可能とする組織体」[12]として1962年10月1日財団法人西成労働福祉センターが設立された。

　違法な中間搾取をする手配師や「人夫出し」[13]の求人にセンターが介在し，

表1-9　相対方式の歴史的経過と日雇労働者の実態をまとめた年表
第Ⅰ期　西成分室からセンター設立をへてあいりん総合センターオープンまで

年	月	財団法人西成労働福祉センター業務	釜ヶ崎の動き
1961	8		第1次釜ヶ崎暴動
	9	大阪府労働部西成分室開設	
1962	10	財団法人西成労働福祉センター発足	
	12	年末友の会実施	
1963		労災休業補償立替開始	
	5		第2次釜ヶ崎暴動
	10	事業所からの寄付で常用化支度金貸付・援助金支給開始	
	12		第3次釜ヶ崎暴動
1964	9	日雇健康保険適用促進取次ぎ業務開始	
1965	6	日雇失業保険適用促進取次ぎ業務開始	
1966	1	日雇労働者福祉資金貸付要領実施	
	3		第4次釜ヶ崎暴動、大阪市立中央更生相談所開設
	5		第5次釜ヶ崎暴動
	6		府市連絡会で「釜ヶ崎」を「あいりん地区」に統一 「スラム対策に関する要望書」を府市連名で国へ提出 第6次釜ヶ崎暴動
	7		
	8		第7次釜ヶ崎暴動
	9	労働者演芸の夕べ開催	
1967	1	港湾労働法にともなうバス輸送開始	
	4	労働者慰安演芸の夕べ開催 大阪府労働部職業対策課新設，地区対策を所掌	
	6		万博工事開始，第8次釜ヶ崎暴動
	9	短期無料宿泊開始（自彊館へ依頼）	
1968		労働者慰安の夕べ	
	12	直行奨励金支給	
1969	4	労働者慰慰安の夕べで瓶投げ込まれ中止となる	
	8	労災受任者払い申請受理される	全港湾建設支部西成分会結成
1970	3		
	4		あいりん職安開設
	8		大阪社会医療センター発足（今宮診療所廃止）
	10	あいりん労働福祉センターオープン	釜ヶ崎キリスト教協友会発足
	11	日雇失業保険制度の適用開始(ドヤ証明)	
	12	就労申告書制度の発足 第9次釜ヶ崎暴動でセンター詰所焼討ち，3階事務所乱入）	

1　日雇労働市場の縮小過程と野宿生活者問題［中山　徹・海老一郎］　47

年	経済・社会・労働政策	建設労働市場				日雇労働者	
		求人数	一日平均数	有効登録事業所数	平均賃金	有効求職者数	平均年齢
1961		164,728	797		906円		
1962		359,158	995		928円		
1963	職業安定法，失業保険法，緊急失業対策法改正	536,686	1,482		1,177円		
1964	失業保険給付制限のための行政通達が出る	646,925	1,770		1,215円		
1965	失業保険業務へのオンラインシステムの適用	533,232	1,460		1,270円	182	
1966	雇用対策法制定	645,445	1,220		1,506円	111	
	港湾労働法施行・雇用対策法施行						
1967	第一次雇用対策基本計画が策定される	701,094	1,920		1,625円	93	
1968		641,971	1,778		1,700円	78	
1969	失業保険法改正	761,987	2,110		1,995円	79	
1970	職業訓練法制定　万博開催	596,052	1,651		1,993円	1,042	

第Ⅱ期　あいりん総合センター開設から「建設労働者の雇用の改善等に関する法律」施行まで

年	月	センター業務	釜ヶ崎の動き
1971	1		ふるさとの家オープン
	5		第10次釜ヶ崎暴動
	6		第11次釜ヶ崎暴動
	8		大阪市立更生相談所開設
	9	もち代・ソーメン代支給開始	第12次釜ヶ崎暴動
	12		あいりん総合対策連絡会設置
1972	3	専務理事蒸発事件	
	5		第13次，第14次釜ヶ崎暴動
	6		暴力手配師追放釜ヶ崎共闘会議結成 第15次釜ヶ崎暴動
	8	大阪府労働部職業対策課内に特別対策室新設	第1回釜ヶ崎夏祭り 第18次釜ヶ崎暴動
	9	大阪府が地区労働者の常用化促進のために技能講習実施	第19次釜ヶ崎暴動
	10		
	12	あいりん総合センター内で爆弾が爆発	
1973	1		
	4		第20次釜ヶ崎暴動
	6		第21次釜ヶ崎暴動
	10	日雇健康保険法改正（傷病手当の給付改善）	
	11		西成区地番変更，東入船は萩之茶屋となる
	12		あいりん小中学校が萩之茶屋小中学校に改称
1974	1		市更相で労働者騒ぎ相談業務一時中止
	7	経理不祥事件を契機に機構改革（部制を廃止し4課6係制へ）	
	11	あいりん総合センター内に娯楽室開設	
1975			
	2		あいりん店テント村撤去
	3		千成ホテル全焼4名死亡
	4		
1976	7		釜ヶ崎日雇労働組合結成
	9		
			三大寄せ場日雇労働組合が労働省と交渉する
	10	労働省通達，センターの相対方式を職業紹介の一方法と認める	
	11	求人事業所の登録制度開始 就労正常化促進期間の設定	
	12		あいりん地区越年対策事業開始

年	経済・社会・労働政策	求人数	一日平均数	有効登録事業所数	平均賃金	有効求職者数	平均年齢
1971	農村地域工業導入促進法 ドルショック	588,526	1,630		2,207円	5,555	
1972	労働安全衛生法公布 第二次雇用対策基本計画策定 工業再配置促進法 港湾労働法第11条による登録取り消し指示，離職措置開始	786,993	2,174		2,606円	8,964	
1973	東京山谷対策特別就労事業開始 オイルショック	614,704	1,703		3,372円	11,342	
1974	雇用保険法施行	476,661	1,320		3,767円	14,206	
1975	日雇健康保険給付内容が大幅に改善される	303,248	840		4,075円	16,297	
1976	第三次雇用対策基本計画策定 東京都公共事業への日雇労働者吸収要綱できる 建設労働者の雇用の改善等に関する法律施行	384,981	1,066	364	4,632円	16,653	

第Ⅲ期　建労法からバブル経済崩壊期まで

年	月	センター業務	釜ヶ崎の動き
1977	6		大正区柳井建設宿舎全焼，12名焼死
	11		簡易宿泊所ホテル新大阪火災で2名死亡
1978	1	センターだより創刊	
	4		釜ヶ崎解放会館できる簡易宿泊所北ぐに火事1名死亡
	6	玉出社会保険事務所センター分室開設	
1979	4		白百合ホテル火事 大阪市社会福祉審議会「あいりん地区福祉対策の今後の進め方」について答申
	10	福利厚生資金100円天引き訴訟	
	11		第2次オイルショック
1980		パンフ「おぼえておこう」発行（2000部）	天満荘，阪南荘，旅館プール火災
	5		釜日労春闘始まる
	6	事業主懇談会開催	
1981			
	3	将棋愛好者のつどい開催	釜ヶ崎地域合同労働組合結成
	6	センター窓口紹介，集中公開方式採用	
	9	たそがれコンサート開催	第二臨調発足，あいりん会演芸の夕べ開催
1982	5		全国日雇労組協議会結成
	9	就労申告書廃止	
1983	2		簡易宿泊所福寿館火災
	5	センター組織改正4課8係となる	
	6		釜ヶ崎差別と闘う準備会発足
	9	第1回釜ヶ崎実態調査 健康保険就労証明書制度導入	
1984	3	釜ヶ崎春闘賃金500円アップで7,500円へ	簡易宿泊所ふるさと，こまや火災 新今宮小中学校廃校
	8	センター事務所改装（11階完成）	
	10		
1985			あいりん職安有効求職者数2万人を超える
	6		
	7		
	9		
1986	10		四天王寺境内で少年が野宿労働者を襲う
	11		あいりん職安「ドヤ証明」による新規手帳交付廃止
1987	3		天王寺公園で天王寺博開催
1988	9		
1989	11		

1 日雇労働市場の縮小過程と野宿生活者問題 [中山　徹・海老一郎]

年	経済・社会・労働政策	求人数	一日平均数	有効登録事業所数	平均賃金	有効求職者数	平均年令
1977	雇用安定資金制度の導入 特定不況業種離職者臨時措置法制定	556,994	1,543	871	5,100円	15,169	
1978		591,609	1,639	1,178	5,780円	15,426	
1979	特定不況地域離職者臨時措置法制定 第四次雇用対策基本計画策定	771,489	2,137	1,441	6,360円	16,099	
1980		704,202	1,956	1,651	6,736円	15,739	
1981	建労法建設雇用改善計画スタート	589,982	1,634	1,774	6,754円	15,032	45.9歳
1982		608,841	1,687	1,876	7,142円	15,128	46.4歳
1983	特定不況業種等特別措置法制定	684,955	1,892	1,936	7,470円	15,673	
1984		822,489	2,278	2,038	8,011円	18,881	
1985	雇用保険アブレ手当日額4,100円から6,200円に改正 日雇健康保険廃止、健康保険に吸収（1割負担） 職業能力開発促進法公布 労働者派遣事業法施行 出会いの家オープン	868,519	2,406	2,161	8,561円	22,485	47.4歳
1986		899,144	2,498	2,272	8,968円	24,458	
1987	高年齢者の雇用の安定等に関する法律施行 関西新空港着工 地域雇用開発促進法施行	1,179,181	3,266	2,375	9,638円	22,200	48.8歳
1988	労働省職安局長通達「新規手帳交付に住民票必要」	1,605,242	4,446	2,523	10,374円	17,461	46.4歳
1989	緊急失業対策法廃止	1,874,507	5,207	2,615	11,663円	15,731	51.2歳

年	月	センター業務	釜ヶ崎の動き
1990	10		第22次釜ヶ崎暴動
1991			

第Ⅳ期　バブル経済崩壊期から現在まで

年	月	センター業務	釜ヶ崎の動き
1992	10		第23次釜ヶ崎暴動
1993	9		釜ヶ崎就労・生活保障制度をめざす連絡会（反失連）結成
	10		反失連が府議会請願51号提出
1994	6〜7	反失連センター窓口闘争	
	9		反失連現地闘争でセンター寄場夜間開放実現
	11	高齢者特別清掃事業実施	
1995	1		
	6		あいりん総合対策検討委員会設置
1996	12	センター労組「特別清掃事業拡大を求める」署名運動	
1997	12		反失連センター夜間開放闘争
1998	2		あいりん総合対策検討委員会最終報告
	5		集団赤痢発生
	8		大阪市野宿生活者概数概況調査実施
1999	2		
	6		
	7		労働者派遣法改正
	9		NPO釜ヶ崎支援機構発足
2000	4	センター主管が大阪府商工労働部雇用推進室対策課となる	
2001	7	国の予算で日雇労働者技能講習事業開始	
	9	緊急地域雇用創出特別交付金事業開始	
	11	大阪府勤労者福祉協会あいりん労働福祉センター　管理室業務センターへ移管	
2002	8		大阪府で福利厚生措置事業あり方検討会発足
2003	2		簡易宿泊所転用住宅57棟　5,621室
	8		国のホームレス対策基本方針でる
	11		大阪府，大阪市のホームレス対策実施計画でる
2004			
2005	3		緊急地域雇用創出特別交付金廃止
	7	ソーメン代支給がなくなる	

出典：財団法人西成労働福祉センター業務報告、あいりん職安業務年報をもとに筆者が作成する

| 1990 | | 1,854,900 | 5,153 | 2,703 | 12,593円 | 14,330 | 51.9歳 |
| 1991 | バブル経済崩壊始まる | 1,645,578 | 4,584 | 2,764 | 13,012円 | 13,250 | 52.5歳 |

年	経済・社会・労働政策	求人数	一日平均数	有効登録事業所数	平均賃金	有効求職者数	平均年令
1992		1,034,036	2,872	2,630	13,053円	12,626	52.8歳
1993		889,731	2,625	2,575	13,041円	12,300	53.1歳
1994	雇用保険前2ヶ月26枚，1級7,500円に改正	1,021,352	3,031	2,251	13,288円	13,468	53.3歳
	関西新空港開港						
1995	阪神・淡路大震災	1,260,407	3,740	1,994	13,488円	14,530	53.5歳
	介護休業法制化						
1996	労働者派遣法改正（対象業務26に拡大）	1,080,467	3,225	1,860	13,496円	15,130	53.7歳
1997	男女雇用機会均等法改正（女性保護を撤廃）	775,740	2,351	1,766	13,302円	15,032	54.1歳
1998	高年齢者雇用安定法改正	583,610	1,901	1,750	12,159円	14,257	54.4歳
	雇用保険法改正						
	労働基準法改正（有期労働契約上限延長，変形労働時間制要件緩和など）						
1999	政府「ホームレス問題連絡会議」設置	673,318	2,186	1,708	13,540円	13,932	54.4歳
	緊急雇用対策，緊急地域雇用特別交付金事業始まる						
	職安法改正（有料職業紹介事業の原則自由化），労働者派遣法改正						
	第9次雇用対策基本計画策定						
2000	地方分権一括法施行	829,826	2,703	1,665	11,225円	14,062	54.5歳
	雇用保険法改正（自発的失業の失業給付日数削減）						
2001	雇用対策法改正（募集・採用の年齢制限緩和）	656,163	2,144	1,500	11,105円	12,710	54.8歳
	総合雇用対策						
2002	ホームレスの自立の支援等に関する特別措置法施行	709,997	2,313	1,401	10,942円	10,491	54.5歳
2003	ホームレス全国調査実施	660,562	2,145	1,365	10,760円	9,027	54.5歳
2004		702,642	2,289	1,335	10,316円	7,356	54.5歳
2005		745,927	2,430	1,288	10,297円	5,696	54.4歳

青空労働市場へ移動バスを設置して，求人申し込み受理と求人プラカードの交付を行った。また新庁舎（四恩学園跡地）開設後は，常用や期間雇用求人の窓口紹介を始めた。

1965年頃の地区の労働者及び労働市場は，片田（1994年，190頁）によると，阿倍野職安西成出張所の失対登録[14]，民間雇用（高齢者・婦人が多い）と西成労働福祉センターの重労働作業の紹介を受ける単身男子層と鳶・大工・左官などの職人層の3つに分類されていた。また，1964年の産業別・職業別求人をみると，建設業は37％で，港湾荷役が船内・沿岸をあわせて44％となっている。

(b) 第Ⅱ期　あいりん総合センター開設から「建設雇用改善法」施行まで

1970年10月にあいりん総合センター[15]が開設され，あいりん職安と西成労働福祉センターが同一施設に設置された。しかし，国の機関である職業安定所が青空労働市場の解消のためようやく動き出すかにみえたが，失業対策事業や一部の民間雇用及び港湾を除いて，職業紹介は行われなかった[16]。実際には，あいりん総合センターが開設される以前から実施してきた「相対方式」[17]により，西成労働福祉センターが職業紹介に関わる体制が現在まで続いている。

片田（1994年，192頁）によると，1969年には，建設業が50％，港湾が13％，製造業が30％，陸運が8％となっている。港湾荷役が機械化され，堺臨海工業地帯などの製造業の求人が激増したことによるものである。

(c) 第Ⅲ期　「建設雇用改善法」施行からバブル経済崩壊期まで

1966年5月に施行された「建設労働者の雇用の改善等に関する法律」（以下「建設雇用改善法」という）は，①労働者の募集・雇入れや社会保険・賃金台帳などの雇用管理責任者の選任②労働者を雇入れたとき労働条件を明示した雇入通知書の交付③釜ヶ崎などの特定地域で事業主が直接募集する際の職安での「建設労働者募集届」の届出[18]と「建設労働者募集従事者証」の交付④建設労働者の技能向上や労働福祉の増進のための助成金創設が行われた。しかし，国や府の見解[19]は，西成労働福祉センターの職業紹介の「相対方式」が職安での職業紹介と変わらないとして上記の募集届けは不要とした。

西成労働福祉センターは，「建設雇用改善法」のねらいのひとつである雇用関係の明確化をはかるため，同年11月から求人事業所の登録制を実施した。登録の際，強制適用である雇用保険加入を条件にし，労働条件の明示を徹底する

ため求人プラカードの発行と雇入通知書の交付促進を行った。また，就労正常化促進特別指導日を設け，職安・管理室・警察との協働を目指したが実現できなかった。

1970年代中頃からの釜ヶ崎は建設業での求人が急増した。福原（1999年，199頁）は「釜ヶ崎日雇労働市場は，まさに建設業底辺労働を支える人材供給源となった」とし，1985年の日雇求人数は，製造業5.0％，運輸業4.1％，建設業90.9％となった。

(d) 第Ⅳ期　バブル経済崩壊期から現在まで

1980年代後半から関西新空港などの大型プロジェクトが進行し，釜ヶ崎の求人は，1986年ピークに達したが，それ以降減少する。その要因として，福原（1999年，208〜209頁）は，①職安の「日雇雇用保険不正受給者摘発キャンペーン」による雇用保険日雇労働者被保険者手帳[20]（白手帳）の減少②建設工事の機械化を前提とした建設業界の人材調達方法の変化③地区労働者の高齢化の進行をあげている。

野宿生活者の存在が社会問題化してきたのもこの時期である。1994年6月には「反失業連絡会」[21]が求人の激減期に「公的就労」での雇用の場の確保を求めて行政闘争を繰り広げた結果，同年11月から「高齢者特別清掃事業」[22]が開始された。

(3) バブル経済崩壊の釜ヶ崎日雇労働者をかかえる建設業界の現状
　　—建設作業員寄宿舎調査から—

釜ヶ崎の求人数は，1989年の187万人をピークに減少傾向をたどり，1998年の58万人と底をついた（表1-9）。既に中山論文でも指摘しているように，この年の8月には大阪市内では8,660人の野宿生活者が存在していることが調査で明らかになった。

西成労働福祉センターでは，日雇求人（現金）は減少しているが，労働者は作業員寄宿舎（飯場または宿舎）に入って就労しているのではないかと考え，1998年8月に作業員寄宿舎を所有する711社を対象に電話で聞き取り調査を実施し，460社から回答を得た。その結果，次のようなことが明らかになった。

(a) 寄宿舎収容状況

表1-10をみると約8,000人の労働者が飯場から排出されたことがわかる。とくに地方ほど在籍率が低いのは公共事業の抑制が原因である。「住み込みの労働者を減らし，地元の通勤労働者で補う」「直接雇用を減らし，必要な時だけ"人夫出し"から来てもらう」「長期・常用労働者として"優良労働者"を確保し，"少数化"でやり繰り」「一定の労働者を確保し，交代で就労させる」などの不況を何とか切り抜けようとする建設業者の対応がみられる。また，表1-11からもわかるように大規模な寄宿舎を構えた"人夫出し業者"はあいりん地区の労働者が多く定着している。その反面，小規模な元請業者や弱小の「人夫出し業者」は寄宿舎を廃止して，忙しい時期のみ大手「人夫出し業者」に依存するようになっている。好況期にみられた誰でも寄宿舎に入れるのではなく，相対的に質の高い労働者のみ抱え込むようになってきた。長年寄宿舎に入っていた高齢労働者を排出せざるを得ない状況にある。

(b) 賃　　金

バブル経済崩壊前の釜ヶ崎の一般土工の賃金単価は13,500円であった（表1-9）。全体として元請からの請取り単価が下げられ，労働者の賃金単価を下げざるえない事業所が多い。極端な単価の値下げをできない業者は，釜ヶ崎からの雇用を控え，多くのフリーターや地元周辺の労働者を安価な賃金で雇うようになっている。中には時間給で対応する業者も出てきている。

(c) 労働力の二極分化

建設業界における釜ヶ崎日雇労働者への依存度は相対的に低下しているとはいえ，不況が続く中での労働者の二極分化が進んでいる。労働力として質の高い職人層（鉄筋工・仮枠大工・鳶工など）や重機オペレーターなどの運転手，鉄筋や仮枠を組んだり，U字溝を入れられる一般土工（多技能工化）の需要は高まっている。反面，高齢者など質が低下した労働者は仕事に就けなくなっている。

(d) 工法の近代化

鉄筋の組み立ても現場で多数の鉄筋を組み立てるのではなく，専門の鉄筋加工現場では，ほとんど完成品をつくり，それを現場まで運んで組み立てる。従来は各階の床や側壁も鉄筋をくみ，コンクリを打っていたが，今では工場で作

表1-10　地域別寄宿舎在籍状況

地域		1998年（平成10年）8月					
		事業所数	収容定員	在籍人員	在籍率	内西成数	西成率
大阪府	大阪市内	64	2,932	1,954	66.7%	942	48.2%
	大阪府内	82	3,446	1,885	54.7%	1,067	56.7%
	計	146	6,378	3,839	60.2%	2,009	52.2%
近畿	兵庫県	123	4,900	2,856	58.3%	1,109	38.8%
	京都府	56	2,704	1,438	53.2%	818	56.9%
	滋賀県	36	1,213	546	45.0%	349	63.9%
	奈良県	27	787	439	55.8%	328	74.7%
	和歌山県	3	35	3	8.6%	0	0.0%
	三重県	12	555	250	45.0%	211	84.4%
	計	257	10,194	5,532	54.3%	2,815	50.9%
その他の県	愛知県	14	676	435	64.3%	102	23.4%
	福井県	2	28	15	53.6%	8	53.3%
	長野県	6	123	44	35.8%	22	50.0%
	富山県	17	373	216	57.9%	90	41.7%
	その他	18	614	243	39.6%	50	20.6%
	計	57	1,814	953	52.5%	272	28.5%
合計		460	18,386	10,324	56.2%	5,096	49.4%

出典：西成労働福祉センター紹介課「寄宿舎状況調査報告書」1998年10月
注：「内西成数」＝在籍者の内，西成（釜ヶ崎）から就労した労働者数
　　「西成率」＝上記（西成からの労働者）の在籍者中の割合

表1-11　定員規模別寄宿舎在籍状況

寄宿舎規模	1998年（平成10年）8月					
	事業所数	収容定員	在籍人員	在籍率	内西成数	西成率
20人以下	212	2,491	1,113	44.7%	475	42.6%
21～50人	136	4,844	2,550	52.6%	1,115	43.7%
51～99人	71	4,955	2,912	58.8%	1,799	61.8%
100人以上	41	6,096	3,749	61.5%	1,707	45.5%
合計	460	18,386	10,324	56.2%	5,096	49.4%

出典：西成労働福祉センター紹介課「寄宿舎状況調査報告書」1998年10月
注：「在籍率」＝在籍人員÷収容定員，西成数＝在籍人員の内，西成からの労働者数
　　「西成率」＝西成数÷在籍人員

成されたPC板[23]を現場に持って行って組み立てる。最近のマンション工事は工期を短縮するため，側壁の支柱は鉄筋をくんで仮枠を施し，コンクリを打っているところもあるが，他はほとんどPC板を組み立てるだけで仮枠大工の仕事そのものが大幅に減少している。

5）日雇労働者の「野宿」化の予防的機能として必要な対策と「ホームレス」問題の課題

(1) 不安定就業としての日雇労働者の特性と就労・生活実態

日雇労働者は，雇用保険法の定義を借りると①日々雇用される者，②30日以内の期間を定めて雇用される者とされている。現在わが国の日雇労働者数は，総務省統計局の「就業構造基本調査（平成14年）」によると，全雇用者54,732,500人のうち日雇労働者は1,570,100人（2.9％）で，うち建設業の日雇労働者は362,700人（全日雇労働者のうちで建設日雇の占める割合は23.1％）となっている。加藤（1991）は，不安定就業労働者の最下層にある日雇労働者を理論的に検討するため東京山谷地域の実態調査を基礎に検討したが，加藤がここで定義した「不安定就業階層」にもとづいて①その就業が不規則・不安定，②賃金ないし所得がきわめて低い，③長労働時間あるいは労働の強度が高い，④社会保障が劣悪である，⑤労働組合などの組織が未組織であることなどをあげている[24]。この項では，建設業に従事する釜ヶ崎の労働者の実態をみることにする。

建設業は，「『飯場制度』における建設労働者の共同生活，労働災害率の高さに示される危険作業，肉体的負荷の高い屋外筋肉労働」だけなく「雇用が不安定で低賃金の日雇労働形態が支配的」で「賃金収入が不安定で，生活の安定が保たれにくい」こと，「手配師などの暴力団が介在することがしばしばみられる就職経路の不明朗さ，賃金のピンハネや賃金不払事件の続発」（高梨，1973年，はしがき i – ii）などの特徴点をあげている。

(a) 後を絶たない賃金不払い相談

バブル経済崩壊後の求人激減期においても建設業では「受注量が減っている中でコスト削減が必要なこと，また正社員を雇用するには経費が多く必要」（大阪府商工労働部雇用推進室，2005年，180頁）なため日雇労働者を雇用すると

している。そのしわ寄せが労働者に及んでいる。

2003年10月に山梨県の朝日建設で地区の労働者2名が犠牲になった殺人死体遺棄事件の新聞報道がなされた。西成労働福祉センターでは，1998年から2004年まで240件の労働相談があった。主な内容は，「西成では賃金日額10,000円，宿舎費控除2,000円と表示していたが，実際に行ったら賃金9,000円で宿舎費は2,500円であった。」や「賃金支払が所定の日に行われない。」などの訴えがあった。なかには賃金精算を拒否されたため徒歩で帰阪してきた人もいた。西成労働福祉センターでは，「賃金の支払いの確保等に関する法律」に基づいて立替払いを含めた対応をするなかで，204件が解決した。

(b) 建設業作業員寄宿舎の労働環境の整備と健康破壊

表1-12でみると，大阪府下における建設業作業員寄宿舎数は，建設産業の

表1-12 建設業附属寄宿舎設置数

所轄労基所別	2003年 計	2004年			増　減
		計	基地	現場	
大阪中央	3	2	2	0	−1
大阪南	9	9	9	0	0
天満	3	3	3	0	0
大阪西	37	34	34	0	−3
西野田	57	7	7	0	−50
淀川	57	56	51	5	−1
東大阪	22	27	27	0	5
岸和田	15	38	13	25	23
堺	42	42	42	0	0
羽曳野	19	18	18	0	−1
北大阪	39	43	39	4	4
泉大津	5	5	5	0	0
茨木	55	52	52	0	−3
合　計	363	336	302	34	−27

大阪労働局労働基準部調べ
出典：第30回大阪出稼労働者連絡パンフレット19頁

不況により，減少していることがわかる。その実態を労働基準監督署の指導内容からみると，避難階段や消火器設備の不備などが多くみられる。表1-13では，西成労働福祉センターに登録する事業所の作業員寄宿舎の違反が6件発生している。

日雇労働は不規則で体力を消耗するため，多くの人が出入りし，集団生活する作業員宿舎で結核が発病すると感染が深刻である。大阪府下の保健所では，結核患者が出ると，患者と接触した人に2年間定期外健診を実施している。保健所は，入院治療や退院後の服薬支援などを作業員宿舎で実施している。完全に治癒しないで退職する場合や結核が判明すれば仕事を続けられないとして行方不明になるケースもある。行政とNPOそして西成労働福祉センターや大阪社会医療センターとの連携を強め，安心して治療が続けられる生活保護での対応などの生活保障対策が求められている。

(c) 労働災害の多発と労災かくし実態

建設業の死亡事故は，全産業の中でも目だって多いことが伺える（表1-14）。日雇労働の場合，現場を転々とするため，現場での不慣れな期間のリスクが高い。とくに就労初日の事故が最も多い。建設現場の特徴は，他の労働者も同時に作業しているため，自分の作業にともなう危険要因と他の労働者から発生しかねない危険要因に対しての注意も必要になってくる。安全教育が実施されないケースや解体現場での転落や墜落防止策がなされていないこともある。労働災害は，元請の責任で対応しなければならないが，「日雇労働者を雇用していることが元請に知られると仕事がもらえない」という理由で直接雇用事業所が

表1-13　建設業附属寄宿舎（飯場）の監督指導状況

	監督実施寄宿舎数	違反寄宿舎数	違反率(%)
2003年全体	25	13	52.0
内　出稼労働者受入宿舎	0	0	0
内　西成センター登録宿舎	6	6	100.0
前年度	39	18	46.2

大阪労働局労働基準部調べ
出典：第30回大阪出稼労働者連絡パンフレット19頁

表1-14　業種別死亡災害発生状況

大阪府	2004年1～12月		前年同期		前年比較	
	死者数(人)	構成比(％)	死者数(人)	構成比(％)	増減数(人)	増減比(％)
全産業	80	100.0	86	100.0	−6	−7.0
製造業	23	28.7	18	20.9	5	27.8
鉱業	0	0	0	0	0	
建設業	20	25.0	32	37.2	−12	−37.5
交通運輸業	2	2.5	3	3.5	−1	−33.3
陸上貨物運送業	18	22.5	11	12.8	7	63.6
港湾荷役業	1	1.3	0	0	1	
林業	0	0	0	0	0	
商業	4	5.0	12	14.0	−8	−66.7
その他の事業	12	15.0	10	11.6	2	20.0

出典：大阪労働局労働基準部調べ
注）速報値（2005年12月末日現在）

元請に対して，事故があったことの報告を躊躇する場合が多い。西成労働福祉センターでは，労災保険で休業補償や病院での治療が受けられるようにするため事業所と労働者との連絡調整の役割を担うことになる。

(2)　格差社会の課題と日雇労働者の雇用失業保障との関わり

　日雇労働者独自の社会保障制度として存在している雇用保険や健康保険は，1970年代に急速に普及した。その推移は，表1-9のとおりであるが，1970年には簡易宿泊所（通称「ドヤ」）が出す宿泊（居住）証明により手帳が交付された。また，「就労申告書制度」[25]が始まったためである。この時期は「釜ケ崎の労働市場が建設業界の『制度化』されてゆく過程」（片田，1994年，192-193頁）であり，「日雇労働市場の『制度化』は，労働者にとって，いくらか安定的に仕事を得ることができる（中略）など，多くの改善が図られた」（福原，1999年，202頁）と位置づけている。

　雇用保険や健康保険は，仕事が確保されて初めて受給資格が得られる制度であるが，路上生活を余儀なくされている人々には，全く機能していない。それ

どころか，国は雇用保険財源削減のため，各地で抑制の動き[26]を進めている。その結果，雇用保険手帳交付数は激減している。

厚生労働省（2006年，2頁）によると「正規の職員・従業員が減少傾向であるのに対し，パート・アルバイト，契約社員，派遣社員等の非正規の職員・従業員は増加傾向」となり，門倉（2006年，22頁）は「ワーキングプア」[27]が近年増加してきた最大の要因を「日本の企業が正社員の数を減らして，派遣社員や契約社員，嘱託社員，パートタイマー，アルバイトといった，いわゆる非正社員の数をふやしていることがある。」と指摘している。特に若年層の非正規雇用比率の高まりと所得格差の拡大は深刻であり，厚生労働省（2006年，12頁）では20歳台で年収150万円未満の収入の低い者の割合が増加していると述べている。伍賀（2005年，46頁）の指摘では，「全雇用者のおよそ3割が年間所得200万円未満で働いて」おり，「その8割近くがパートタイマー，アルバイト，派遣労働者，契約社員などの非正規雇用」であるとしている。

釜ヶ崎の日雇労働者の平均的収入を試算してみると，平均賃金が日額10,000円で雇用保険の失業給付日額6,200円をあわせて年収約240万円である。但しこの試算は，月平均13日就労して雇用保険の資格があり月10日の給付を受けた場合のことである。仕事に就いても，セーフティーネットとしての雇用保険や健康保険制度に漏れている日雇労働者にとって，失業した際の予防的措置としての施策を打つことなど絵に描いた餅なのだろうか。

NPO派遣労働ネットワークでは急速に増加している「日雇い派遣」[28]への対策が最重要課題としている。「携帯電話1本で仕事につながる日々雇用では，書面による労働条件明示も守られない」（中野，2006年，195頁）といわれるほどかつてない勢いで「雇用破壊」が進行している。日雇労働で働く者には，雇用保険法どおりに手帳を交付し，派遣会社に保険適用をさせることが必要である。

これまでみてきた日雇労働者の生活破壊の実態は，何よりも低賃金と社会保障の不備という安上がりの労働力の確保をすすめてきた帰結である。しかし，このことは釜ヶ崎の労働者に起こっていることだけではない。公共の利益をつかさどる自治体で，予算の切り詰めにより最低賃金割れの労働を許しているという深刻な実態が明らかになっている[29]。このような課題に対して，とりく

んできたものが公契約条例(法)の運動である。このとりくみは、「労働基準法を建設業へ拡大適用し、土木工事などに働く下請労働者等への労働基準法の徹底、最低賃金制の確立、二省協定賃金[30]を基準にした賃金支払い、発注者である行政機関が発注工事に規制力を発揮し、賃金水準に一種の『ミニマム』規制を行い、これを基礎に標準賃金等を実現する」(永山、2006年、18頁)ことをめざしている。そして、単に建設労働者だけでなく自治体関連の業務委託の事業に従事する非正規雇用労働者にも公正な賃金・労働条件を保障するとりくみであることも注目する点である。

釜ヶ崎特有の問題ではなくなった日雇労働者の問題を、野宿生活者という領域に特化さないため、「ホームレス」の予防的措置としての位置づけを強め、労働者全体の就労や生活の底上げする対策を国や地方自治体に実施させなければならないと考える。

(1) 大阪市「大阪市野宿生活者(ホームレス)の自立の支援等に関する実施計画」、2004年3月、8頁
(2) 辻村定次「就労者排出産業へ転換」建設政策研究所『建設政策』、2004年9月、2頁参照。この分析は、辻村氏の同論文によって示唆されたものである。なお、近年の建設労働の分析したものとしては、建設産業構造問題プロジェクト「90年代後半以降の建設労働の流動化とあるべき制度」建設政策研究所『建設政策』、2003年11月、恵羅さとみ「1990年代以降の建設労働の流動化の矛盾とその限界」建設政策研究所『建設政策』2003年11月がある。
(3) 辻村定久・前掲論文6頁
(4) 「共通ベルト的階層」と規定したのは、江口英一氏である。これについては江口英一『現代の「低所得層」—「貧困」研究の方法上・中・下』未来社、1979～80年を参照されたい。
(5) これらの寄せ場に関する研究は『寄せ場文献精読306選—近代日本の下層社会』明石書房、2004年にみられるように膨大に存在する。とりあえず、東京都山谷地区については(財)城北労働・福祉センターの統計月報、横浜寿地区に寿生活館の業務概要などが参考になる。
(6) 「制度化」という概念で建設労働用語を用いたのは、片田幹雄「釜ヶ崎の昭和40年代」、原田達「建設産業の技術と労働」、西村豁通、木村敏男、中岡哲郎監修『大阪社会労働運動史』第4巻、有斐閣である。本稿では同論文を参照している。
(7) 福原宏幸「釜ヶ崎労働者の労働と生活」中岡哲郎・竹中恵美子・熊沢誠監修『大阪

社会労働運動史』第 4 巻，有斐閣，2000年，202頁
（ 8 ）　片田・前掲193頁
（ 9 ）　福原・前掲202頁参照
（10）　中山徹「日雇労働者の『野宿者』化と生活―あいりん地域日雇労働者調査を事例として―」『社会問題研究』第48巻第 2 号，1999年，106-110頁
（11）　財団法人西成労働福祉センター（1963年, 6 頁）の設立主旨による。
（12）　注（ 2 ）と同じ。
（13）　人材派遣業のことをいう。労働者派遣法では建設業の人材派遣は違法である。あいりん地区では，「人夫出し」業者は業務に関わる建設機材や車両を有せず，日雇労働者を元請に派遣する事業を行ってきた。中には，作業員寄宿舎（いわゆる飯場）を構えているものもある。
（14）　失業対策事業に登録すること。国は，失業者に就業の機会を与えることを目的に，1949年「緊急失業対策法」を制定した。公共職業安定所に登録する失業者が国や地方自治体が行う道路・河川・公園等の建設工事や清掃作業に従事した。この法律は，1995年に廃止された。その理由として，国や地方自治体が失業者を直接吸収する方式は，就業者が滞留，高齢化するという問題があるため，民間企業に就職する支援をするという方式に切替えた。（詳細は，第132回国会参議院労働委員会会議事録〔平成 7 年 3 月16日〕における緊急失業対策法廃止の審議内容を参照のこと）
（15）　1966年，大阪府・大阪市・大阪府警本部により「あいりん地区対策連絡会議」が発足し，国に対して「スラム対策に関する要望書（府市連名）」を提出した。これを受けて，労働省（現在の厚生労働省），雇用促進事業団（現在の独立行政法人雇用・能力開発機構），府，市の協議によって，あいりん総合センター基本構想が決定され，1970年10月「あいりん総合センター」がオープンした。この中には，新設されたあいりん労働公共職業安定所，社会福祉法人大阪社会医療センター，財団法人西成労働福祉センターが入り， 1 階には青空労働市場の解消を図った寄り場が作られた。また，食堂，理髪店，ランドリー，シャワールーム，ロッカールーム，喫茶店，娯楽室などの労働福祉施設が併設された。詳しくは，西成労働福祉センターのホームページ http://www.osaka-nrfc.or.jp/sisetunoannai.htm を参照のこと。
（16）　当初大阪府は，あいりん職安においても職業紹介を実施する考えがあったことがうかがえる（昭和44年 2 月定例大阪府議会商工労働常任委員会での大槻芳樹職業対策課長答弁）
（17）　事業所が労働者に直接労働条件を明示して求人する方法で，「集団管理選考方式」とも呼ばれている。
（18）　「建設雇用改善法」第 6 条，同法施行規則第 2 条から第 4 条では『事業主は，一定区域内（大阪市西成区等）において，その被用者に文書募集以外の方法で通常通勤できる地域から建設労働者を募集させようとする時は，募集に関する事項を公共職業安定所

に届け出なければならない』と明記されている。1967年3月末であいりん職安へ「届出」をした事業所は22件であった。なお同じ時期に西成労働福祉センターに求人事業所として登録した事業所は370事業所であった。

(19) 大阪府（1976年9月27日大阪府労働部職業対策課）によると「西成労働福祉センターにおける就労あっせん方式は，相対方式（集団管理選考方式）をとっており，職業安定機関が行ってきた紹介方式と異なるものの，これは地区の実態に即した方式で，基本的には職業紹介の一つの形式であり，建設産業のみならず製造，運輸各産業の求人者に対してもこの方式による就労あっせんを行ってきているものである。（この点については労働省も同意している）従って，従来から西成労働福祉センターを利用している求人者については，求人事業主の実態のみならず，労働条件等まで把握していることからも，法6条にもとづく募集届は不要である。」との見解をとっている。

(20) 通称「白手帳」「アブレ手帳」ともいう。雇用保険法44条に規定しており，同法第45条で日雇労働求職者給付金（通称「アブレ手当」）の規定がある。雇用保険日雇被保険者手帳を所持している労働者が失業した場合，その失業の日の属する月の前2月間に，雇用保険徴収法第10条第2項第4号の印紙保険料が通算して26日分以上納付されているときに，雇用保険法47条から第52条までに定めるにより日雇労働求職者給付金が支給される。

(21) 正式名称は「釜ケ崎就労・生活保障制度実現をめざす連絡会」といい，1993年5月に結成された。構成団体は，「釜ケ崎日雇労働組合」「釜ケ崎キリスト教協友会」「釜ケ崎高齢日雇労働者の仕事と生活を勝ちとる会」「西成署の暴行を明らかにする会」の四団体と「釜ケ崎医療連絡会」「釜ケ崎資料センター」「救援会」の有志，後に「野宿者ネットワーク」が加わった。1994年6月には，大阪府庁前での野営闘争を展開し，西成労働福祉センター窓口交渉（第三次反失業闘争）を通して「高齢者特別清掃事業」の実現を勝ち取った。当団体の活動内容は，http://www.h2.dion.ne.jp/~kama-hsr/ を参照のこと。

(22) 前項の中山論文で述べている「あいりん地域高齢日雇労働者特別清掃事業」や「あいりん地域高齢日雇労働者就労自立支援事業」ともいう。

(23) プレキャスト鉄筋コンクリートのこと。建物の基本となる部材を工場で製造した後，現場へ持ち込んで躯体を組み立てる。

(24) 江口（1981年）は，本工・常用労働者に対して「不安定雇用」労働者という概念を用い，その指標として，第1に低賃金・長労働時間といった社会的標準以下の労働条件，第2にその生活を支えるべき社会保障制度の欠如，第3に無権利な未組織状態をあげている。

(25) 日雇労働者が雇用保険に加入していない事業所で就労した場合，業者証明印で就労の事実を確認し，印紙を貼付したものとみなした。この制度は，釜ケ崎だけに認められたもので，全港湾西成分会を中心に展開された行政要求と大阪府によって実施された。

(26) ①国の常用化促進策を理由にして日雇という不安定な雇用形態をつくらないため，

日雇労働者を雇用する事業所に雇用保険の適用を認めない②雇用保険法には業種の指定はないのに，建設業以外（例えば警備業など）の適用事業所を認めないなどの相談が西成労働福祉センターに寄せられている。
(27) 汗水たらして一生懸命はたらいているのに，いつまでたっても生活保護水準の暮らしから脱却できない人のことをさす。(門倉，2006年，18頁) そこでは，東京都23区の生活保護水準（2004年度で年間支出194万6040円）を基準にして，働いているのに年間収入が200万円に満たない人たちを便宜的に「ワーキングプア」を呼ぶとしている。厚生労働省「賃金構造基本統計調査」によると所定内給与が年間で200万円未満の人数が2005年は男女合計で546万860人にのぼり，同調査対象者の25％に相当するとしている。
(28) 朝日新聞（2006．11．7付）「メール1本『日雇派遣』―低賃金で東へ西へ―」の記事は，携帯電話で人材派遣会社からの仕事の紹介を受け，日替わりで派遣先で働く「新・日雇い」の実態が紹介されている。
(29) 「週刊東洋経済―特集貧困の罠―」（2007．2．24）では，ビルメン業界など自治体の関連現場で働く労働者が，積算根拠のない競争入札により，労働基準法や最低賃金法に抵触する労働条件と社会保険にも加入せず，不安定雇用で働く実態を紹介している。
(30) 農林水産省及び国土交通省が1970年から毎年（2001年までは建設，農林水産，運輸各省の三省協定賃金とよばれた），公共工事に従事する労働者の都道府県別，職種別賃金を調査し，その結果に基づいて公共工事の積算に用いる「公共工事設計労務単価」を決定している。

● 参考文献

江口英一，「『雇用不安』の累積とその日本的性格」江口・田沼・内山編『現代の労働政策』，大月書店，1981年
大阪出稼労働者連絡会，「第30回大阪出稼労働者連絡会総会パンフレット」，2005年
大阪府労働部職業対策課，「建設労働者の雇用の改善等に関する法律の施行に伴うあいりん地区日雇労働者紹介体制の整備」，1976年
大阪府商工労働部雇用推進室，「平成16年度緊急地域雇用創出特別基金事業あいりん地区日雇労働者の就労実態に関する調査報告書」，2005年
片田幹雄，「釜ケ崎の昭和40年代」大阪社会労働運動史編集委員会編『大阪社会労働運動史第5巻高度経済成長期（下）』，大阪社会運動協会，1994年
門倉貴史，『ワーキングプア―いくら働いても報われない時代が来る―』，宝島社，2006年
厚生労働省，『平成18年度版労働経済白書―就業形態の多様化と勤労者生活―』，2006年
伍賀一道，「雇用と働き方から見たワーキング・プア」『ポリテーク NO.10』，旬報社，2005年
財団法人西成労働福祉センター，『寄宿舎状況調査報告書』，1968年

財団法人西成労働福祉センター,『労働安全・聞き取り調査（中間報告書）』, 1998年
財団法人西成労働福祉センター,『西成地域の就労と福祉のために』, 1963年
財団法人西成労働福祉センター,『センターだより第378号』, 2006年
高梨昌編,『建設産業の労使関係』, 東洋経済新報社, 1978年
中野麻美,『労働ダンピング―雇用の多様化の果てに―』, 岩波書店, 2006年
永山利和／自治体問題研究所編,『公契約条例（法）がひらく公共事業としごとの可能性』, 自治体研究社, 2006年
福原宏幸,「釜ケ崎労働者の労働と生活（1975～90年）」大阪社会労働運動史編集委員会編『大阪社会労働運動史第8巻転換期』, 大阪社会運動協会, 1999年
労働省職業安定局特別雇用対策課編,「改訂7版建設雇用ハンドブック―雇用管理研修テキスト」, 1979年

国土交通省のホームページ http://www.mlit.go.jp/kisha/kisha07/01/010327_.html を参照のこと

２　生活保護受給の激増と脱野宿生活者の地域居住の現状——釜ヶ崎から西成区全域をめぐって——

水内俊雄

１）調査の背景と生活保護の全体的状況

「めざせ畳の上，居宅保護。そして，ゆっくり次の職探しを！　もはや，特掃・夜間宿所・炊き出しの三点セットで頑張る時ではない。なぜなら，特掃・夜間宿所は後２年，2010年まで持たないから。そして，仲間の路上死を，病院での死を，これ以上知りたくないから。頑張る視点を変えよう！」[1]（NPO釜ヶ崎現場通信，2006年１月４日号　No.95）。

大阪市における野宿生活問題を代表的に表象する地域である釜ヶ崎（あいりん地域）のオピニオンメーカーNPOからの，上記の発信は衝撃的に迎えられた。それまでは，特別清掃事業をはじめとして就労の獲得を優先し，生活保護での生活維持に関しては積極的には推唱していなかった。またNPOが受託運営する地域のシェルターも，従来から必要不可欠であるという認識を示していた。しかし就労の場の獲得を第一とする要求を引き下げるこの発信は，180度運動方針を転換したのではないかとの驚きを禁じ得なかった。

ここ数年，釜ヶ崎においては高齢にさしかかった多くの日雇い労働者，野宿生活者が，周辺の西成区内において，アパートで生活をはじめたことは，これら運動体による生活保護受給の推進を背景にしていた。中でもNPO釜ヶ崎も，府庁前，市役所前で野営闘争を行い，積極的に生活保護の申請の推進を要請し，またNPO内に福祉部門をもち，多くの居住不安定あるいは野宿生活者の支援を通じて生活保護につなげる困難な業務を継続しておこなってきた。

すでに釜ヶ崎を中心として，多くのボランティアやNPOによる地道な支援活動が行われてきた1990年代後半より，街頭相談・アウトリーチを通じて生活保護を許諾した人を地域でのアパート居住につなげてゆく流れは，従来からの

「あいりん体制」のなかで，生活保護の措置権を施設収容に限定した市立更生相談所の生活保護法の運用の変更を次々と促していった。1998年には病院退所者への敷金支給，2000年には保護施設退所者への敷金支給が始まった。そして2002年には野宿からの居宅保護を求めた佐藤訴訟の勝利があり，ホームレスの自立の支援に関する特別措置法の制定も追い風となり，翌年には，野宿生活者への生活保護適用の適正化に関する厚生労働省の通達が出るにいたった。そして2006年4月には，あいりん体制を支えていた条例そのものを廃止し，あいりん地域の「福祉事務所」である市立更生相談所のみを窓口としたいくつかの更生・救護施設が，市内24区のいずれの「福祉事務所」窓口からも使える施設として開放されたのである。

このような激変するあいりん地域の実態を背景に，2005年，筆者を代表とする，大阪就労福祉居住問題調査研究会は，大阪市健康福祉局保護課，西成区健康福祉センターから，こうした生活保護受給者の実態を明らかにする調査の依頼を受け，西成区居住の60歳以上の生活保護受給者のなかの1,245名（10.4%）のサンプルインタビュー調査を企画，分析をおこなった。

まず生活保護制度の運用のこのような変化が，いかにその受給者の数の増減を左右するか，図2-1「居宅保護開始年別受給者の推移」，図2-2「居宅保護の開始年と野宿生活・あいりん経験の有無（%）」にもとづいて概説することから現状分析を始めたい。

図2-1では，1998年，2000年，2003年に受給者の急増が見られる。また図2-2では，1997年以前では，野宿生活経験を有した人が受給できた割合が12%であったのに比し，1998年から2002年にかけては36%へと急増し，2003年以降は46%にまで増加している。同様に，あいりん経験者もそれぞれ，54%，64%，69%と確実に増加している。実数で見れば野宿生活経験者の場合は，21→201（5年計）→233（2.5年計），あいりん経験者は，97→359（5年計）→350（2.5年計）と，増加はもっと顕著である。福祉事務所の窓口における対応の変化で，西成区の生活保護のあり方に大きな変化が起こったのである。

東京をはじめとした首都圏では，ドヤ保護，無料低額宿泊所を利用して生活保護を行うのとは異なり，大阪市では民間アパートにおける居住を中心とした居宅保護を大きな流れとしている。特に野宿生活者の畳の上での生活するとい

70　第Ⅰ部　ホームレスの実態調査と実践活動

図2-1　居宅保護開始年別受給者の推移

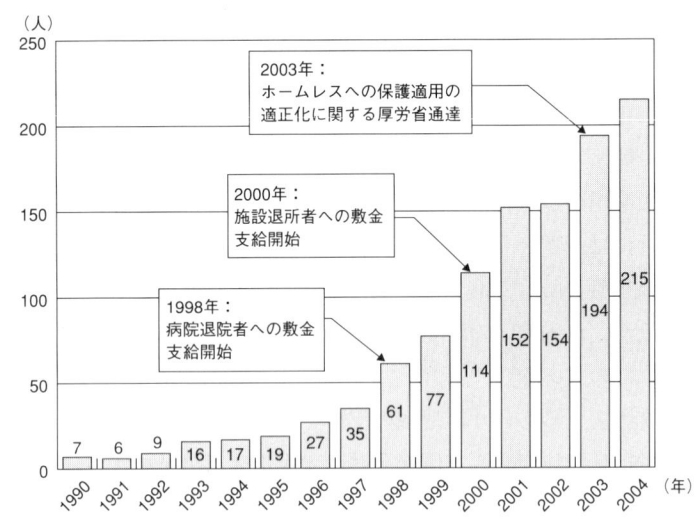

(人)

2003年：ホームレスへの保護適用の適正化に関する厚労省通達

2000年：施設退所者への敷金支給開始

1998年：病院退院者への敷金支給開始

年	人数
1990	7
1991	6
1992	9
1993	16
1994	17
1995	19
1996	27
1997	35
1998	61
1999	77
2000	114
2001	152
2002	154
2003	194
2004	215

出典：大阪市健康福祉局保護課西成区保健福祉センター実施
　　　大阪就労福祉居住問題調査研究会調査分析「大阪市西成区の生活保護受給の現状」より転載

図2-2　居宅保護の開始年と野宿生活・あいりん経験の有無（%）

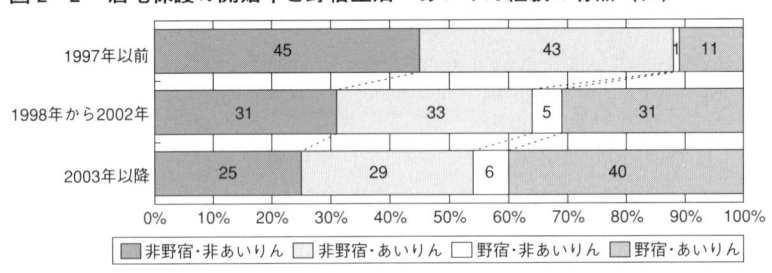

	非野宿・非あいりん	非野宿・あいりん	野宿・非あいりん	野宿・あいりん
1997年以前	45	43	1	11
1998年から2002年	31	33	5	31
2003年以降	25	29	6	40

出典：図2-1に同じ

う希望を実現する道を規定したといえる。その背景に，野宿生活になるおそれのある人々の多くを，あいりん地域に近接，あるいはあいりん体制に依拠する救護施設や更生施設が受け入れ続けてきたことで，ドヤ保護を認めない代替策としてきた。東京や他の大都市と大阪の大きな違いは，このあいりん体制の有無に起因しているといえよう[2]。

　大阪市の野宿生活者の実数は，1998年には8,660人，2002年には6,603人，

2005年の国勢調査では，3,650人で，カウント漏れがあるとしてもその時点で5,000人は切っていると思われる[3]。1998年以後，野宿生活者の減少に働く要因は，生活保護が背負ったのであり，その数は数千人規模に達していると推定される。また自立支援センターを退所した就労自立ケースの数は千名強であることをかんがみると，野宿からの脱却としては，生活保護がその四分の三ほどを占めていることが，大阪市の近年の動態であると理解することができよう。大阪市の野宿生活の単身高齢者にとって，「めざせ畳の上，居宅保護。そして，ゆっくり次の職探しを」は，決して誇張ではない。現実的な願望として，提示され，推進選択されてきた結果としての表現であったといえる。

2）変化の実態

図2-3，図2-4からわかるように，大阪市では1995年に46,901人だった生活保護受給者人員が2004年には100,390人と2.1倍，西成区では，8,861人から20,426人と9年間で約2.3倍に膨れ上がった。大阪市と西成区の保護率の推移

図2-3　生活保護人員の推移

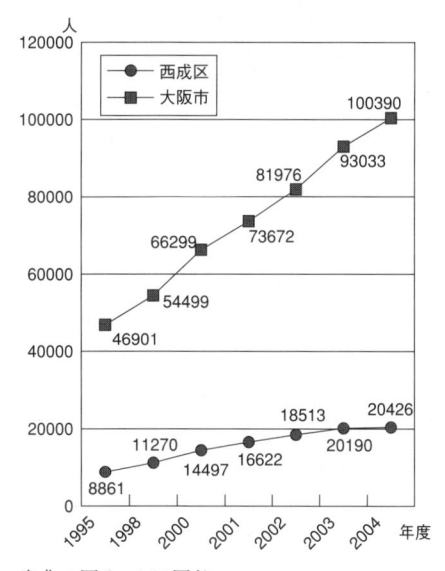

図2-4　生活保護率（人員）の推移（‰）
（‰＝1000分の１）

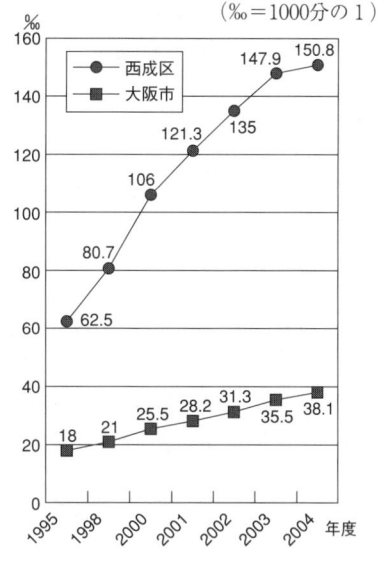

出典：図2-1に同じ

出典：図2-1に同じ

をみると，西成区では，1995年に63‰（‰＝1000分の1），16人に1人が被保護者という状況から，9年間で151‰と約2.4倍，6〜7人に1人という割合にまで増加している。大阪市でも18‰から38‰と，増加も約2.1倍になっており，全国平均の約1.6倍（7‰→11‰）を上回っている。さらに高齢世帯の割合の高さも西成区の生活保護受給者の大きな特徴のひとつで，2004年の統計では，被保護世帯に占める高齢者の割合は67％であり，全国の47％，大阪市の52％を大きく上回っている[4]。

一方，西成区の連合町会別の生活保護世帯数の分布をみると（図2-5参照），単身世帯の多い萩之茶屋は実数的にもとびぬけて高く，生活保護世帯数で区内の27％，山王や今宮の一部を含めてあいりん地域でみると40％近く，実数ではほぼ6千人にまで達する。西成区全体でも，実数では，岸里，天下茶屋，長橋，弘治などでは千人を大きく越え，保護率では，弘治，飛田，松之宮などではじつに300‰を越え，全国平均にくらべると30倍前後という実に高い生活保護率になっている。

図2-5 連合町会別生保・非生保世帯数（2005）

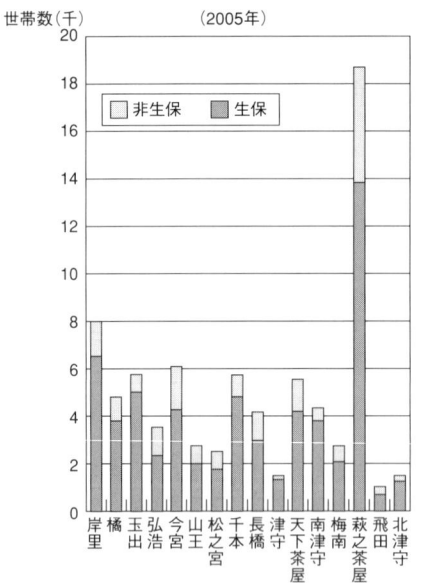

出典：図2-1に同じ

性別については，男性が81％である。また95％が単身世帯で，単身男性が78％，単身女性が17％と，上述のようにあいりん地域の影響が大きいことから，単身世帯率はきわめて高い（全国平均73％，2004年度）。また半数近くの者が30歳代から30年以上単身で過ごしている。また西成区在住歴については，5年未満が13％で，47％の人が30年以上居住している。ながらく西成区で単身で居住してきた人が高齢となり，団塊的に大量に生活保護にきりかわっていることが，判然としている。

本調査では，表2-1のように釜ヶ崎にかかわりを持っていた人が65％，野宿生活を経験した人が37％であるこ

とがわかった。そしてそれらを組み合わせて、「野宿生活経験・あいりん地域との関わりがともにある人（野宿・あいりん）」が32％、「野宿生活経験はないがあいりん地域と関わりを持っていた人（非野宿・あい

表2-1　野宿生活・あいりん経験と性別のクロス表

	男（％）	女（％）	合計（人）
非野宿・非あいりん	54	46	382
非野宿・あいりん	89	11	408
野宿・非あいりん	86	14	57
野宿・あいりん	98	2	398
	81	19	1,245

出典：図2-1に同じ

りん）」が32％、「野宿生活経験もあいりん地域との関わりもない人（非野宿・非あいりん）」が31％と、この3類型が拮抗し、「あいりん地域と関係なく区外の他の地域で野宿生活を経験した人（野宿・非あいりん）」は5％ということである。あいりん地域や野宿生活のいずれかをどこかで経験した生活保護受給者が7割を越えるという得られた数値は全て本調査で初めて明らかになったのである。

　連合町会別にこうした類型と、居宅保護開始時期別の人数の推移を合わせて図示したものが図2-6である。萩之茶屋での近年居宅保護の激増は顕著であり、隣接する各連合町会のみならず、区内中部から南部にかけて軒並み生活保護受給者が急増していること、また、釜ヶ崎生活経験者も南部の岸里や玉出で70％を超え、60％を超える地区も区内に散在する。野宿生活経験者も玉出や岸里では5割前後となり、釜ヶ崎のみならず、区内各所のアパートに居住している実態も明らかにされた。

3）住宅の状況

　こうした受給者の住処となる住宅の分布を次に検討してみる。調査期間中の2005年11月から12月にかけて、10以上の居宅保護世帯が居住している共同住宅のことを「福祉アパート」と仮に定義し、現地確認をおこなった結果が図2-7である。その中で黒印は、主としてあいりん地域に存在する簡易宿所を宿所からアパートに業態変更し、建物をそのまま転用して共同住宅にしたいわゆる簡宿転用共同住宅をさす。濃い網掛けをしたあいりん地域にそのほとんどが集

図2-6 連合町会別野宿生活者・あいりん生活経験者の分布，および期間別居宅保護開始者数

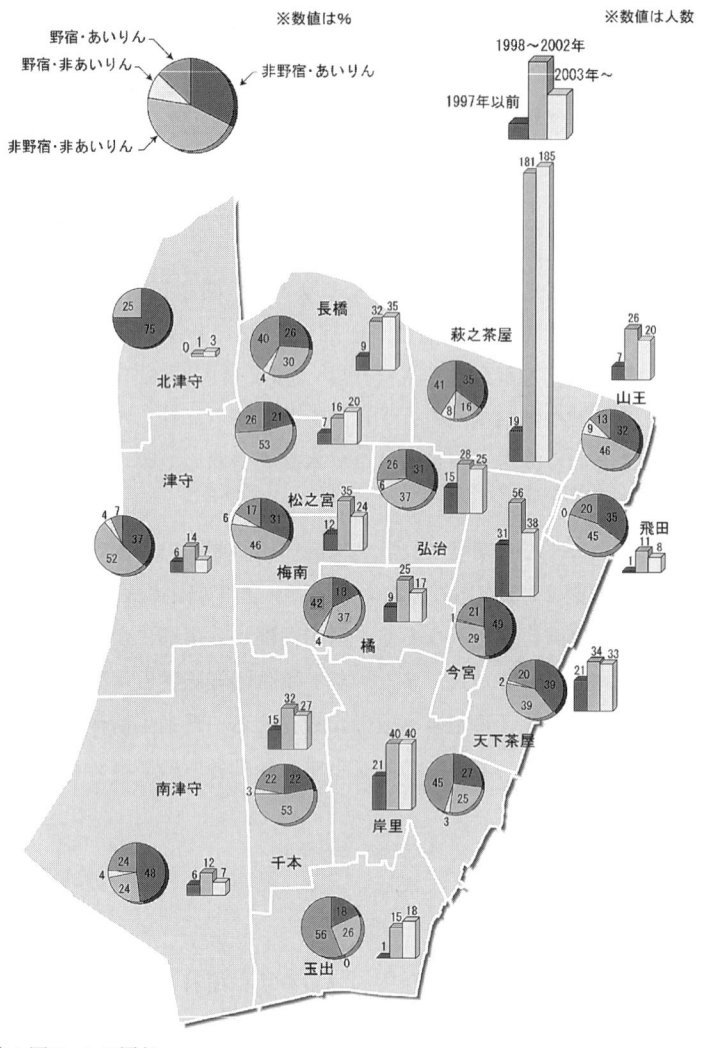

出典：図2-1に同じ

中している。また一般の「福祉アパート」も阪神高速堺線より東側にほぼまんべんなくかつ濃密に分布している。

　本調査では，非木造の共同住宅が56％（うち公営住宅2％），木造の共同住

図2-7 西成区における「福祉アパート」の分布図

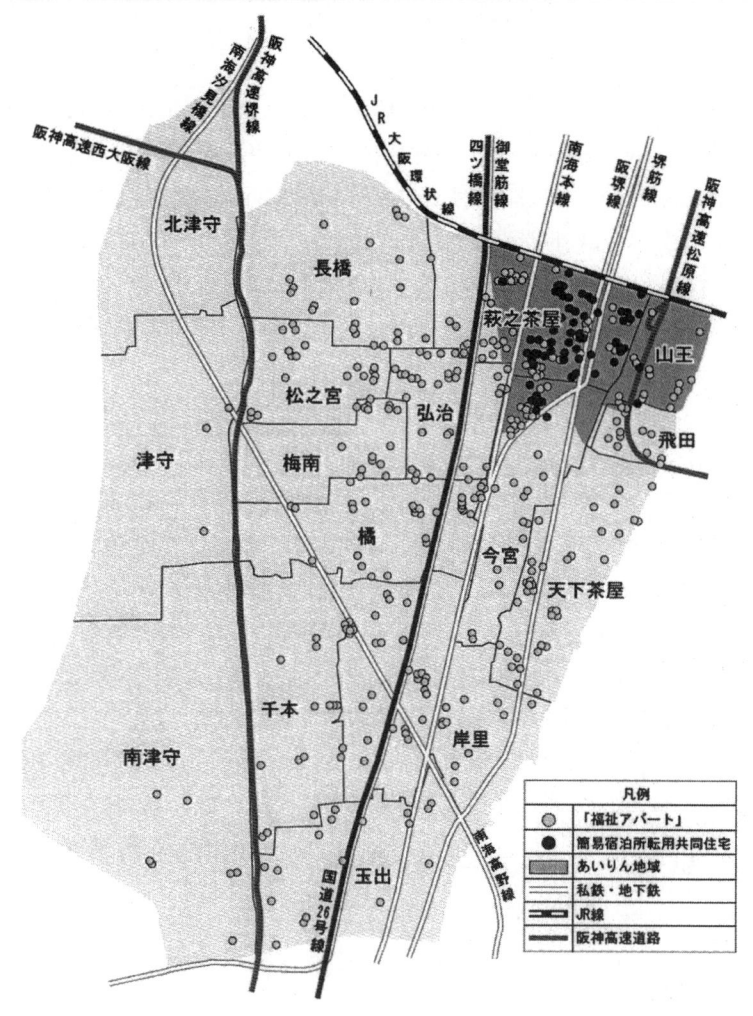

出典：図2-1に同じ，「福祉アパート」の定義は本文を参照のこと

宅・長屋が40％という二群に居住構造は大別された。中高層の豪奢なワンルーム系マンションから，中低層の一般マンション，鉄筋中層の簡宿転用共同住宅をひとつの代表群として，もうひとつは木造系で，木造賃貸住宅，関西でいうところのいわゆる専用台所トイレ玄関付の文化住宅から内廊下式の共同住宅，

間借りスタイルに一般住宅や作業場などを改造した急ごしらえ共同住宅，そして従来からの木造長屋や，わずか２％の一戸建てと，実にバラエティに富んだ種類の住宅で居宅生活を送っている。

居室で６割以上の世帯で６畳以上を確保していたが，4.5畳未満が23％ある。設備条件（専用の台所，トイレ，浴室の有無）や広さ（単身は９畳以上）の最低居住基準を満たしているのはわずかに11％，広さも設備条件のどちらも最低居住水準に達していない世帯が51％あった。

家賃に関しては，生活保護の住宅扶助の上限が42,000円（2003年３月末日までは42,500円）であり，この上限額のケースが半数近くを占め，家賃の４万円台というのが６割を占めている。しかしながら５万円以上はほとんどなく，３万円以下が３分の１を占めるが，ここで注意しておかなければならないのは，居室が３畳でほぼ統一されている簡宿転用共同住宅の存在である。

簡易宿泊所転用共同住宅は，2005年３月で63軒，その収容能力はほぼ6,000室である。入居者のうち生活保護受給者は約3,400人で，その中でも高齢の受給者は約3,000人となっている。本調査に対して，20％の回答がこの転用共同住宅に住んでいる人々からあがってきている。ちなみにあいりん地域内居住者の約半数に近い46％が，転用共同住宅に住んでいると答えている。推計であるが，大規模な転用共同住宅の中には，受給世帯が10人以下のところもあり，１割弱の空室率を考えると，入居者の４分の３ほどは，生活保護受給者で占められていると同時に，一部に現役労働者も同時に居住している転用共同住宅の存在もあることがわかる。

３畳一間が代表的なその居室構造ゆえ，図２-８のように，あいりん地域の内と外での，居室面積には大きな違いが見られる。敷金はあいりん地域内では85％が不要で，あいりん地域外でのそれが31％である。図２-９のように住宅選択理

図２-８　あいりん地域内外の住宅面積比較（畳）

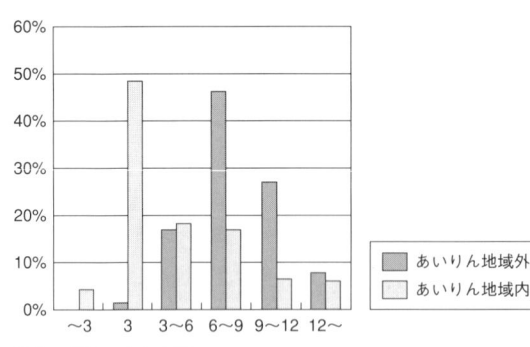

出典：図２-１に同じ

図2-9 あいりん地域内外の住宅の選択理由の比較

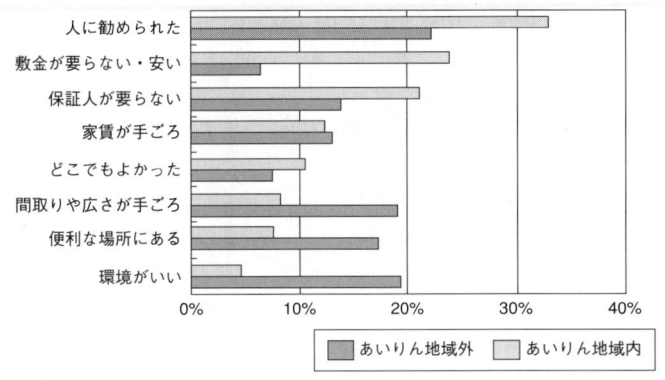

（棒グラフ：項目「人に勧められた」「敷金が要らない・安い」「保証人が要らない」「家賃が手ごろ」「どこでもよかった」「間取りや広さが手ごろ」「便利な場所にある」「環境がいい」、凡例：あいりん地域外／あいりん地域内）

出典：図2-1に同じ

由をみても，環境や居住条件よりは，後述する支援組織のサポートもあって，その入居にあたっての入居者のこだわりは低く，敷金の低さは魅力的なものとなっている。

本調査は簡易宿所転用共同住宅のみの集計も可能となっている。図2-10のように，野宿経験の比率が全体の37％に比し，62％と野宿経験者が大幅に比率を増し，またあいりん体験者も64％から79％に増える。このことは，野宿生活経験，釜ヶ崎生活経験者とも圧倒的に高くなり，そのことは，

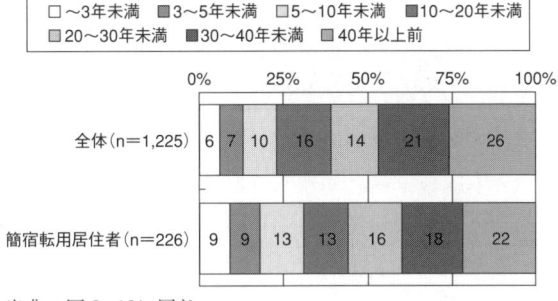

図2-10 4類型による比較（簡宿転用共同住宅居住者）

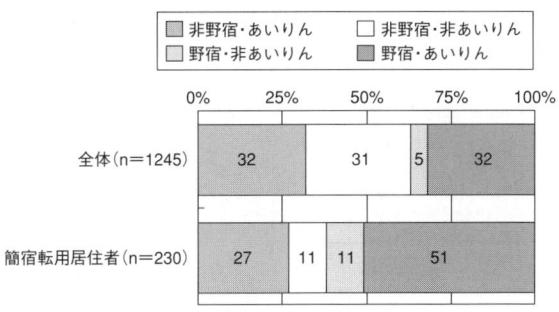

凡例：非野宿・あいりん／非野宿・非あいりん／野宿・非あいりん／野宿・あいりん

	非野宿・あいりん	非野宿・非あいりん	野宿・非あいりん	野宿・あいりん
全体(n=1245)	32	31	5	32
簡宿転用居住者(n=230)	27	11	11	51

出典：図2-1 調査より算出

図2-11 西成区居住年数比較（同上）

凡例：～3年未満／3～5年未満／5～10年未満／10～20年未満／20～30年未満／30～40年未満／40年以上前

	～3年未満	3～5年未満	5～10年未満	10～20年未満	20～30年未満	30～40年未満	40年以上前
全体(n=1,225)	6	7	10	16	14	21	26
簡宿転用居住者(n=226)	9	9	13	13	16	18	22

出典：図2-10に同じ

図2-12 最長職の比較（簡宿転用共同住宅居住者）

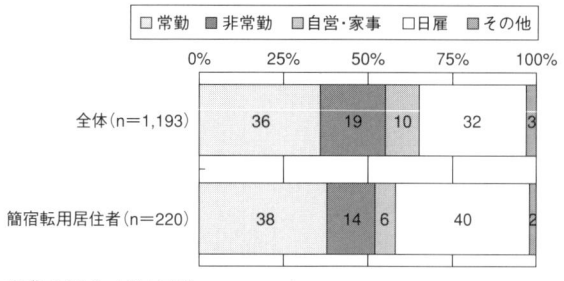

凡例：常勤／非常勤／自営・家事／日雇／その他

	常勤	非常勤	自営・家事	日雇	その他
全体(n=1,193)	36	19	10	32	3
簡宿転用居住者(n=220)	38	14	6	40	2

出典：図2-10に同じ

図2-13 生活保護受給事由の比較（同上）

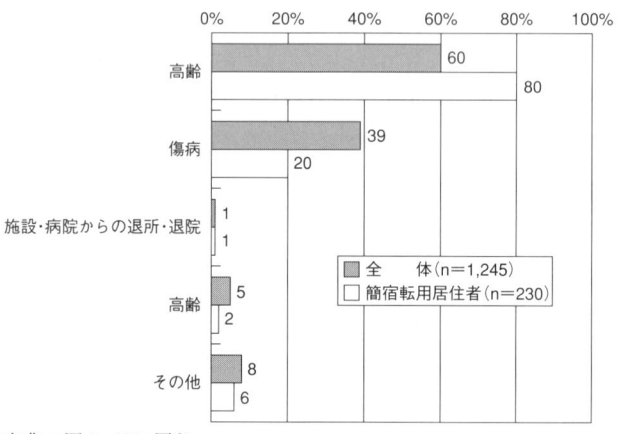

凡例：全体(n=1,245)／簡宿転用居住者(n=230)

	全体	簡宿転用居住者
高齢	60	80
傷病	39	20
施設・病院からの退所・退院	1	1
高齢	5	2
その他	8	6

出典：図2-10に同じ

図2-11のように西成区居住が短期の人が増え，かつ図2-12のように最長職で日雇比率が増え，そして生活保護受給理由も，図2-13のように高齢者が多くなり，疾病が低くなるなど，野宿から生保へ，日雇から生保へという流れが特によくうかがえる。紛れもなく，西成区の生保受給者の激増の受け皿のひとつが，簡易宿泊所転用共同住宅であったことがうかがえる。

東京をはじめとする首都圏では，こうした簡易宿泊所は共同住宅に転用することなくドヤ保護で，営業形態は宿所として継続している。しかしそれによっても応じきれない，あるいは一般地域での宿所の需要には，無料低額宿泊所が対応している。政策的にもそのような方針がとられてきた。最近ではこうした宿泊所に対して，ガイドラインが設けられ，官庁の監視の目が入るようになった。

一方大阪市では，その受け皿は民間の共同住宅である。このあいりん地域の簡易宿所転用共同住宅の中には，生活サポートではかなり高質のサービスを提供するサポーティブハウスと呼ばれる共同住宅も登場している。施設ではなく住宅という位置づけで，公的資金援助を受けていないにもかかわらず，そこで提供されるサービスは評価できる内容のものである。このように，サポーティ

ブハウスは福祉サービスを担う公共性を持っているだけに，今後これらの住宅に対しても，ある種のガイドラインが必要になってくると考えられよう。

4）居宅保護支援の実態

　生活保護受給者の増加には，かつて受給までの手続きに困難を感じていた人々への支援があって実現してきたことも見逃せない。今回が初めての居宅保護の割合は91％に達している。この初めての申請に関して，支援者とともに区の保健福祉センター（福祉事務所）に相談に行ったケースが24％あり，あいりん地域専属の福祉事務所である市立更生相談所経由の施設退所，退院者，あるいは緊急搬送入院ケースの退院者をあわせると18％であり，計42％である。野宿生活経験者ではこの割合は62％となる。野宿生活経験のないあいりん経験者は，非あいりん経験者もそうであるが，本人が申請に行っているケースが多い。野宿生活経験者には，支援の支えがより必要であることがわかる。

　また住宅入居時については，本人や家族でみつけたケースが43％で，過半は何らかの援助を受けて住居を取得している。とりわけ，住宅関係者，支援者などのサポートがあって住宅を確保したケースは37％であり，野宿生活経験者は，この割合が48％となる。

　敷金の必要な住宅に住んでいる者のうち，本人が敷金を用意したのは45％，保健福祉センターが敷金を支給したのは47％あった。保証人の必要な住宅に住んでいる人は，42％が友人・知人を，31％が家族を保証人に立て，それ以外では，支援者・団体が9％，保証人代行会社が5％となっている。

　生活保護受給前の施設生活や病院生活の経験については，病院が39％，救護施設では33％，更生施設で14％，一時保護所が13％，ケアセンターが11％，釜ヶ崎のシェルターが10％と，中間居住施設利用の経験が相当数見られ，全体では36％が何らかの施設を通過して，居宅保護にいたった状況がうかがわれる。あいりん体験者では，この数値が45％，野宿生活経験者の場合には55％となる一方で，あいりんも野宿生活経験もない人の場合はわずか16％となり，あいりん経験，野宿生活経験者はあいりん地域の中間居住施設という社会資源を活用して，共同住宅居住という畳の上の生活を得たことがわかる。

先に，西成区に30年以上住み，30年以上単身生活を送っている人が，大きな集団としていま生活保護を受給しながら西成区内に住んでいると述べたが，同じ西成区内でも，現在の住宅に住み始めて2年未満が30％，5年未満となると64％という数字から伺われるように，高齢者にとって「住み慣れた我が家」というイメージからはかけ離れ，この生活保護受給を契機に，転宅したケースが74％にも及び，夥しい数の区内転宅移動が西成区で起こっているのである。

5）健康状態

健康状態は，全体としてあまりよくない結果が出ている。病気で病院や診療所に通院している者の割合（通院率）は75％で，全国の一般的な人々における割合63％（65歳以上の男子，厚生労働省「平成13年国民生活基礎調査」）よりも高く，医療扶助支給決定を得た後に入院した者の割合（入院率）も36％という高さである。また，なんらかの持病を持っている者の割合（持病保有率）は52％に及び，主観的な有訴率（健康状態がわるい，あまりよくないとする者）の割合も32％と，全国平均の22％（65歳以上の男子，厚生労働省「平成13年国民生活基礎調査」）を上回っている。さらに，要介護認定率も14％と，全国平均の5％（厚生労働省「平成15年介護給付費実態調査」から，本調査と同じ年齢構成として計算）と比べてかなり高い値となっている。障害保有率も11％と全国平均の8％（厚生労働省「平成13年身体障害児・者実態調査」から，60歳以上の割合）よりも高い値である。

年齢階級別にみると，図2-14のように，60～64歳の健康状態の悪さが目立っている。生活保護開始後の入院率では差は無いが，通院率，持病保有率，主観的有訴率，救急搬送経験率，障害保有率は，軒並み65～69歳よりもむしろ状態が悪いという結果になっている。全体として居宅保護の措置理由は，高齢が53％，傷病が35％であるが，これが60～64歳では，それぞれ，22％，75％である。大阪市では原則として60歳以上を高齢者として，2001年より居宅保護の基準を低くして運用し始めたのであるが，この60～64歳の年齢層には，単に60歳を超えているだけでなく，傷病状態である人々を優先的に居宅保護としている運用の実態の反映であろう。

図2-14　健康指標の年齢別比較（％）

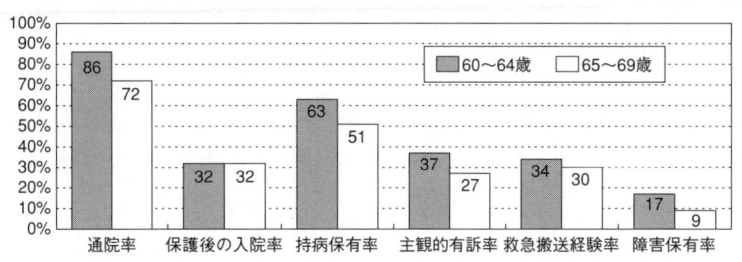

	通院率	保護後の入院率	持病保有率	主観的有訴率	救急搬送経験率	障害保有率
60〜64歳	86	32	63	37	34	17
65〜69歳	72	32	51	27	30	9

出典：図2-1に同じ

6）地域とのつながりと自立

　本調査の設計は，西成区が取り組んでいる地域福祉活動計画策定とも連動させて計画された。特に西成区の高齢者世帯の大部分が単身高齢者ということを考えるとき，その人たちの自立を就労に基づいて考えることはひじょうに困難である。日常生活を近隣の人たちといっしょにやっていけるのか，孤立孤独の中で一人で生活しているのではないだろうか。生活保護を受給している者として，その地域の住民と協働しあって，どう街づくりをしていくのかという視点や取り組みが必要であるという認識に立ち，西成区では他区にはない，生活保護部会が活動することになる。その人たちの多くは，なかなか遠慮して自分の意見を言うことができない。また少数ではあるがアル中や日常生活の混乱などの問題も生じてくる。日常生活の中で被保護者と接しながら，街づくりの中で，いろんなトライアングルとかグループ等を活用しながらやっていきたい，それを本調査を通じて，西成区としての自立支援のプログラムを作り上げていこうというのが，この調査実施の基本にあった。そのために地域での，日常生活，社会生活に関して，比較的多くの設問を用意した。

　日常生活や趣味の分析結果については，リーフレットを見ていただくとして，いくつか指摘しておくべきことは，比較的規則正しい生活を送り，買い物や散歩に外に出かけることが多い。外出先は公園とか特定の繁華街，公共施設や娯楽施設であり，目的を有して外出する傾向がうかがえた。趣味は散歩が多く，教養的趣味をたしなむ割合は低いが，スポーツ観戦や読書などはまれに見られ

た。このように独居生活は，予想外に相対的に安定しているような回答の得られたことが，調査結果から明らかになっている。

しかし，他人や地域との関係，ネットワーク等の回答結果は芳しくない。グループ活動は1割強と少なく，宗教・教会活動，ボランティア活動はわずかに見られ，町内活動，老人活動，地域のイベントへの参加などもごくわずかである。また人的ネットワークの程度を見るために，①近所づきあい，②友人知人とのつきあい，③相談相手，の3項目について，それを有するか否かを尋ねた。全ての項目についてそれを有する者は，全体の27％である。逆にそれを全く持たない者は，19％である。野宿生活・あいりん経験とクロスさせると，図2-15のように，非野宿・非あいりん層では，いずれもなしは13％にとどまるが，野宿・あいりん層は23％，野宿・非あいりん層は30％を越えており，野宿生活経験層における居住地域内での人的ネットワークは，相対的に希薄であることがわかる。

高齢者にとって，自立した生活をするための，生きがい就労が注目されているが，就労の場を得ている者はわずかに2％であった。ただ就労意欲については，31％の者があると意思表示をし，60〜64歳の年齢階層では，半数近くの48％にのぼり，とくに野宿生活もあいりん生活も経験しているこの年齢階層の就労意欲は，半数以上の回答率となっているである。しかし雇用市場に依拠する就労機会に多くをもとめることはできないのは明白であり，内職からはじまって，福祉的就労や有償ボランティアなどを視野に入れた，自立の手だてを

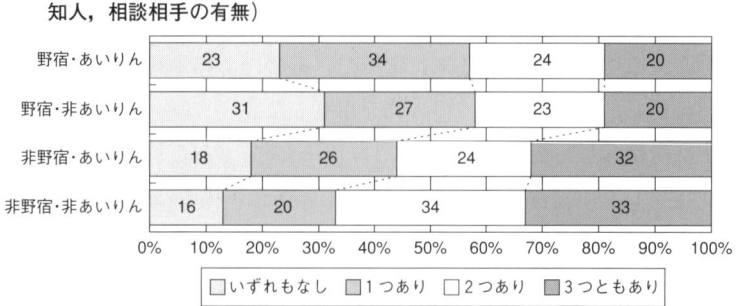

図2-15　4類型別の人的ネットワークの比較（％）（近所づきあい，友人知人，相談相手の有無）

	いずれもなし	1つあり	2つあり	3つともあり
野宿・あいりん	23	34	24	20
野宿・非あいりん	31	27	23	20
非野宿・あいりん	18	26	24	32
非野宿・非あいりん	16	20	34	33

出典：図2-1に同じ

地域で支援してゆく必要があろう。

　そうした自立の可能性を，就労意欲，日常生活，体調，働くための条件などについての回答を分析して，5つのグループに類型化した。図2-16のように雇用市場でもまだ就労可能な人からなる就労自立型が，2％存在する。次に就労意欲は高いが，条件とのミスマッチが高い者であり，生活を補助するような仕事を見つけ，半福祉半就労で自立が可能と見られる者が19％と算出された。次に，ボランティア・趣味自立と名づけるが，就労意欲の有無にかかわらず，何らかの活動，体をうごかすことが可能な者がおり，有償ボランティアや趣味や余暇などの生きがいも追求できる事例として32％という値を得た。このように半数強は，軽い就労，生きがい就労，ボランティアを中心とした，居宅保護生活が可能な人たちであると推計できる。

　一方，体調や年齢にかかわらず就労意欲が低く，外出頻度も低い引きこもり型の，地域や社会との接点を持ちにくい人が19％おり，孤独死などに至らないように，社会的自立にむすびつく支援が必要とされよう。そして傷病や入退院，障害，そのほかにアルコールやギャンブルなど，日常生活の維持が困難な者が30％程度存在すると推計される。本来ならば専門的支援や，施設入所を必要とする層であり，30％もの人が地域生活を送っている現実は，厳しいと考えざるを得ない。無支援状態が一定期間でも続くと野宿生活に戻ることも想定され，日常生活の継続が困難と思える場合には，その対策として高齢者福祉施設や病院を用意するケースワークとその評価が重要であると考えられる。

　西成区の自立支援プログラムには，さまざまな自立に対応した支援の項目を用意し，そのための人材を確保し，またアセスメントの技術を高め，

図2-16　多様な自立の状況の推計

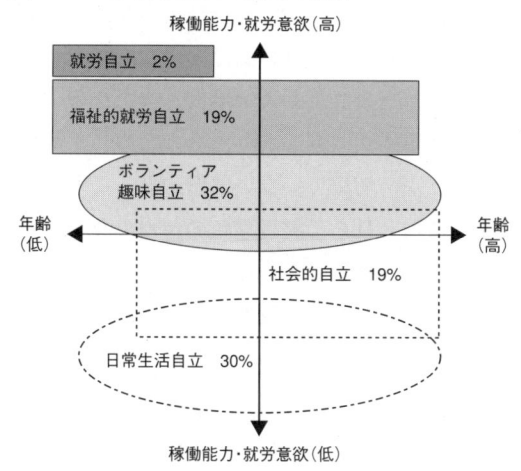

稼働能力・就労意欲(高)

就労自立　2％
福祉的就労自立　19％
ボランティア趣味自立　32％
社会的自立　19％
日常生活自立　30％

年齢(低)　　年齢(高)

稼働能力・就労意欲(低)

出典：図2-1に同じ

そのための人材や技術のネットワークを鍛えることがもっとも求められる。コミュニティカウンセラー，コミュニティソシアルワーカーの必要性がますます問われよう。

7）調査員の声

本調査の特徴は，聞き取りにあたって，高齢生活保護受給者を専門に担当する嘱託ケースワーカ49名がインタビュをおこなったことにある。60歳以上の高齢の生活保護者約12,000人に対し，1人が250名ほど担当するという過酷な現実がある。ケースワーカ1人1人は，自分の担当リストから抽出した25名に訪問調査をおこなった。25名×49で，1,245名の者が本調査の対象となった。健康で，意思の疎通の困難でない人を中心に訪問するようにしたケースワーカがいれば，まったく無作為に訪問したというケースワーカもおり，純粋な無作為の調査とは言えていない。

調査の中間報告などの機会に，感想や意見を聞く機会を設けた。比較的穏やかな回答に見える調査結果に対し，現実の困難な事例に接することのあるケースワーカの回答結果に対するある種の異和感からか，調査回答には現れにくい訪問内容を発言されることが多かったように思われた。

住居に関しては，音が筒抜けであり，それが引き金になるトラブル，あまりに急な階段の上り下りに支障を来たすケース，間借りとしか思えないような部屋をアパートと詐称している例，蚕だなのようなベッドハウスの存在，トイレ，洗面，炊事場が共同であり，そのために不衛生な調理場の多いこと，冷暖房，ガスなどが一切来ていない部屋があること，食事に関して外食や惣菜に偏ってしまうこと，長らく整理整頓の習慣のなかった者の乱雑きわまりない不衛生な居室が比較的多く見られること，その一方でまったく何もおいていない部屋もあること，風呂なしの家が多いが入浴回数が非常に少ない人が多くいることなどの発言が，印象に残っている。

相談内容として，転居の相談が大変多いことが一様に語られる。調査では転居したい，住宅に不満があるという回答が，3分の1あった。事前に住宅の質や周りの環境を重視せずに受動的に入居したケースの比較的多いことの結果で

もあろう。働くことが保護の打ち切りになると思い込んでいる人も結構多いことが語られた。金銭トラブルや同じアパート内の人間関係のトラブル，金銭管理への不満なども多い。金銭管理は安心サポートに入ってうまくいっている事例も同時に聞かれる。また過剰診療が多いように見受けられ，本人に自覚はないが過剰投薬による体調不良，あるいは大量に処方される薬に頼りきり，食事や運動，衛生などといった，肝心の健康管理ができなくなっていること，肉体労働をして内臓疾患を抱えていても病院ぎらいの者が比較的多いこと，地域との関係で，自治会や老人会に入れてもらえない現実があるとともに，民生委員やネットワーク委員などの見守りの行き届いているところでは，逆に本人にとってそうしたサービスが干渉と受け取られることもあることなどの発言もあった。担当ケースワーカも毎年代わることで，顔も知らないとか不安げに話す人もあり，希薄な人間関係になってしまっていると，ケースワーカーの側からの反省も述べられている。逆にケースワークを断られる場合もある。

困難なケースについては，加齢とともに病院に行きたくない人，介護を拒否して一人で自立できなくなり，周りに迷惑をかけている人など，支援サービスを拒否する者に対する手立ての必要性や，認知症の人に対するヘルパー利用時間外や深夜の見守り，字があまり読めない，会話も理解しにくい人へのさまざまな制度の利用，事務手続きの困難さ，などが指摘されている。

受給者の生きがいや自立に関してのケースワーカーからのコメントを，以下に紹介しておきたい。

「アルコールや薬物依存などで，規則正しい生活が崩壊する人がおります。ひまをもてあましているという人に，社会資源を提供すると，自分には合わないといわれることもあり，まだ就労も可能ではないかと思われる人も，生きがいなくすごされていることが多いように見受けられます。しかしながら200人以上の担当のなかで，ボランティアに参加することで生きがいを感じている人，そしてある福祉法人がデイサービスを始めるので，そこでの話し相手としてのボランティアとして参加することで，生きがいを持って生活できるようになっている人もいます。」

「生活保護法の4つの原理と，生保を受給して，居宅を構えて，自立するという整合性に苦しんでいます。この自立という意味が，仕事を持たずに，毎日，

TVを見，散歩に出かけ，またギャンブルに走るという多くの状況を含むというのであるならば，居宅保護を勧めることが，本当に良いのだろうかとも思ってしまいます。居宅を提供されながら，なじめず，また野宿生活に戻る，行方不明になることを見ています。支援団体や組織，NPOがあるかとは思いますので，高齢であっても，就労によって少しでも収入を得て，還元することにより，"自立"に向けての歩みを共に考えてゆくことが必要であると思います」。

「本人にとって野宿生活，居宅生活のいずれが幸せなのであろうか，と思わざるを得ないケースにもときどき出会います。生活に干渉されるのを嫌う人も必ずいます。」

「釜ヶ崎における生活経験がある人で，現在あいりん地域外の閑静な住宅街で住んでいるケースですが，そこで1日過ごすことが少なく，あちこちに行って元気に過ごしています。」

「緊急連絡先もあり，家族もいるのに，いまは全く関係がないとか，彼らの友人関係とは，仲良くなると，お金をかしてほしいということがすぐにあるので，友人関係をつくりにくい。社会につながりをもつ場所を知らないので，どうしても引きこもりがちになってしまう。そのうち人間関係もこじれて，転居を繰り返したり，地域になじめないというような問題を持った人が，比較的多いと思われます。地域で社会参加がもっと気軽にできるようなものがないのでしょうか。」

最後に本訪問調査の意義について若干の発言があったので，これについて付記する。

「私たちが訪問するにも限度があり，『見守りサービス』があればいいのにと思います。本調査の対象となった人をもう一度訪問すると，今回は質問がないのか，という人が何人かいました。もっと話がしたい，聞いてほしい，さみしいと感じている人が多いのです。詳しく聞いてあげる時間が日常的には取れません。民生委員にもっと相談するとか利用されるとか，高齢者には，もっと時間に余裕のある，話に耳を傾けられる援助者の訪問が必要と思います。」

「生まれてから現在までの生い立ちなど聞くことは，当初とまどいましたが，次回の訪問時に，無神経な言葉を言わなくてすむし，訪問がしやすくなりました。またいろいろ話を聞くことによって，信頼関係が深まっていくような気が

しました。この調査自体が本当のケースワークの第一歩かもしれません。」

「お宅のほうにお邪魔しまして，質問をさせていただきましたら，大部分の人が，知られたくないということと同時に，自己開示をしたいという気持ちもあるのだということを実感しました。とくに行政に対して自己開示することが，その者の新たな自己覚知につながる面もあると思いました。」

　日ごろ現場が抱えるさまざまな思いや困難，満足感などを，個別に伝えると同時に，客観的な調査という方法で，事実を冷静に分析，公表してゆく，この調査と分析の両輪が好く回転しなければ「実のある」調査結果は得られないであろう。しかしそのことを達成することは難しい。このようなワーカの声をふまえて行ったわれわれの調査分析は，多くの生活保護受給者の実態，そして声を伝えたという点で意義があると思う。

　本調査は政策支援の一助として企画された調査であり，この調査で明らかになった，約30-40年前から始まった，全国から釜ヶ崎に集まってきた男性高齢単身者が，生活保護を受給しながら，地域生活をおこなってゆく動向は今後しばらく，続くであろう。そうした地域生活を継続するための支援には，多くの人的，社会的，物的資源が必要であり，効果的にこうした資源が活用されなければならないであろう。

（1）　本章は水内俊雄が執筆したが，調査は大阪就労福祉居住問題調査研究会が，大阪市健康福祉局保護課より受託し，西成健康福祉センターの多大なる協力を得て，おこなったものである。調査報告書はリーフレットの形で簡便な説明と図表入りで印刷・刊行している。またここでの記述は，このリーフレットを執筆した研究会のメンバーのそれに大部分負っている。執筆順に，阿部祐輔，稲田七海，中山徹，阪東美智子，鈴木亘，嵯峨嘉子，松繁逸夫の各氏である。またリーフレットに掲載していない簡易宿所転用アパートの記述に関しては，川浪剛氏にその多くを負っている。その他多くの方にご助力いただいたことも含めて，厚くお礼申し上げる次第である。性別分析をリーフレットでもおこなっていなかったことは大きな反省ポイントであることをここでは指摘しておくだけにする。なお本会のホームページは，http://www.osaka-sfk.com/nishinari/ で公開している。このリーフレットや，WEBのみに掲載している単純集計，クロス集計は，こちらのWEBを参考にしていただきたい。

（2）　水内俊雄「野宿生活者は隠蔽されていたホームレス状況を都市空間で解放した？」

『現代思想』，2006年8月号，86-100頁。

（3）　ここでこの野宿生活者の数の算定のトリックについて述べておかなくてはならない。発表されるホームレスの数はある時間断面での瞬間値であり，2006年6月にたとえばS市が2000人という数値はそういう値である。いくつかの都市で，ホームレスの生保受給数の数値を測ってきたが，だいたい，瞬間値の2－3倍となっている。ある年のある月に100名の野宿生活者であれば，その前の1年の間に250名くらいの生保ケースがある。もちろん入院というケースもかなり入っているが，ホームレス経験者は，瞬間値の2倍はまちがいなくいると推計できる。このことを考慮に入れると，大阪や東京では，万を超える人が路上ホームレスを経験していることになる。西成区の場合でも，2004年度の生活保護開始数は5月分をのぞき2,456世帯であり，廃止が1,534世帯という数値からわかるように，1年以内の数値の変化は大きい。2005年11月から2006年4月まで路上生活をした者は6月の数値には出てこないし，前年6月の値にも出ていない。まちがいなく居宅生活者となっており，生保の場合には居宅としてカウントされる。今筆者らが行っている脱野宿生活者のアパート生活者調査の中間集計からも，野宿期間が1年未満の者が半数をしめており，1年毎の調査ではカウントされないホームレス経験者の多くいることが，わかっていただけよう。この脱野宿生活者の全国調査はhttp://www.osaka-sfk.com/ homeless/ で公開している。なお2007年4月6日に発表された大阪市の野宿生活者数は，4,069人であった。

（4）　西成区保健福祉センター『平成以降の西成区の生活保護の動向―実施状況の推移と論点整理―』，2005年8月より

3 釜ヶ崎高齢日雇い労働者の生活と健康

逢坂隆子

1) はじめに

「ホームレスの自立の支援等に関する特別措置法」(2002年8月施行) に基づいて, 2003年1月から2月に全国規模のホームレス実態調査が実施された。これによると, 全国のホームレスは25,296人を数え, 大阪府では7,757人が確認されている。そのうち大阪市のホームレスの数は6,603人であり, 全国大都市の中でも実数として最も多いのみならず, 人口あたりの数 (人口1,000人あたり2.52人) もまた, 他の大都市と比較して格段に多い。大阪府内で確認されたホームレスの平均年齢は55.7歳で, そのうち, 釜ヶ崎等で日雇い労働を経験した者が48.7%を占めている。

釜ヶ崎は日本最大の日雇い労働市場 (寄せ場)[1]であり, 約25,000人~30,000人の日雇い労働者が住んでいるといわれている。あいりん労働公共職業安定所発行の日雇雇用保険手帳所持者の平均年齢をみると年々高齢化が進んでおり, 1988年3月末には46.4歳であったものが, 2006年3月末には54.4歳となっている。厳しい経済不況の中, 50歳をこえると, まず仕事が回ってくることはなく, 日雇い仕事からも締め出され常時失業状態となっている。仕事を失い, 住む場所を追われ, 路上や公園などで野宿生活を余儀なくされる者が増加し, 今や, 釜ヶ崎は"ホームレスのまち"ともいえるような状況にある。

逢坂らは, 大阪府監察医事務所[2]などの資料を基に, 2000年に大阪市内で発生したホームレス (野宿生活者および簡易宿泊施設[3]投宿者) の死亡例294例について, 死亡前後の生活・社会経済状況ならびに検死・解剖結果を分析した。死亡調査結果によれば, ホームレスの死亡時平均年齢は56.2歳と一般市民と比較して低く, 肺炎や餓死, 凍死をはじめ, 総じて予防可能と思われる死因によ

り死亡していること，必要な医療の提供が不備であり，生命を維持するために必要な最低限度の食や住さえ保障されていない中で死亡したことを示唆するものであった。死亡したホームレスがミイラ化・白骨化してから発見された事例も少なくない。

このようなホームレスの「死にざま」は研究にかかわったものに大きな衝撃を与えた。動物でさえもこれほどに残酷な死に方はしないのではないか。「死」は氷山の一角であり，その水面下には，同じような状況で今にも死に至りそうな人たちが多数いるにちがいないことを，死者たちが自らの死をもって教えてくれているのではないか。

死亡調査のデータは，ホームレスのおかれた状況の過酷さ，健康がいかにはばまれているかを示すものである。野宿生活は，人間の健康に具体的にどのような悪影響を与え，このような死に至らしめるのであろうか。この状況をわずかでも改善することを目的として，ホームレスの健康・生活問題に関心を寄せる研究者・医師などが集まって話し合い，釜ヶ崎を中心にホームレス研究をはじめた。

本稿では，逢坂を含む多くの研究者・ボランテイアたちによって実施された調査を基にして，釜ヶ崎の高齢日雇い労働者・ホームレスの生活と健康実態について述べる。なお，調査はいずれも調査対象者に対して充分な説明を行った上で本人の同意を得て実施したものである。

2）大阪社会医療センター付属病院入院患者調査より

大阪社会医療センター付属病院は無料低額診療施設[4]として，釜ヶ崎に居住する，低所得者，要保護者，行路病人，住所不定などの生活困窮者に対して医療費の減免を行っている。病床数は79床，入院時診療科は内科・外科・整形外科である。救急医療は行っていない。金もなく，医療保険もない，釜ヶ崎のホームレスが通院受診できる唯一の医療機関である。

（1）研究方法

調査対象は2004年8月末から同年11月末までに入院した患者（調査期間中再

入院は除く）156名中，調査協力に同意した141名である。そのうち，入院前1カ月の間に野宿生活を経験したか否かについて回答のあった139名を分析対象とした。分析対象者（全て男）の平均年齢は56.6歳（標準偏差8.8），年齢幅は33～80歳である。そのうち入院前1カ月の間に野宿生活の経験を有するもの（以下，野宿生活者）は58名である。野宿生活経験の有無による平均年齢には有意な差は認められない。聞き取り調査に要した時間は入院患者1人あたり約1時間である。入院時の医学検査所見や医療相談内容に関する調査を合わせて実施した。本研究は同病院との共同研究である。

(2) 対象入院患者の特性

野宿生活の経験の有無にかかわらず，本調査が対象とした入院患者のほぼ95％は，入院中には生活保護を受給している。生活保護受給者以外の入院患者の場合，1人が日雇健康保険であり，2人が労災保険受給しているが，それ以外は，国民健康保険・日雇健康保険があっても自己負担分の減免を受けている（各2人）。いわば，入院患者全体が，現在は野宿生活をしていないものも含めて，低所得者である。実際，入院前1カ月間の仕事による収入（生活保護受給中の者・入院あるいは施設入所であった者を除く）は，野宿生活経験の有無による顕著な差はなく，月収が30,000円以下のものが8割（うち5,000円以下のものが6割弱）を占めていた。本稿で行った野宿生活が心身の健康状態に及ぼす影響の検討は，共に低所得である，野宿生活者と非野宿生活者の間における健康・生活状態の格差を比較するものである。

(3) 入院患者の家族や生活の状況
(a) 家族との絆が薄いこと

非野宿の2人を除いてすべて単身で暮らしていた。野宿生活者はすべて単身であった。入院患者の7割は「肉親（親・兄弟・子ども）がいる」と回答しているが，残りは「どこにもいない」（1割），または「いるか，いないか不明」（2割）な状況にある。4親等（いとこなど）までの親族を含めても，肉親と連絡を取り合っているのは非野宿者では11人であり，野宿生活者では6人が「たまに連絡をとる」だけであった。

入院患者の6割は未婚であり、3割強は離別を経験していた。6人だけが配偶者がいると回答しているが、生活保護を受給して妻とアパートで暮らしている1人を除くと、「連絡が取れない」（2人）か「絶縁状態」（3人）である。3割は子どもがいる。

(b) 教育を受ける機会に恵まれていないこと

中学卒業以下の者が6割を占める。中退も多い。ある沖縄出身者の場合、両親とも病弱のため、終戦前からあちこちの親類を回って暮らさねばならない状態となり、まもなく両親死亡、戦後の混乱の中で気が付いたら小学校にも全く行っていなかったという。但し野宿生活者の中には大学卒業者が2人（40歳代・50歳代各1人）含まれていた。

(c) 入院前1カ月間の仕事・アルミ缶回収

入院前1ヵ月間に、野宿生活者の6割強、非野宿生活者の4割強はなんらかの仕事をしていた。土木建設関係日雇いの他、廃品回収、警備員、大阪市高齢者特別清掃事業[5]などが主なものである。まだ、体力の残っている人はアルミ缶回収をしていることが多い。

釜ヶ崎を歩くと、自転車の数が驚くほどに多い。早朝2〜3時頃には釜ヶ崎を出発し、自転車で車道を走って目的地に向かう。再生資源ゴミ収集日前夜から家の外に出されているアルミ缶をまず集めて回り、午前5時頃からは起き出した住民たちが出し始めるアルミ缶を"われ先に"集め、市町村のゴミ収集車が回る9時までこれが続く。その後、各自が集めたアルミ缶を踏みつぶして嵩を小さくするが、それでも嵩張る回収品を自転車に積んで歩道を走ったり歩いたりして大阪市内に向かう。たどりつくと夕方になることも多いという。大阪市内はホームレスの数が多いために拾えるアルミ缶はわずかしかない。大阪市以外の市町村でも再生資源ゴミ収集日にアルミ缶を家の外に置くとすぐになくなるほどに競争が激しい。それでも、多くの者はアルミ缶回収に走り回っている時が一番楽しいと話す。

(d) 入院前1カ月間の生活場所（重複回答）

野宿生活経験の有無にかかわらず、3割強は簡易宿泊施設を利用している。非野宿生活者の3割強は、文化住宅・アパート（ドヤを転用したアパートを含む）に居住している。野宿生活者の約半数は、野宿が中心になってからの期間

が6カ月未満と答えている。最長は20年である。野宿場所は公園，道路，不定などである。寝場所はテント，ダンボール小屋，毛布・寝袋などである。

　また，3人に1人は「あいりん臨時緊急夜間避難所」（シェルターともいう。釜ヶ崎支援機構が大阪市より運営委託されている）を利用していた。釜ヶ崎内には，シェルターが2ケ所ある。無料ではあるが，風通しの悪いプレハブの中に2段ベッドがずらりと並んだ宿泊施設なので，プライバシーは全く護られない。毎日昼過ぎから列を作って並び，夕刻には先着順に宿泊券が配られて，日毎に異なるベッドを使用する方式がとられている。誰か1人がシラミやダニなどを持ち込めば，たちまち他の宿泊者に感染してしまう。特に夏場は「シェルターは暑いし，痒いから嫌や」といって利用しない者が増える。このような環境では衛生害虫だけではなく，結核やインフルエンザなどの呼吸器疾患をはじめ，あらゆる感染症に罹患するにちがいない。

(e) 入院前数週間の食生活の状況

　野宿生活者は，1日に食べる食事回数が少なく，2割は1日に1回，4割は1日に2回の食事しかできていない。全くたべられない日もある。「金があれば食べられるし，金がなければ1日中全く何も食べられないこともあるし，決まっていない」状況である。

　野宿生活者の食事入手方法（重複回答）は，炊き出し（50%），コンビニの廃棄食品利用（15%），仲間・知人の差し入れ（16%），残飯（7%）など，いずれも金のかからない方法である。その他で多かったのは，「キリストのパン」と呼ばれているキリスト教関係者が配るパンや，飯場での食事などである。炊き出しを主な食事入手方法としている野宿生活者が3割弱もいて，中には「炊き出しとキリストのパン」だけが食事内容という者もいた。いずれも，それを口にいれるためには，また，長蛇の列に並ばねばならない。早朝5時から炊き出しの整理券をもらうために並ばないといけない日もある。釜ヶ崎では，コンビニの廃棄食品と思えるおにぎりや弁当が期限切れの程度に応じて値引きして売られている。

　アルミ缶は1個1円くらいで買い取ってもらえるが，1,000個集めても1,000円にしかならないので，多くの者は食事にも事欠き，必要な栄養が取れていない。ドヤ代は1泊1,000円位はするから，食べたら泊まれないし，泊まったら，

食べる金が残らず,「炊き出し」などに頼らざるをえない。阪神淡路大震災後ボランテイアによっておこなわれた「炊き出し」が,釜ヶ崎では支援グループによって常時行われている。

(4) 入院患者全体としてみられる健康問題

前述のような生活状況の中で多くの健康上の問題を日常的に抱える人が目立つ。例えば国民栄養調査[6]結果でみられるような,日本人男の平均値と比較して,どのような差がみられるのだろうか。

(a) やせている者が多い

全国平均と比較してやせている者が極めて多い(整形外科入院患者に限っても)。1日に1食も食べられない日もあるなど食事摂取量が不足しているのみならず,肉・魚・卵などの動物性蛋白質の摂取不足(ほとんど食べていない者が野宿生活者では48%,非野宿生活者では20%),野菜の摂取不足(ほとんど食べていない者が野宿生活者では43%,非野宿生活者では25%)など,栄養バランスのとれた食事が取れていない。

土木・建設日雇い仕事に長期間従事し,「昔は塩をなめながら,トンネル工事もしたし,ビルも道も造った」経験をもつ者が多く,高塩分の食事を好む傾向が目立つ。塩分量が多そうな弁当や炊き出しの雑炊にも醤油や塩をかけて食べている者をよく見かける。安価(70円)で簡易なカップラーメンを食べる回数が多かったが,塩分の多い汁まで全部飲み干さないと「腹が空いてたまらん」という。

(b) 歯の状況が極めて劣悪である

残存歯数がほとんどない(9本以下の)者が5割もいる。残存歯数10本以上の者についても極めて劣悪な状況にある。極限に近い劣悪な栄養状態,歯磨きなど歯の衛生にまで気配りできない日常に加え,保護の実施機関は「『歯は命に影響しない。』として,歯痛がひどい時に抜歯する以上の治療が通院では認められていない。」(入院患者聞き取り調査より)という状況も影響している。入院中は生活保護受給状態であることを利用して,少し病状が安定しだすと紹介状をもらって歯科を受診し,義歯を作ってもらっていた。どこの歯医者がいいのかという入院患者間の情報交換もさかんであった。(同様に眼科への紹介状を

もらって眼鏡を作ってもらう患者も多くみられた。)

(c) 入院患者の2割が結核，8割が整形外科疾患の既往歴を有する

大阪社会医療センター付属病院は調査当時は結核外来を設けておらず，結核病棟を持たない病院であることを考慮に入れると，2割が結核既往歴を有するというのは極めて高率である。長期の肉体労働のために関節を痛めたり，外傷の既往を有する者も目立つ。

つまり，入院患者の多くは，中学卒業前後の年齢から，単身で日雇い労働者として働き続けてきた者であり，現在野宿を余儀されているか否かを問わず，彼らの健康問題の基盤には，これまでの厳しい生活の痕跡が横たわっているといえる。

(5) 野宿生活者に顕著にみられる健康問題

より過酷な生活を余儀なくされている野宿生活者は，次の項目で非野宿生活者との間に格差が認められた。(Fisher の直接法によるカイ2乗検定を用い，$p < 0.05$ を有意とした。)

(a) 早い時期から歯がほとんど役立たない状況になっている

野宿の有無で残存歯の状況には有意差はみられないが，歯がほとんどなくなった年齢を野宿の有無別にみると，野宿生活者の方が，より若い年齢で歯を喪失している傾向がみられる（T検定による平均値の比較。$p = 0.14$）。野宿生活者のうち，歯がほとんど残存していない状態にある65名のうち，3名は20歳代から，11名は30歳代からほとんど歯がなくなったと回答している。ほぼ半数のものが40歳代までに歯がほとんど役立たないような状況（9本以下）になっている。

(b) 必要なのに義歯のない人が多い

野宿生活者の7割は必要とする義歯を有していない。すでに述べたように歯科治療が必要でも充分に行なえない状況にあることが，経済的に一層厳しい条件下におかれている野宿生活者に，より大きく影響していると思わせる結果である。「どこかに入れ歯が落ちていないかなあ。入れ歯が欲しくて，母親が死んだ時に形見に入れ歯をもらったが，自分には合わなかった」と真剣な顔で話す者もいた。役立つほどの歯は残っておらず，しかも義歯がない状況は，ただ

でさえ手にすることにできる食事の量が限られているのに，実際の栄養吸収を一層悪くしているに違いない。食べることのできる食事の種類も制限され，ラーメンや雑炊など，噛まなくても流し込めるようなものに限られてしまう。カップラーメンの摂取と歯の状況には，有意な相関が認められている。

(c) 強いストレス状態にある者が極めて多く，不眠状態にある者が多い

入院患者全体のほぼ2割が睡眠剤を入院前に常用している。野宿生活者は強いストレス状態にある者が極めて多く，GHQ12スコア（Golbergらによる General Health Questionnaire[7]，精神健康調査票）では，野宿の有無により顕著な差がみられた（$p = 0.001$）。胃・十二指腸潰瘍を有する者・既往歴を有する者も多い。「夜は，中学生などの『しのぎ（襲撃などの被害にあうこと）』がまわりでよくあり，怖くて寝ていられない。夜は寒いし，怖いので，歩き回って，昼間に眠る」という者，「しのぎ」にあって身体に後遺症の残る者もいた。（このような被害からホームレスを守るために支援グループが「夜回り」をしている。）

「リストラにあって，仕事を探し回っても見つからず，アパートの部屋代（月2万円）も払えなくなった。琵琶湖に飛び込んで死のうとしたが，近くにいた高校生が挙動不振に思ったのか，そばを離れず，死にそこなった。その後も何度も死のうと試みたが，果たせなかった。いよいよ金が底をつき，大阪駅近くで野宿を始め，体調をこわして入院した。退院後の目途が立たないし，今もまだ死にたいと思っている」と語る者（50歳代元会社員）など強いストレス状態・抑うつ状態におかれている者が多い。

このような状況を反映して，大阪市の野宿生活者（男）の自殺による標準化死亡比[8]は6.04（全国男＝1）と極めて高い。野宿生活者の自立支援は心の健康問題に十分に配慮しつつ行なわれるのでなければ，有効なものとはなりえないだろうことを示す。

(d) 受療状況

最近1年間に，通院した事のある者は非野宿生活者の方が有意に多く，救急車で搬送されて入院をした者は野宿生活者の方が多い。金もなく医療保険もない野宿生活者は，体調不良時には，大阪社会医療センター付属病院に自分で通院する他は，救急車を呼んで野宿生活者を受け入れてくれる民間救急病院へ入院するか，仲間・知人から薬をもらったりするしかない。「こらえられるだけ，

ただただ我慢する」と話す者も多い。
(e) 野宿生活者の喫煙・飲酒習慣
(i) 喫煙習慣
　入院前数週間の入院患者の喫煙率は7割と極めて高い。野宿生活者では，前は吸っていたが禁煙したり本数を減らした者が，非野宿生活者に比して多かった。経済的な困窮が原因である。
(ii) 飲酒習慣
　喫煙習慣と同様，金がないから今は飲まないと回答した者の割合は野宿生活者の方が高い。今も飲んでいる者（48名）のうち，ほぼ半数は3合／日，1割強は6合／日の飲酒を続けている。野宿の有無にかかわらず，ほとんど毎日飲む者（29名）も2割程度いる。「ほとんど毎日飲む」と答えた29名に対して実施した久里浜式アルコール依存症スクリーニングテスト[9]では，重篤問題飲酒群9名，問題飲酒群4名，問題飲酒予備軍2人という判定がでている。
　釜ヶ崎では，早朝から飲み屋が開店し，24時間営業のアルコール自動販売機もあちこちに設置されている。食事をするというより，焼酎のあてに食べ物を少しずつつまんでいる，というような姿をよくみかける。飲酒問題は健康や生活の問題解決を図る上での重要な課題のひとつである。

　前述したとおり，本調査対象である入院患者は，野宿生活者だけでなく，今は野宿をしなくてもすむ生活ができている者も含めて，共に低所得者ではあるが，中でも野宿生活をせざるを得ない者は，経済的に一層厳しい状況におかれており，極めて強いストレスにさらされ，不眠を訴える者が多い。しかしこのような経済的困窮は，喫煙習慣，飲酒習慣を持つ者にも，禁煙したり，タバコの本数を減らしたり，禁酒することをやむなくさせている。この面からだけみれば，貧困が彼らを「健康な生活に一歩近づけている」といえるのかもしれない。

(6) 身長格差からのぞき見えるもの
(a) 身長における格差について
　野宿の有無にかかわらず，入院患者と「国民栄養調査」結果とを比較すると

表 3-1　野宿の有無別身長の年齢10歳階級別平均値：単位 cm　（　）内は標準偏差

年　　齢	野宿なし	野宿あり	合　　計	国民栄養調査
40～49歳	165.5(6.1)	168.6(6.8)	166.9(8.5)	169.0(6.1)
50～59歳	162.7(7.5)	164.6(7.4)	163.7(7.4)	166.2(6.1)
60～69歳*	165.2(5.6)	160.5(4.3)	163.6(5.6)	163.1(5.9)
70歳以上	160.9(5.3)	160.1(7.7)	160.6(5.6)	159.5(6.3)

出典：逢坂が大阪社会医療センター入院患者調査をもとに作成　　＊：t 検定にて p ＝0.012

　表 3-1 に示すように身長が低いものが目立ち，40～49歳および50～59歳については ほぼ 2～3 cm の開きがみられる。60～69歳あるいは70歳以上については有意な差はみられない。身長は成長期の栄養状況，特に動物性蛋白の摂取状況との関連が強いことから推測すると，身長が有意に低い集団は，成長期に必要な栄養が充分に摂取できにくいような，事情があったと考えられる。60歳以上の者に差がないのは，成長期が，第 2 次世界大戦前後の国民全てが低栄養状態にあった時期に成長期が一致しているためと考えうる。50歳代・40歳代に差がみられるのは，経済成長に伴って，生活の格差が大きくなってきたことによるのではないだろうか。

(b)　60～69歳における野宿生活者と非野宿生活者の身長の格差

　野宿の有無別に入院時に測定した身長（平均値）を比較すると，60～69歳について有意差が認められる（t 検定による。p ＝0.012)。前述したように，野宿生活者の方がより早い時期から残存歯がほとんどない状況になっていることもあわせて考えると，入院患者の中でも，野宿生活者の方が，早い時期から（あるいは出生後間もない時期もしくは幼少時から），より一層社会経済的に困難を抱えた生活を余儀なくされてきた可能性を否定しきれない。そのことが，教育を受ける機会から排除されることとあわせて，本人が本来持って生まれたはずの能力を磨く機会を奪い，60歳代になった今尚，どん底の貧困から立ち上がり，野宿生活からの脱出をより困難にしていると思われる。

(7)　入院中に実施された生活自立にむけての支援

　入院中に医師や看護師により，適切な医療や看護が行なわれるのは当然のことであろう。しかし，金もなく，身寄りもない野宿生活者にとっては，それは

当然のことにはなっていない。医療を受ける時にどんなに辛く，悔しい思いをしたかを語る者が多かった。

大阪社会医療センター付属病院では医師や看護師だけでなく，多くの職種が患者とかかわりをもって，退院後の生活の立て直しが行なわれていた。軽快退院した全員に対して，相談員による退院前面接相談を実施し，居宅保護に移るなど退院後の生活についての援助がおこなわれていた。糖尿病等については教育入院が実施されていて，野宿も含めた各個人の生活実態を配慮した上で，指導時間を十分に取って実施されていた。

(8) 聞き取り調査を終えて

入院患者におこなう聞き取り調査であるから，聞かれる方も病状や入院に至る経過などを尋ねられると予想したであろう。入院中は暇だからと思ってみても，家族のことや仕事や収入，野宿の寝場所や食べ物の入手方法，精神状態などまでを1人あたり1時間もかけて聞き取りを行ったのである。恐らく誰もが初対面の人からそのような立入ったことを尋ねられたら，怒り出すにちがいない。

ところが対象となったほとんどの者が，聞き取り調査を終えた時，「話を聞いてもらえて，胸のつかえがとれた」とか，「腹にあったかたまりがないようになった気がする」などと言った。聞き取りを行っているだけでもつらくなってきて，思わず目がしらが潤む経験を重ねてしまうような，苦しみ・悲しみ・寂しさ・無念さやあきらめを胸の中，腹の中に抱え込んだ人たちであった。

野宿生活とは，定住できる住まいがないということだけではない。健康を維持するに足る食物にも不足し，時には餓死するような事態にまで至ることを意味する。健康保持には不可欠であるはずの健診を受診する機会や治療を受ける機会からも排除されていることが多い。慢性疾患があっても，通院しづらいため，とことん悪くなってしまってから救急車で緊急入院することをくりかえし，路上死する場合も多い。

今回は，たまたま，救急外来のない，無料低額診療施設である大阪社会医療センター入院患者の聞き取り調査であるため，野宿生活を送っていても，通院している者が多かった。しかし，不眠症などのために受診者数の多い精神科外

来の診療が行なわれる日は，外来開始の午前9時には，センター玄関前に長蛇の列ができている。極寒の2月のある日，行列の先頭に並んでいる者に尋ねたところ，朝の4時から並んでいたという。長時間待たされた人たちの間では，診察の順番を少しでもとりちがえるとけんかが起こりかねないので，入り口で診察の順番を書いた券を渡していた。それなりに元気で，根気がある者しか通院できないのではと思ってしまう。

野宿生活をする者にとっては，大阪社会医療センター付属病院のような機能をもつ病院は貴重な医療機関である。しかし，深刻な不況が長引く中で増加したホームレスの医療ニーズに対応するには，入院・外来の機能とも極めて不足している。外来だけで治療可能なことも多い生活習慣病などの慢性疾患を有するホームレスが多いことを考えると，もっと簡便に通院できる外来機能を持つ医療機関が釜ヶ崎に増えてくれたらと願う。あるいは生活保護法による医療扶助が単給で受給できるように運用されれば，野宿生活者も身近かな医療機関に通院できるようになり，大阪市全体としては生活保護費の節約につながるであろうと考える。

3）釜ヶ崎の高齢日雇い労働者・ホームレスと結核

大都市における結核罹患率[10]・有病率[11]は他地域に比して高く，日雇労働者や自営業者，単身で住所不定の者など生活基盤が脆弱な社会的弱者集団における結核蔓延との関連が指摘されている。大阪市の結核罹患率や有病率が，全国大都市の中でも極めて高く，西成区，中でも釜ヶ崎が顕著に高い事実もこのような指摘と無関係ではないと思われる（平成17年の人口10万対結核罹患率　全国：22.2　大阪府：29.7　大阪市：58.8　西成区：270.4　釜ヶ崎を除く大阪市：51.6　釜ヶ崎：680.0）。

しかし，釜ヶ崎の日雇い労働者・ホームレスは結核検診の受診機会が少なく，検診受診後の事後の治療体制についても充分とはいえない状況にある。ここでは高齢日雇い労働者・ホームレスの結核の現状を明らかにするとともに，患者発見から，精密検査，治療まで一貫した対策をどうしたら実現できるか，実践的研究結果を踏まえて考えてみたい。

(1) ホームレス者死亡の1割が結核関連の死亡

　ホームレス死亡調査によると，2000年に大阪市内において異状死体またはその疑いのある死体として届出のあったホームレスの死亡のうち，野宿生活者（男）の結核（13例）の標準化死亡比は44.8であり，全国男＝1とすれば，野宿生活者は44.8倍高いことを示す。上記13例の他にも，簡易宿泊所投宿者中の6例と合わせると19例のホームレス結核死亡（以下結核死亡例　平均年齢53.1歳）が確認されている。2000年の大阪府監察医事務所資料による結核死亡数は男43例，女4例あり，ホームレスの結核死亡19例はその4割にあたる。死因は結核以外であるが，死亡時に活動性結核（治療を必要とする状況にある結核）を有していた死亡例（以下活動性結核死亡例）が他に10例あり，その合計29例はホームレス死亡総数294例の10％に相当する。このことはホームレスの死亡の1割が結核に関連する死亡であることを意味する。活動性結核死亡例の死因は，病死7例（心臓疾患3例，肺炎1例，気管支喘息1例，胃潰瘍1例，栄養失調症1例），自殺2例（縊死），不慮の外因死（凍死）1例である。結核死亡例19例中11例，活動性結核死亡例10例中7例が西成区内で異状を発見されている。

　事例1：50代男。死亡日・死亡発見日ともに1月。西成区の歩道上のリヤカー横に敷かれたベニヤ板の上で死亡しているのを通行人が発見。死亡時所持金1,000円。

　事例2：50代男。野宿生活者と思われる男が，西成区内パチンコ店前路上で，うつ伏せになって血を吐いて倒れているのを発見される。近くの野宿生活者の話では前日から同所で寝ていて，咳をしていたという。救急搬送するも死亡。死亡時所持金30円。

　事例3：50代男。死亡日・発見日は9月。小学校先路上で，現場近く公園で野宿している発見人が身動きしない男を見つけ，声をかけると「しんどくて動けない」と訴えたので通報する。救急搬送された時には，血圧低下で測定不能，看護婦の呼びかけには答えていた。肺結核と診断され，転院準備中病態急変死亡。死亡時所持金は400円。

　事例4：50代男。死亡日・発見日とも2月。西成区内児童公園で遺書（結核・リュウマチを苦にする内容）を残して縊死。

　必要な医療を受けずに結核で死亡したホームレスは，粟粒肺結核[12]や新鮮

な出血をともなう広範囲の乾酪壊死巣[13]を有する肺結核など，解剖結果からみても恐らくは長期にわたる持続排菌状態[14]の後に死亡したものと推測される。事例からも明らかなように，彼らは大阪市内で若年者も含んだ一般住民との接点を多く持っていた可能性があり，感染症対策上も重要な課題である。

(2) 大阪市高齢者特別就労事業従事者健診からみた高齢日雇い労働者の結核問題

日雇い労働者やホームレスの生活実態・意識実態にあった結核対策の実践的研究として，ホームレスの公的就労機会と結びついた結核検診を試みた。

(a) 大阪市高齢者特別就労事業とは

大阪市高齢者特別就労事業は国・大阪府・大阪市が財源を拠出し，NPO釜ケ崎支援機構などに委託して営まれる就労対策事業である。日雇い仕事からも常時失業してしまった高齢日雇い労働者のうち55歳以上のものを対象にしておこなわれている事業である。大部分の仕事が大阪市内・府下の公園や道路等の清掃であるために，特別清掃事業（略して特掃）とも呼ばれている。2004年度は3,100人が登録し，1日の日当は5,700円である。高齢日雇い労働者にとっては貴重な収入源であるが，登録しても，8～9日に一度しか仕事が回ってこない。就労を希望する者に対して予算少なすぎるからである。

(b) 2004年度大阪市高齢者特別就労事業従事者結核検診の工夫

2003年度に初めて同従事者に対する結核検診を実施したが，準備不十分で，医療の必要な結核患者の一部しか治療に結びつけることができなかった。2004年度はその経験を踏まえて，「結核検診の結果，要医療になった人を全員治療に結びつけられないような検診なら，やらない方がいい」ということを関係者全員の合意事項とし，結核治療が必要と判断された者を必要な医療に結び付け，全員が必要な医療を終了することを支援するための体制を準備すべく検討を重ねた。事前に，研究者・ボランテイア・NPO釜ケ崎支援機構・健診機関・大阪市保健所・大阪市更生相談所（釜ヶ崎内の住所不定者を対象とする福祉事務所）・大阪社会医療センター付属病院・ホームレスを受け入れる結核専門病院との調整を繰り返しおこない，検診時から特別な人員配置を整えてから検診にのぞんだ。発見した患者に対する病気の説明，精密検査，福祉行政機関に対す

る申請の手続き，医療機関の受け入れ調整などを迅速かつ患者中心主義の観点で検診を実施できるように準備した。

　7月21日から7月29日までの8日間（日曜日を除く），毎日午前8時30分から10時まで，高齢者特別就労事業の仕事をするために高齢日雇い労働者が集合する場所（釜ヶ崎内）において，結核検診車（大阪予防医学サービスに委託）を使って実施した。撮影した胸部X線間接フイルムは健診業者が即持ち帰り，即現像し，現像したフイルムを正午までに届けてもらい，待機している医師（2名）が正午から午後1時までに読影および判定をおこなった。即ち，就業前に結核検診を受診した者が仕事を終えて再び集合場所に戻ってくる午後3時には，要緊急入院患者の判定が終わり，治療に結びつけるための準備を終了して待機する体制を整えた。喀痰検査は大阪社会医療センター付属病院に委託した。

　判定は「緊急要入院者」と「緊急性が低いと判断された要治療患者，要精密検査者」に分けて，以下のように対応した。

(i) 要緊急入院患者への対応

① 読影終了後，異常陰影があり，緊急要入院と判断されたものについては，その氏名・生年月日を，大阪市保健所に照会し，過去の結核治療歴を確認する。

② 午後3時までに，胸部X線写真で異常陰影があり，保健所の結核患者登録や治療歴がないものを緊急要入院者と判定する。前年度の同結核検診受診者については，前年度の間接写真を取り出して比較して確認する。

③ 緊急性を有しない要精密検査者，要医療者については，緊急要医療者に人手を集中するために，次回に特別就労事業に来たときに面接し，対応する。

④ 緊急要医療者と判定されたものについては，保健所感染症対策課，保健所あいりん分室，大阪市立更生相談所，入院する病院に「氏名（ふりがな），生年月日」をあらかじめ連絡する。特に，保健所には過去の登録歴，治療歴の照合を依頼する。

⑤ 緊急要医療者が特別就労事業から集合場所に戻ってきた時に，本人に対して「結核治療が必要なこと」を本人のレントゲン写真を示しながら説明し，入院に当たって障害になっていることを取り除く。たとえば，犬や猫

を飼っている，公園やコインロッカーに荷物を置いている，洗濯物がたまっている，友達に入院することを知らせておきたい，入院中の自分のテントの管理が心配である，簡易宿泊所の荷物の整理をしないといけない，などに対応する。

⑥　要緊急入院者で入院に同意したものについては，入院予定病院の搬送車に患者と同乗して市立更生相談所に行き，生活保護受給の面接調査を受けた後，患者が搬送車で出発するのを確認するとともに，「入院中には必ず見舞いに行く」ことや，「心配なことがあれば，連絡してくるように」ということを伝える。

⑦　土曜日や，やむを得ず時間外になった要入院患者については，入院した後に市立更生相談所ケースワーカーが病院を訪問して面接調査を行なう。

(ii)　緊急性が低いと判断された要治療患者，要精密検査者への対応

①　排菌の恐れがなく，緊急性が低いと判定された患者および要精密検査者については，次の特別就労事業に来た際，集合場所に戻ってきた時に本人に要医療あるいは要精密検査であることを告げ，受診を勧奨する。精密検査は大阪社会医療センター付属病院に委託して実施する。

②　本人に面接するにあたっては，保健所に結核治療歴の有無を照会する。

③　喀痰検査の結果，菌陽性であったものについては，本人の居場所を探し，入院治療を勧奨する。居場所が特定できない場合は次回就労事業に来たときに本人を探し，入院が必要なことを告げ，保健所あいりん分室，市立更生相談所を経て，病院に搬送し入院治療につなげる。

(c)　胸部レントゲン検査判定結果

胸部レントゲン検査判定結果を表3－2に示す。結核検診受診者1,545人について，胸部レントゲンを即読影して判定した。結核有所見者は34.7％であった。そのうち，即要医療と判断されたものは17人（1.1％），精密検査で判断が必要とされたものは1.6％，過去の胸部レントゲン写真と比較しての判断が必要とされたものが7.6％，治癒型・陳旧性変化[15]と思われるものが24.3％であった。

結核有所見者のうち，要治療と判定されたのは25人（1.6％），要フォロー者は13人（0.8％），結核治療・登録歴を有するものは73人（4.7％）であった。

(d)　大阪市高齢者特別就労事業従事者結核検診からみえること

表3-2 大阪市高齢者特別就労事業従事者胸部レントゲン検査結果の結核管理指導区分（2004年）

管理指導区分[16]	人数（％）	結核の再掲分類	
A_1	5（ 0.3）	要治療者	25（ 1.6）
C_1	20（ 1.3）		
D_2	13（ 0.8）	要フォロー者	13（ 0.8）
治療歴あり	22（ 1.4）		
登録観察中	3（ 0.2）	結核既往者	74（ 4.7）
登録歴あり	49（ 3.2）		
結核有所見健康	403（26.1）	結核所見あり	413（26.7）
有所見歴あり	10（ 0.6）		
他疾患精検	2（ 0.1）		
低肺機能	1（ 0.1）		
肺がん疑い	1（ 0.1）	その他	10（ 0.7）
非定型抗酸菌症[17]	2（ 0.1）		
結核外有所見・健康	4（ 0.3）		
無所見	1,011（65.4）		
総数	1,545（100.0）		

出典：高鳥毛敏雄が作成

　大阪市高齢者特別就労事業従事者（ほとんどがホームレス）の結核検診結果では，3人に1人が胸部レントゲン検査で有所見者であったことからも，この集団における結核問題が極めて大きいことが明らかである．そのために2004年度は，結核検診前に，結核入院患者の受け入れについての依頼と調整を何度もおこない，入院治療が必要な結核患者を100％医療につなげ，100％の治療終了を目標とした．入院に際しては，治療を開始できないとして要治療結核患者が持っている問題を解決し，入院中も研究者などが，入院患者の家族がするのと同じように，花（糖尿病を合併する患者がいるので，食べ物は持っていけない）や着替え（夏に入院した患者には合服が必要）を持って数回見舞いにいき，入院中の心配事などの相談に乗るなどして，全員の治療終了までこぎつけることができた．生活や意識実態に寄り添うようにしながら支援することによって全ての要治療者の治療を完了させることができたのである．

　高齢日雇い労働者・ホームレスの結核対策は，本人の生活ニーズや意識に対応しつつ，結核患者発見から結核治療終了まで一貫した支援体制を準備することが重要であり，さらに，患者自身が治療終了時において生活の見通しを持て

ることが治療を最後まで継続するための要件であることを実証しえた。

(3) ホームレスの結核検診はホームレスの生活の場で

特掃健診は高齢日雇い労働者（ホームレス）就労の場での検診であるが、より生活の場に近づいての結核検診の試みとして、2005年9月20日（水）、釜ヶ崎内三角公園横で午後1時から4時までCR結核検診車（兵庫県健康財団）による結核検診を実施した。三角公園では、毎週水曜日には支援グループが炊き出しをおこなっている。また、道路を隔ててシェルターがあり、すぐ横の「ふるさとの家」（キリスト教関係施設）では正午から午後5時まで多くのホームレスがテレビをみたり、囲碁・将棋をしてすごしている。三角公園を寝場所にしている者もいる。

事前に大阪社会医療センター付属病院・大阪市保健所・大阪市立更生相談所・西成労働福祉センター・炊き出しグループ・ふるさとの家・シェルター管理者・三角公園管理者に協力を依頼し、当日も炊き出しに並んでいる者やふるさとの家利用者にビラを配布しながら受診を勧めた。平常から三角公園周辺でホームレスを支援しているグループのメンバーから、受診勧奨だけではなく結核に罹患していることを発見した患者を治療につなげるために多大な協力を得た。これにより全員治療に結びつけることができた。

胸部レントゲン検査受診者数94人（うち女1人、シェルター職員8人）のうち、結核要医療者数3人（3.1％ いずれも菌陰性）であった。要医療者の概要は下記のとおりである。

① 男21歳（シェルター職員）$rIII_1$[18]　既往歴（−）
② 男56歳（生活保護・アパートで生活）$bVI_1 + rple$[18]　既往歴（−）　2005年1月の検診では異常なしであった。自覚症状（＋）
③ 男68歳（「ふるさとの家」を利用しているホームレス）$bIII_2$[18]

①はシェルター管理者の協力により、また②③は「ふるさとの家」で健康相談をしている看護師の協力を得て、3名とも治療につながった。

本検診は大阪においてはじめてのCR結核検診車の利用であった。即診断が出来るCR結核検診車はホームレス（特に移動型）の結核対策のためには極めて有効であることを行政関係者や参加した研究者・ボランテイアに示した。

前年に同じ場所で実施した結核検診でも受診者90人中3人の要医療者が見つかっている。アルコール依存症者なども含めて特別就労事業にも来ることができないようなホームレスは高齢者特別就労事業従事者よりもさらに要治療者の割合が高い可能性がある。

　三角公園での経験は，ホームレスを日常的に支援している支援グループ・団体（例えば，民生委員・町内会役員・就労支援・炊き出し・夜回り・居宅生活支援・アルコール問題支援）などの協力・協働関係が受診者の確保・要医療者治療開始継続にとって必須であり，平常から実施されている支援活動に溶け込むようにしながら，検診活動を実施することの重要性を示唆している。

4）健康支援活動の課題と展望

　大阪市高齢者特別就労事業従事者に対する健診は3年間続いた。結核検診以外に聞き取り調査・血圧測定・血液検査も同時に実施し（その結果については終章に譲る），これらの健診結果についても健康相談をしながら受診者に返し必要な医療・精密検査につなげつつ，年間を通じて看護師・保健師・医師などが医療相談・健康相談を継続するなかで，特別就労事業に従事するホームレスたちの，自分自身の健康に対する意識や行動が徐々に変容してきていることを，

表3−3　血圧　高齢日雇い労働者・ホームレス調査と国民栄養調査の比較

	50歳代			60歳代		
	2003年 （n＝404）	2004年 （n＝530）	国民栄養調査 （n＝352）	2003年 （n＝494）	2004年 （n＝673）	国民栄養調査 （n＝394）
血圧の状況						
至適血圧	12.9	15.1	13.1	9.5	13.4	9.1
正常血圧	11.1	13	20.5	10.9	11.6	14.5
正常高値血圧	14.1	18.3	25.3	13.2	14.4	21.3
軽症高血圧	29.7	27.9	28.1	27.5	33.3	38.1
中等症高血圧	18.1	14.7	9.9	21.7	15.3	13.5
重症高血圧	14.1	19.9	3.1	17.2	12	3.6
最低血圧						
平均値	88	87.3	84.7	89.2	87.2	84.2
偏差値	14.8	13.5	11	16	14.2	10.6
最高血圧						
平均値	145.5	140.9	135.1	150.3	144.1	140.6
偏差値	27	24.8	17.3	29.5	25.5	18.8

研究者・ボランテイア・NPO釜ケ崎支援機構の指導員・職員など関係者が理解するようになってきている。

「ほんまは，わしらが一番自分の体のことを心配してるんやで」と自分の方から健診結果をもって相談にくる人の数が確実に増えてきた。特別就労事業集合場所に設置された自動血圧計の利用頻度の増加も著しい。誰かが血圧を測定していると「その血圧は高いなー。」と周りでみている人たちの的確な声がにぎやかに飛び交っている。

表3-3は2003年と2004年の特掃健診で実施した血圧測定結果を年齢別に比較したものである。なんと，血圧値が2003年にくらべて，2004年は改善しているではないか。50歳代でも。60歳代でも。平均値でも。このことは本研究の成果を示すものである。

3年目にもなると，結核についての関心も高くなり，結核検診結果が要精密検査になっているのに呼び出しが遅くなっている人は「まだ，相談してないんやけど，ええんかなー。」と自分の方から相談にくる者も出始めた。精密検査を受けることについてもすぐに納得する者が増えてきているように思う。

特別就労事業従事中に倒れて死亡する事故が「健診がはじまってからはゼロになった。」ということもうれしい。それまでは，毎年1人ずつ就労中の死亡事故が起こっていたという。最高血圧260以上最低血圧140以上というような恐ろしいほどの重症高血圧であることも知らずに放置している人が何人もいるような状況では，仕事中に命を落とす者がいても不思議ではない。

このような，高齢日雇い労働者（ホームレス）の健康意識・行動の変り様を間近にみることは，研究者やボランティアたち，あるいはNPO釜ケ崎支援機構の職員や特別就労事業の指導員たちの，ホームレスの健康問題あるいはホームレスに対する認識・行動にも大きく影響をおよぼさないはずがない。

同時にまたホームレスの生活の過酷な状況，健康問題の深刻さが，放置できないものであることもさらによく見えてきた。ことに，結核問題のすさまじさには胸が痛む。すでに公表されている結核統計から予想されることとはいえ，結核検診を受けた約1,600人のなかから21人もの結核患者が次々とみつかるのを目の前で経験すると，驚愕するほかない。結核検診で要治療になった人が100％医療につながり，100％医療を終了するための工夫を重ね，さらに要精密

検査になった者（保健所からの治療歴情報を考慮にいれても150人以上）にすべて精密検査をうけてもらう努力を結核検診終了後の4カ月間，ほぼ毎日ホームレスたちのなかで続けるうちに，さらに多くのことに気付かされた．

　結核問題については結核予防法（2007年4月より感染症予防法に含まれる）もあり，保健所など行政が果たさねばならない役割が大きい．しかし，ホームレスの結核問題は行政だけで解決できるものではないことも明らかになってきた．ことに，大阪のように，問題が深刻な地域においてはなおさらである．

　いま，そのための民間組織として特別就労事業従事者の健診に取り組んだものが中心となって，ホームレス・日雇い労働者など保健・医療・福祉の手が届きにくい人々を対象として，健康支援活動を推進するとともに，このような活動をさらに推進していくために必要な，関係機関・団体の協議の場作り，研究ならびに研修・人材養成をおこなうために，特定非営利活動法人（NPO HEALTH SUPPORT OSAKA）の設立した．当面は結核問題を中心とした健康支援活動に重点を置く予定である．

　ホームレス問題は，健康支援活動だけで解決できるものではないが，いのちにかかわる緊急の課題であり，これを放置することは人道的にも社会的にも許されない．保健所をはじめとする行政と，われわれが設立したようなNPOも含め，民間が一体となって，社会全体で取り組むときに，初めて，ホームレスの健康問題・生活問題解決への道筋，自立支援への道筋が見えてくるのではないだろうか．

（1）　日雇い仕事を求める労働者とそれを雇おうとする側が毎朝集まってくる都市の中の特定の場所（労働力市場あるいは労働力マーケット）のこと．東京の山谷，横浜の寿町，大阪の釜ヶ崎の3地区を三大寄せ場という．
（2）　黒木・的場の章を参照のこと．
（3）　寄せ場の周辺には，日雇い仕事を求める単身労働者が利用するための簡易宿泊施設（簡易宿泊所，民間のホテル）が多数存在するところが多い．ドヤとも呼ばれ，ドヤが集積している場所をドヤ街という．例えば，釜ヶ崎においては，約200のドヤがあり，3畳1室が一般的で，トイレ・浴室はもとより窓のない部屋もある．宿泊費は1泊1,000円～1,500円くらいである（2007年現在）．経済不況により高齢日雇い労働者の多くが日雇い仕事からあぶれ，簡易宿泊施設の宿泊代を支払えなくなり，野宿する者が増えるに

つれ，空き室が多くなってきた。そのため，ホテルからアパートに転用し，生活保護を受給するようになった高齢者の生活の場と変化したところが増えている（水内俊雄の章を参照のこと）。このようなアパートを「福祉アパート」と呼んでいる。さらに「福祉アパート」を改造して，共同リビングや生活相談などのケア体制を備えたものは「サポーティブハウス」と呼ばれている。「サポーティブハウス」は保証金や保証人もいらないようにすることで容易に野宿からアパート生活に移行できるよう工夫されているので，そこを居住場所として生活保護の適用をうけることができた高齢者は1,000人を越えている。「サポーティブハウス」は野宿から高齢者たちを脱出させるために支援者たちが知恵をしぼった「街づくり運動」の一環である。

（4） 社会福祉事業法に規定する第2種社会福祉事業のひとつであり，生計困難者のために無料または低額な料金で診療事業を行う事業をいう。無料または低額の診療事業を行う病院または診療所は，①診療費の減免方法の明示，②医療扶助および無料または診療費の10％以上の減免を受けた者が患者総延べ数の10％以上，③医療ソーシャルワーカーの設置，④定期的に無料の健康相談，保健教育などの実施，などの基準が定められている。

（5） 本稿の「3）釜ヶ崎の高齢日雇い労働者・ホームレスと結核(2)大阪市高齢者特別就労事業従事者健診からみた高齢日雇い労働者の結核問題(a)大阪市高齢者特別就労事業とは」を参照のこと。

（6） 平成15年からは国民健康・栄養調査として健康増進法（平成14年法律103号）に基づき，国民の身体の状況，栄養素など摂取状況，生活習慣の状況を明らかにする目的で実施されている。その前身は栄養改善法に基づいて実施された国民栄養調査である。

（7） Golbergらにより作成された精神健康調査票である。本研究では12項目について尋ねるGHQ12を使用している。使用した調査票を表(A)に示す。詳細は下記の文献参照のこと。

McDowell. claire Newell, Measuring Health: A Guide to Rating Scales and Questionnaires, Oxford University Press, 1987

原著者Golgberg, D. P.，中川泰彬・大坊郁夫『日本版GHQ精神健康調査手引』，日本文化社，1985年

（8） standardized mortality ratio（SMR） 2つの集団における死亡の頻度を比較するとき，性，年齢など，その疾病の頻度に強い影響を与える因子の影響を除外する操作のひとつである。一般に年齢構成が異なる集団間の死亡率を比較するときに用いる。即ち，年齢差による影響を除くために，対象集団の各年齢群が，基準集団と同じ死亡率で死亡したと仮定して計算された死亡数の和と，対象集団で実測された死亡数の和との比を求める。標準化死亡比の計算には，対象集団の単位期間（通常1年間）における総死亡数と年齢別人口がわかればよい。

（9） 表(B)を参照のこと。アルコール依存症のスクリーニングテストのひとつであり，わ

表(A)　GHQ12 精神健康調査票

1. 何かするときいつもより集中して	できた	いつもと変わらなかった	いつもよりできなかった	まったくできなかった
2. 心配ごとがあってよく眠れないようなことは	まったくなかった	あまりなかった	あった	たびたびあった
3. いつもより自分のしていることに生きがいを感じることが	あった	いつもと変わらなかった	なかった	まったくなかった
4. いつもより容易にものごとを決めることが	できた	いつもと変わらなかった	できなかった	まったくできなかった
5. いつもよりストレスを感じたことが	まったくなかった	あまりなかった	あった	たびたびあった
6. 問題を解決できなくてこまったことが	まったくなかった	あまりなかった	あった	たびたびあった
7. いつもより日常生活を楽しく送ることが	できた	いつもと変わらなかった	できなかった	まったくできなかった
8. 問題があった時に積極的に解決しようとすることが	いつもよりできた	いつもと変わらなかった	できなかった	まったくできなかった
9. いつもより気が重くてゆううつになることは	まったくなかった	いつもと変わらなかった	あった	たびたびあった
10. 自信を失ったことは	まったくなかった	あまりなかった	あった	たびたびあった
11. 自分は役に立たない人間だと考えたことは	まったくなかった	あまりなかった	あった	たびたびあった
12. 一般的にみて幸せといつもより感じたことは	たびたびあった	あった	なかった	まったくなかった
生活のストレスや負担感があなたの健康にどの程度，影響を及ぼしていると感じますか	1. 影響なし　2. 少し　3. ある程度　4. かなり　5. 非常に強い			

が国では広く用いられている。これは，飲酒行動や症状を14項目にまとめ，それぞれの肯定回答，否定回答を表(B)示すように，重み付けたものである。表に記されたカテゴリー数量の総合点が2.0以上であれば，アルコール依存症であることが極めて強く疑われる問題飲酒者ということになる。本調査では，以下の判定方法を採用した。

　　総合点が2点以上：極めて問題が多い。重篤問題飲酒群
　　　　2〜0点：問題あり。問題飲酒群
　　　　0〜マイナス5点：まあまあ正常。問題飲酒予備軍
　　　　マイナス5点以下：全く正常。正常飲酒群

表(B) 久里浜式アルコール症スクリーニングテスト (KAST)

最近6カ月の間に次のようなことがありましたか	回答カテゴリー	点数
1. 酒が原因で，大切な人（家庭や友人）との人間関係にひびがはいったことがある。	ある ない	3.7 −1.1
2. せめて今日だけは酒を飲むまいと思っても，つい飲んでしまうことが多い。	あてはまる あてはまらない	3.2 −1.1
3. 周囲の人（家族，友人，上役など）から大酒飲みと非難されたことがある。	ある ない	2.3 −0.8
4. 適量でやめようと思っても，つい酔いつぶれるまで飲んでしまう。	あてはまる あてはまらない	2.2 −0.7
5. 酒を飲んだ翌朝に，前夜のことをところどころ思い出せないことがしばしばある。	あてはまる あてはまらない	2.1 −0.7
6. 休日には，ほとんどいつも朝から酒を飲む。	あてはまる あてはまらない	1.7 −0.4
7. 二日酔いで仕事を休んだり，大事な約束を守らなかったりしたことが時々ある。	あてはまる あてはまらない	1.5 −0.5
8. 糖尿病，肝臓病，または心臓病と診断されたり，その治療を受けたことがある。	ある ない	1.2 −0.2
9. 酒がきれたときに，汗が出たり，手が震えたり，いらいらや不眠など苦しいことがある。	ある ない	0.8 −0.2
10. 商売や仕事上の必要で飲む。	よくある 時々ある めったにない・ない	0.7 0 −0.2
11. 酒を飲まないと寝つけないことが多い。	あてはまる あてはまらない	0.7 −0.1
12. ほとんど毎日3合以上の晩酌（ウイスキーなら1/4本以上，ビールなら大瓶3本以上）をしている。	あてはまる あてはまらない	0.6 −0.1
13. 酒の上の失敗で警察の厄介になったことがある。	ある ない	0.5 0
14. 酔うといつも怒りっぽくなる。	あてはまる あてはまらない	0.1 0

(10)（英 incidence rate）定められた期間（通常は1年を用いる）内に新発生した疾病異常者数の単位人口に対する割合をいう。通常，単位人口として，人口100，人口1,000，人口10万などを用いる。わが国では，結核患者の状況は，毎年，結核発生動向調査を行い，地方結核・感染症情報センターから保健所を通じて報告される新規登録結核患者数，12月末時点の登録者数などの状況をとりまとめる。罹患率は，結核と診断され届けられ

て結核患者として登録された新規登録結核患者数（人口10万あたり）で算出される。

(11) （英prevalence rate）定められた一時点における疾病異常者数の単位人口に対する割合，または一定期間（通常は1年を用いる）におこる疾病異常者数の単位人口に対する割合をいう。通常単位人口として，人口100，人口1,000，人口10万などを用いる。わが国では，結核患者の状況は，毎年，結核発生動向調査を行い，地方結核・感染症情報センターから保健所を通じて報告される，12月末時点における登録患者数のうち，活動性全結核患者数の単位人口（10万）に対する割合を用いる。

(12) 肺結核との関連が深いため，かつては肺結核と分類されたこともあったが，結核菌が血行性に散布されて起こる全身病なので，そのことを強調する意味で肺外結核に分類されるようになった。発熱，倦怠感などの症状をみることが多い。肺病変のみならず，髄膜炎その他の病変を伴うこともある重症結核で，不明熱の原因疾患としても重要である。

(13) （英caseous necrosis）結核に認められる病巣の中心部に生じる壊死（組織の死，すなわち個々の細胞，細胞の集合あるいは身体の一部が非可逆的に障害された状態）のことである。病巣内の凝固壊死物質が病巣に交通する気道（誘導気管支）を通じて排出されると，欠損部位としての空洞が形成される。結核の壊死物質は脂質に富み，一見チーズ状を示すので乾酪壊死と呼ばれる。このような空洞内および壁の乾酪物質には結核菌が多数存在し，内容物が排出されると菌が経気道性に散布して，病巣が拡大するだけでなく，咳によって菌が周囲に散布されて感染が広まる。

(14) 結核菌を体外に排出する状態が継続すること。多剤耐性結核菌（抗結核薬のうち，殺菌作用，滅菌作用の最も強いイソニアジドとリファンピシンの両薬剤に同時に耐性のある結核菌）に感染し，発病した場合などに生じる状態。

(15) 胸部X線写真像において認められる結核菌による病変のうち，すでに治癒したり，すでに治癒して密で硬い組織に変化したものいう。

(16) 結核予防法による結核患者指導区分で1955年から用いている。A，B，C，Dは生活面の指導区分である。（A：要休業，B：要軽業，C：要注意，D：正常生活）1，2，3は医療面の指導区分である。（1：要医療，2：要観察，3：観察不要）

(17) 難染性で，一般染色では染色困難であるが，いったんチールの石炭酸フクシン液などで加温染色して染まると，酸やアルコールで脱色されにくい性質を有する菌のことを抗酸菌という。抗酸菌のうち，代表的な病原性菌種としては結核菌（Mycobacterium tuberculosis）がある。抗酸菌の種類は多く，現在わかっているだけでも20種をこえている。抗酸菌のうち，結核菌に似るがこれとは若干異なるという意味で非定型抗酸菌と呼ばれ，これによって起こる疾患を非定型抗酸菌症と呼ばれた。しかし，非定型抗酸菌症という呼称はややあいまいな術語であることから，非結核性抗酸菌ないし結核以外の抗酸菌と呼ばれるようになった。非定型抗酸菌症による感染症の大部分（97％）は肺感染症である。その他に髄膜炎，リンパ節炎，皮膚潰瘍，全身病変，全身播種などである。

表(C) 結核病学会病型分類

a．病巣の性状
　0．病変が全く認められないもの
　Ⅰ．広汎空洞型
　　　空洞面積の合計が1（後記：b）を超え，肺病変の広がりの合計が一側肺に達するもの
　Ⅱ．非広汎空洞型
　　　空洞を伴う病変があって，上記Ⅰ型に相当しないもの
　Ⅲ．不安定非空洞型
　　　空洞は認められないが，不安定な肺病変があるもの
　Ⅳ．安定非空洞型
　　　安定していると考えられる肺病変のみがあるもの
　Ⅴ．治癒型
　　　治癒所見のあるもの
以上のほかに次の種の病変があるときは特殊型として次の符号を用いて記載する
　H：肺門リンパ節腫脹
　Pl：滲出性肋膜炎
　Op：手術（肺切除，成形術など）のあと
b．病巣の広がり
　1．第2肋骨前端上縁を通る水平線以上の肺野の面積を越えない範囲（一側肺野面積の約1/3以内）
　2．1と3の間
　3．一側肺野面積を越える範囲
c．病側
　r．右側のみに病変のあるもの
　l．右側のみに病変のあるもの
　b．両側に病変のあるもの
d．判定に際しての約束事
　判定に際し，いずれに入れるか迷う場合には，次の原則によって割り切る
　　ⅰ）ⅠかⅡはⅡ，ⅡかⅢはⅢ，ⅢかⅣはⅢ，ⅣかⅤはⅣ
　　ⅱ）病側，広がりの判定は，Ⅰ〜Ⅴ型に分類しうる病変について行い，治癒所見は除外して判定する
　　ⅲ）特殊型については，広がりはなしとする
e．記載の仕方
　　ⅰ）「病側」，「病型」，「広がり」の順に記載する
　　ⅱ）特殊型は「病側」，「病型」を附記する，特殊型のみのときは，その「病側」，「病型」のみを記載する
　　ⅲ）Ⅴ型のみのときは病側，広がりは記載しないでよい

病原性のない非定型抗酸菌もある。
(18) 結核病学会病型分類。表Ⓒに示す。

● 参考文献

逢坂隆子他「大阪市におけるホームレス者の死亡調査」『日本公衆衛生学雑誌』686～696頁（日本公衆衛生学会，2003年）

逢坂隆子「大阪社会医療センター入院患者調査から見える『野宿生活者の生活と健康』特集 ホームレス問題と開業医」『大阪保険医雑誌』41～48頁（大阪府保険医協会，2004年）

逢坂隆子他「ホームレス者の健康・生活実態より健康権を考える―ホームレス者の生活習慣病対策からみた考察―」『社会医学研究』41～50頁（日本社会医学会，2004年）

逢坂隆子「ホームレス者の健康支援―大阪市におけるホームレス結核患者の生と死―」『都市問題研究』18～42頁（都市問題研究会，2005年）

逢坂隆子「不健康都市大阪の処方箋―釜ヶ崎の現場から 特集『それからのホームレス問題』―見えてきた医療と生活の多様な課題」『大阪保険医雑誌』9～15頁（大阪府保険医協会，2006年）

高鳥毛敏雄他「救急搬送要保護入院患者調査からみた保健医療システムの課題の検討」『社会医学研究』1～12頁（日本社会医学会，2004年）

高鳥毛敏雄他「ホームレス者の結核の実態とその対策に関わる研究―結核検診の3年間の実践から―」『結核』19～26頁（日本結核病学会，2007年）

4 ホームレスの死（医療の現場から）

黒木尚長・的場梁次

1）はじめに

　近年，不況や社会構造の変化に伴う雇用の不安定化，福祉制度の適用基準の厳格化などにより，都市部を中心に路上や公園，河川敷などで野宿生活を送る，いわゆるホームレスが増加し，政府および自治体も対策を講じる必要がでてきた。様々な調査研究によりホームレスの生活実態はおおむねわかってきた。その一方で，ホームレスがどれくらい死亡するのかについては，ほとんど調査されることがなかった。ホームレスの死の多くは看取られぬ死であり，変死体，異状死体として，警察へ届け出られる。それらを調査することによりホームレスの予期せぬ死を調査でき，これを実践することにした。体調が悪くなり，ホームレスが救急車などで病院に運ばれ受診した後に入院し，その結果，死亡することも少なくはないが，これらは「ふつうの死」であり，今回の対象からは除外する。

　ホームレスの定義については，国際的には「占有できる住居をもっていない状態にあり，不安定な居住を余儀なくされている人々」としており，ホームレス自立支援センターに入所している者だけではなく，健康を害して入院治療を受けているホームレスも含まれるはずであるが，今回の「ホームレスの死」にはこれらは含まれていない。今回の「ホームレスの死」における，ホームレスとは，本来の定義とは少し異なり，野宿生活者および，簡易宿泊所利用者（以下，簡宿投宿者）だけを対象とし，本稿では，そのうち，異状死体として，警察へ届け出られたものを対象とした。

2）異状死体とホームレス

(1) 異状死体の死因はどのようにして決められるのか
(i) **異状死体の定義**　今回調査対象とした「ホームレスの死」を検討する上で，異状死体の問題は避けて通れない。医師法21条のなかで，「医師は，死体又は妊娠4月以上の死産児を検案して異状があると認めたときは，24時間以内に所轄警察署に届け出なければならない」と規定しており，これが異状死体の根拠となる。しかしながら，明確な定義がないため実際にはしばしば異状死の届け出について混乱が生じている。1994年に日本法医学会が作成した「異状死ガイドライン」には，基本的には，病気になり診療をうけつつ，診断されているその病気で死亡することが「ふつうの死」であり，これ以外は異状死と考えられるとあり，その理念に基づいて具体的なガイドラインが示されている。「ホームレスの死」の多くは，「死因が明らかでない死亡」，もしくは，「外因による死亡」に該当する。異状死体については，まず，所轄警察署の警察官が検視を行い，事件との関わりおよび，犯罪性の有無について検討される。事件の可能性がある場合は，大学の法医学教室で司法解剖が行われることになる。事件の可能性がないと判断された場合，大阪市内と大阪市外で対応が異なる。

(ii) **監察医制度のある大阪市における異状死体の死因決定方法**　戦後より全国的に監察医制度が設置され，現在もこの制度が継続している地域がある。実質上，監察医制度があるのは，大阪市，東京都23区，横浜市，神戸市の4地域に限られている。監察医制度のある地域では，事件の可能性がないと判断された異状死体は，監察医が死体の検案，解剖を行なう。大阪市内では，大阪府監察医事務所の監察医が異状死体の検案を行い，死因が決定できないときは，解剖を行ない，死因を決定する。そこで行なわれる解剖を行政解剖（監察医解剖）と呼ぶ。

(iii) **監察医制度のない大阪府下での異状死体の死因決定方法**　大阪市外で事件の可能性がないと判断された異状死体は，ほとんどの場合，警察医が死体を検案しただけで，死因を記載した死体検案書を作成しなくてはいけない。既往症や死亡状況，警察の捜査情報，死体検案所見などに基づいて，死因を推

定しないといけない。ただし警察の方で，事件性はないけれどもどうしても死因を確認した方がよいと判断した場合は，死亡者の遺族から解剖の承諾を得たうえで大学の法医学教室が中心となり，監察医制度に準じた方法で異状死体の解剖を行なっている（承諾解剖）。

このように，法医解剖には，司法解剖，行政解剖，承諾解剖の3つがあり，監察医制度のある地域の異状死体については，死因の精度が高い。

(2) 大阪府，大阪市，西成区の人口，異状死体に関するデータ

(i) **人口**　平成18年（2006年）10月現在，大阪府の人口は8,822,241人で，大阪市の人口は2,635,420人で，西成区は131,547人であった。平成16年度（2004年）の1年間に，大阪府では65,160人が，大阪市では23,861人が死亡しており，区別では西成区の2,194人が最も多かった。

(ii) **異状死体数**　平成16年に大阪府が取り扱った異状死体は10,481人であり，732人が司法解剖，54人が司法検案となり，137人が承諾解剖，1,020人が行政解剖（監察医解剖）となった。そのうち，大阪市が取り扱った異状死体は4,103人で，うち322人の司法解剖と9人の司法検案が大学法医学教室で行われ，残り3,771人を監察医が死体検案を行い，1,020人が行政解剖（監察医解剖）により死因を決定している。ホームレスが多いとされる西成区では異状死体は529人であり，うち50人が司法解剖となり，残り479人を監察医が死体を検案し，137人について行政解剖が行われている。

(iii) **全死亡数における異状死体の割合と法医解剖で死因決定される割合**

大阪市では全死亡数における異状死体の割合は17.2％であり，異状死体の32.9％が解剖により死因が決定されている。特に西成区では，全死亡数の24.1％が異状死体であり，35.3％が解剖により死因が決定されていた。一方，大阪市外では異状死体は全死亡数の15.4％であり，その9.3％が解剖により死因が決定されていた。これでも大阪市外での司法解剖や承諾解剖は多い方であり，解剖率は監察医制度のない他府県と比べると約3倍高い。

このように大阪市のような都会では，「ふつうの死」は想像以上に少なく，西成ではほぼ4人に1人が，大阪市でもほぼ6人に1人が異状死体であった。死因が不明であればあるほど，解剖により死因が決定される割合が増えており，

西成の35.3%がこれを顕著に示している。大阪市内でも32.9%と高いが，これは監察医制度が存続しているためといえる。監察医制度のない大阪市外では，承諾解剖が積極的に行われているにもかかわらず，9.3%の解剖率にとどまる。大阪市内で監察医が取り扱う死亡事案は3,771人とかなり多く，都会での看取られぬ死を監察医が取り扱うといっても過言でなく，大阪市のホームレスの死亡の多くは監察医が扱う。

3）ホームレスの生活実態

(1) ホームレスの実態に関する全国調査報告書

(i) **ホームレスの実数，年齢，性別，生活拠点**　ホームレスの生活実態については，厚生労働省に関する全国調査報告書（2003.5）から抜粋したものを示す（http://www.mhlw.go.jp/houdou/2003/03/h0326-5.html）。それは同報告書が詳細に調査結果を示しており，また信憑性が高いからである。

都市公園，河川，道路，駅舎その他の施設を故なく起居の場所として日常生活を営んでいる者をホームレスと定義して，平成15年1月〜2月に全市区町村において目視によるホームレスの数の調査を行い，約2,000人を対象に面接による生活実態調査を行ったところ，全国のホームレスの数は25,296人であり，性別が確認された者については，男性96.5%，女性が3.5%であった。都道府県別では，大阪府（7,757人），東京都（6,361人），愛知県（2,121人）の順で，大阪市には6,603人のホームレスが生活していた。平均年齢は55.9歳で，年齢階層は，「55〜59歳」が23.4%，「50〜54歳」が22.0%，「60〜64歳」が20.3%，「65〜69歳」が10.5%の順で多かった。ホームレスが生活している場所は，都市公園が40.8%，河川が23.3%，道路が17.2%，駅舎が5.0%，その他施設が13.7%であり，84.1%は生活している場所が定まっていた。

(ii) **ホームレスとなった生活基盤と背景**　ホームレスになってからの期間は，「1年未満」が30.7%，「1年以上3年未満」が25.6%，「3年以上5年未満」が19.7%。5年未満の者を合計すると全体で76.0%を占め，「5年以上10年未満」が17.3%，「10年以上」が6.7%いた。ホームレスの64.7%が仕事をしており，その主な内訳は「廃品回収」が73.3%で，「建設日雇」が17.0%と続

いた。

　平均的な収入月額は，1万円未満が25.0%，1万円以上3万円未満が35.2%，3万円以上5万円未満が18.9%，5万円以上10万円未満が13.5%，10万円以上が5.3%であった。路上生活に至った理由は，「仕事が減った」が35.6%，「倒産・失業」が32.9%，「病気・けが・高齢で仕事ができなくなった」が18.8%であった。

　（ⅲ）　**ホームレスの定義によって異なるホームレスの数**　　ここで定義されたホームレスは，野宿生活者だけを示しており，われわれが今回定義したホームレスとは異なり，簡易宿泊所利用者は含まれていない。そのため，実際のホームレスの数は，この調査よりもはるかに多いと考えられている。調査方法自体も，ホームレスが行動している日中に行われているものと思われ，実数把握には至っていないのではないかという見解もあり，実態はここで示された数値よりも5割程度多いのではないかと考えられる。これから推測すると，平成15年2月ごろに，6,603名とされた大阪市のホームレスの数は，実際には約1万人のホームレスがいたと推定されている。

4）大阪の「ホームレスの死」

(1)　「ホームレスの死」の実数調査

　大阪府では2000年から2004年の5年間に50,419人の異状死体が届出られ報告されたが，そのなかからホームレス死亡者をピックアップすると1,052人が確認された。男性1,026人，女性26人で，大阪市内が874人（83.2%）と圧倒的に多く，大阪市外は178人にすぎない。年次別には2000年256人（うち女性7人），2001年233人（うち女性6人），2002年182人（うち女性7人），2003年229人（うち女性6人），2004年152人（うち女性0人）と減少傾向がみられた（表4-1）。ホームレス死亡者は，野宿生活者769人（うち女性17人）と簡易宿泊所利用者283人（うち女性9人）に分けられる。平均年齢は57.8±8.9歳であり，男女間にほとんど差はなく，50歳代，60歳代を中心に26歳から87歳まで幅広くみられた。野宿生活者と簡易宿泊所利用者においても年齢に差はなかった（表4-2）。

表4-1 年次別の大阪府におけるホームレス死亡者の分布 (2000-2004)

年	大阪市外—野宿			市内—簡易宿泊所			市内—野宿			大阪市全体			総計
	男性	女性	合計	男性	女性	合計	男性	女性	合計	男性	女性	合計	
2000	30	2	32	70	1	71	149	4	153	219	5	224	256
2001	40		40	56	3	59	131	3	134	187	6	193	233
2002	31		31	49	4	53	95	3	98	144	7	151	182
2003	40		40	61	1	62	122	5	127	183	6	189	229
2004	35		35	38		38	79		79	117		117	152
総計	176	2	178	274	9	283	576	15	591	850	24	874	1052

表4-2 大阪府におけるホームレス死亡者の年齢分布 (2000-2004)

年齢	大阪市外—野宿			市内—簡易宿泊所			市内—野宿			大阪市全体			総計
	男性	女性	合計	男性	女性	合計	男性	女性	合計	男性	女性	合計	
20代	1		1	2	1	3	1		1	3	1	4	5
30代	6		6	12		12	10	1	11	22	1	23	29
40代	18		18	27	1	28	78	2	80	105	3	108	126
50代	86	1	87	100	1	101	230	5	235	330	6	336	423
60代	55		55	98	5	103	201	6	207	299	11	310	365
70代	9	1	10	33	1	34	55	1	56	88	2	90	100
80代	1		1	2		2	1		1	3		3	4
総計	176	2	178	274	9	283	576	15	591	850	24	874	1052

(2) 大阪市，特に西成の「ホームレスの死」の数

(i) 地区別，年次別統計　大阪市では5年間に874人の「ホームレスの死」がみられたが，西成区だけでほぼ半数を占め，野宿生活者160人，簡易宿泊所利用者が276人の計436人であった。簡易宿泊所利用者の死亡は西成区以外では7人にすぎず，うち4人が西成区に隣接する浪速区であった。野宿生活者の「ホームレスの死」(591名) は，西成区160人に次いで，浪速区77人，北区71人，中央区で71人，天王寺区33人，住之江区26人，都島区23人と続いた。大阪市では，年々徐々に減少していた。特に西成区においては，野宿生活者，簡易宿泊所利用者とも減少の一途をたどり，2000年から2004年の5年間でほぼ半減した (表4-3)。なお，大阪市外の「ホームレスの死」は，ほぼ横ばいの状

表 4-3 年次別の大阪市におけるホームレス死亡者の区別分布（2000－2004）

	簡宿 西成	野宿生活者						
		西成	浪速	中央	北	天王寺	住之江	都島
2000	70	42	20	20	21	9	5	4
2001	57	44	17	13	11	12	5	3
2002	53	27	19	11	13	2	7	2
2003	60	28	12	11	21	5	6	11
2004	36	19	9	16	5	5	3	3
総計	276	160	77	71	71	33	26	23

表 4-4 大阪府におけるホームレス死亡者の死亡発見月別分布（2000－2004）

	月	総計	1	2	3	4	5	6	7	8	9	10	11	12
簡宿	市内	283	34	27	22	26	26	21	24	15	19	18	29	22
野宿	市内	591	90	73	65	35	48	38	42	31	32	36	51	50
	市外	178	21	20	17	11	20	9	10	14	12	9	13	22
	合計	769	111	93	82	46	68	47	52	45	44	45	64	72
総計		1052	145	120	104	72	94	68	76	60	63	63	93	94

況であった。

(3) 大阪市の「ホームレスの死」の特徴

(i) **月別統計** 月別死亡者数は，全体では1月をピークとして1月から3月に多く，8月から10月が少ない。野宿生活者でも簡易宿泊所利用者でもその傾向は変わらない。死因が病死の場合も同様であり，特に8月が一番少なかった（表 4-4）。

(ii) **生活拠点別統計** 野宿生活者の生活拠点は，路上，公園，河川敷などである。大阪市内では，路上が58％（343人）と圧倒的に多い。これらは高架下とか，軒下など雨風をしのぐ場所が含まれている。以下，公園23.2％（137人），河川敷8.6％（51人），駅2.5％（15人），駐車場1.4％（8人），あいりんセンター軒下0.8％（5人）と続く。すみかが判明したものとしては，テント19.5％（115人），高架下4.7％（28人），放置車両4.4％（26人），ダンボール4.2％

(25人)，リヤカー2.5%（15人），掘っ立て小屋2.4%（14人），軒下2.2%（13人），ベンチ，橋の下，植え込み，ふとん各1.5%（9人），ダンボール小屋1.4%（8人）と続いた。そのほか，階段下，毛布，愛隣センター軒下，歩道橋下などと多彩であった。

　(iii)　発見場所別統計　発見場所は簡易宿泊所利用者283人のうち，250人（88.3%）は簡易宿泊所内であり，自室が233人，共同トイレは9人で，ほかには，屋上，階段，炊事場，風呂，洗面所などであった。簡易宿泊所以外では，簡宿周囲の路上が24人（8.5%）あったが，いずれも簡易宿泊所内の高所からの飛び降り，もしくは転落であった。そのほかは，銭湯，病院内・警察署内のトイレ，駐車場，公園，知人宅などであった。

　野宿生活者では，路上314人（53.1%）が圧倒的に多い。これらは，高架下とか，軒下など雨風をしのぐ場所での生活や，路上での，廃車，リヤカー，テントでの居住が含まれている。以下，公園131人（22.2%），河川敷50人（8.5%），駅16人（2.7%），川などの水中，駐車場各11人（1.9%），マンション8人，空き地・あいりんセンター各7人という順位であった。いずれも発見された場所は，生活拠点と一致した。

　(iv)　救急搬送別統計　「ホームレスの死」のなかで，医療機関に救急搬送されたのは，20.3%（176人）であった。簡易宿泊所利用者では11.3%（32人）が病院へ救急搬送された。一方，野宿生活者では，24.4%（144人）が病院へ搬送された。発見場所ごとの救急搬送率は，路上が31.5%（99人）と一番高く，駐車場18.2%（11人），公園15.3%（20人），駅31.3%（5人），河川敷10%（5人）の順であり，人通りの多いところほど，救急搬送率が高い。大阪市外と比

表4-5　大阪府におけるホームレス死亡者の年次別救急搬送率

地	野宿・簡宿	2000	2001	2002	2003	2004	総計
市外	野宿	18.8%	7.5%	12.9%	20.0%	20.0%	15.7%
市内	簡宿	9.9%	5.1%	9.4%	17.7%	15.8%	11.3%
	野宿	24.8%	23.1%	28.6%	21.3%	25.3%	24.4%
市内	全体	20.1%	17.6%	21.9%	20.1%	22.2%	20.1%
大阪府全体		19.9%	15.9%	20.3%	20.1%	21.7%	19.4%

べると，明らかに救急搬送率は高い。年次別の救急搬送率はこの5年間に徐々に上昇しており，特に簡易宿泊所利用者で急増している（表4-5）。

(4) 大阪府の「ホームレスの死」の原因

(i) **法医解剖による死因の決定**　全体で46.9％が法医解剖により死因が決定されているが，前述したように法医解剖となるシステムが大阪市内と大阪市外では異なる。大阪市内では，簡易宿泊所利用者では36％が，野宿生活者では60.3％が法医解剖により死因が決定されたが，大阪市外では野宿生活者の19.7％の解剖率にとどまった。

(ii) **死因不明な「ホームレスの死」**　発見時，死後変化が高度のため死因が決定できなかったのが3.5％（37人）あった。一般に，ホームレスが死亡後長期間を経て発見された場合，腐敗性変化などの晩期死体現象により，腐乱死体，ミイラ化，白骨化などが見られることがある。野宿生活者では，9人の腐乱死体，14人の白骨化死体，6人のミイラ化死体が発見された。その比率は大阪市外で6.2％（11人）と大阪市内の3.0％（18人）より高く，市外では発見されにくいことを示す。一方，簡宿投宿者では，2.8％（8人）にすぎず，すべて腐乱死体にとどまっていた。

(iii) **「ホームレスの死」の大まかな死因**　死亡の種類は，病死が69.3％を占め，自殺11.6％，他殺2.9％，自己過失（不慮の事故）10.2％，不詳の外因死4.1％，不詳1.9％であった。野宿生活者における死亡の種類の分布は，大阪市内と大阪市外でほとんど差はなく，病死が69.1％，自殺7.0％，他殺3.8％，自己過失（不慮の事故）12.6％，不詳の外因死4.9％，不詳2.6％であった。野宿生活者では，凍死9.5％（73人），飢餓死4.4％（34人）と多く見られた。

大阪市にしかいない簡易宿泊所利用者（283人）では，病死70％，自殺24％，自己過失3.5％，不詳の外因死1.8％，他殺が0.7％であり，自殺が多いという特徴がみられた。

(iv) **「ホームレスの死」の年次別死因**　年次別の死亡の種類を調査したところ，簡易宿泊所利用者では，この5年間に自殺の比率が漸増し，2000年の21.1％から，2004年では34.2％にまで上昇している。一方，野宿生活者においては，大阪市内，大阪市外とも年ごとのばらつきが大きく，増加とも減少とも

いえない。しかしながら，西成区では，野宿生活者の自殺率も2000年の2.4%から，2004年の10.5%にまで増加した。このことは，西成区の「ホームレスの死」において自殺の占める割合が漸増していることを示す。なお，自殺だけではなく他殺も増え，2000年の0％から，2004年の10.5％まで漸増していた。一方，「ホームレスの死」自体は西成区では5年間に半減しており，ホームレスの病死の減少が相対的に自殺や他殺の比率をあげた可能性もあり，一概に論ずることはできないが，自殺や他殺の漸増傾向は西成におけるさまざまなストレス要因の増加を反映している可能性がある。自殺や他殺の背景となる，なんらかのストレスの軽減対策が必要であるように思われる。

5）大阪府監察医事務所のデータから「ホームレスの死」を分析する

(1) 大阪市の「ホームレスの死」の調査分析

(i) 「ホームレスの死」の調査対象　2000年から2004年までの5年間に，大阪市における「ホームレスの死」は874人であったが，司法解剖もしくは司法検案とならずに，大阪府監察医事務所が扱った症例は，793人（90.7%）であった。これらは監察医が死体検案を行い，死因が不明であると判断した場合は，監察医が行政解剖（監察医解剖）を行い，死因を決定したものである。解剖例は，男性396例，女性16例であり，解剖率は男性51％，女性73％と高く，死因の正確度は相当高い。うち野宿生活者は，男性304例，女性13例，簡易宿泊所利用者は，男性92例，女性3例であった。

(ii) 「ホームレスの死」の分析方法　監察医が解剖を行った事例について，詳細な死因や，解剖所見について，年齢分布を一致させた「ホームレスの死」以外の死亡例（以下，コントロール群とする）と男女別に比較して検討した。解剖所見については，肥満，るいそうの指標としての Body Mass Index（以下 BMI）[1]，心臓重量を用いた心臓肥大の程度（以下，心肥大度）[2]，アテローム変性による冠動脈の狭窄の程度（冠動脈狭窄度）[3]を計算した上で検討した。

(2) 大阪市の「ホームレスの死」の死亡原因

(i) 監察医症例における「ホームレスの死」の死亡原因 「死因の種類」の分布をみたところ，圧倒的に病死が多く，67％を占め，次に自殺が13％，その他不慮の外因死が11％と続いた。年齢層別には，年齢の増加に伴い病死の比率が増加傾向にあり，自殺の比率が減少傾向にあった。ホームレス群，コントロール群とも病死が大半を占めたが，ホームレス群で若干病死が多かった。男性では野宿生活者と簡宿投宿者に差はなく，ともに病死が67％であった（図4-1）。コントロール群では，自殺は男女とも27％程度であったが，ホームレス群では男性13％，女性9％と比較的少なかった。簡宿投宿者では男性23％，女性14％であった。そのほかでは，不慮の外因死（その他）がコントロール群と比

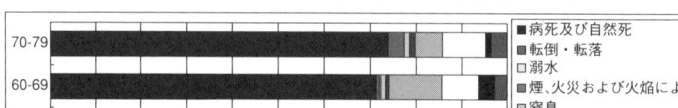

図4-1 ホームレス死亡者の年齢別「死因の種類」の分布

表4-6 ホームレス群（簡宿投宿者，野宿生活者）およびコントロール群の「死因の種類」別分布

		病死及び自然死	交通事故	転倒・転落	溺水	煙，火災および火焔による障害	窒息	中毒	その他不慮の外因死	自殺	他殺	その他及び不詳の外因	不詳の死	総計
男性	ホームレス群	67.3%	0.0%	0.9%	0.5%	0.1%	0.8%	0.9%	10.6%	13.1%	0.1%	2.6%	3.0%	771
	簡宿投宿者	67.3%	0.0%	1.1%	0.0%	0.0%	0.4%	0.4%	2.3%	22.8%	0.4%	2.3%	3.0%	263
	野宿生活者	67.3%	0.0%	0.8%	0.8%	0.2%	1.0%	1.2%	15.0%	8.1%	0.0%	2.8%	3.0%	508
	コントロール群	61.8%	0.2%	1.3%	1.0%	0.0%	0.7%	0.4%	0.9%	26.6%	0.0%	4.4%	2.9%	6960
女性	ホームレス群	63.6%	0.0%	0.0%	0.0%	0.0%	0.0%	0.0%	18.2%	9.1%	0.0%	4.5%	4.5%	22
	簡宿投宿者	71.4%	0.0%	0.0%	0.0%	0.0%	0.0%	0.0%	0.0%	14.3%	0.0%	0.0%	14.3%	7
	野宿生活者	60.0%	0.0%	0.0%	0.0%	0.0%	0.0%	0.0%	26.7%	6.7%	0.0%	6.7%	0.0%	15
	コントロール群	62.5%	0.1%	0.8%	1.3%	0.0%	1.3%	0.8%	0.8%	26.5%	0.0%	4.4%	1.6%	1307

べ，野宿生活者で高く，男性では15%，女性では27%にみられ，その多くは凍死や低栄養（栄養障害）であった（表4-6）。

(ii) 「ホームレスの死」の病死　病死例における死因の分布を検討した。コントロール群の死因の分布は，通常の突然死，予期せぬ死亡が該当するが，男性では心疾患が48%，脳血管疾患が10%などの循環器疾患で60%を占め，肝疾患が13%と続く。女性では心疾患が49%，脳血管疾患が14%などの循環器疾患が68%を占め，悪性新生物，肝疾患が各6%みられた。一方，ホームレス群の死因は，男性では，心疾患33%，脳血管疾患11%など循環器疾患は45%で，肝疾患14%，肺炎12%，肺結核8%，胃潰瘍などの消化器疾患6%と続いた。肺炎，肺結核による死亡は，野宿生活者では，それぞれ14%，9%とより高率でみられ，心疾患，肝疾患については，簡易宿泊所利用者で39%，20%とより高率であった。女性では例数が少ないが，簡易宿泊所利用者では，心疾患や脳血管疾患などの循環器疾患が多くみられ，野宿生活者では，肺炎，肺結核，栄養失調などが多くみられた。

(3) 大阪市の「ホームレスの死」の死亡原因
(i) 死因のカテゴリー別分類　ホームレスに特徴的な死因を抽出するために，死因を14カテゴリーに分類した。病死として，循環器疾患を，心疾患・脳血管疾患・他の循環器疾患の3つとし，そのほか，野宿生活者に特徴的な肺炎・肺結核，その他に肝疾患と胃潰瘍などの「他の消化器疾患」を取り上げ，残りの死因が決定された病死を「その他の疾患」とした。栄養障害については，その原因を考えた場合，病死だけに限らず不慮の事故ともいえるので，それらをあわせて「栄養障害」とした。不慮の事故として，野宿生活者によくみられる，凍死，熱中症，アルコール中毒をとりあげ，残りを「他の外因死」とした。死因が不詳のものについては，外因死であっても病死に分類されていても「不詳」とした。この分類方法により，ホームレスの死因を特徴づけることができた。

(ii) ホームレスの男女別死亡原因　ホームレスの死因は男性では病死が67%を占めた。心疾患22%，脳血管疾患7%，他の循環器疾患1.2%と循環器疾患による死亡は30%にすぎず，肺炎7.8%，肺結核5.3%など呼吸器感染症は

表 4-7 ホームレス群（簡宿投宿者，野宿生活者）およびコントロール群の14カテゴリーによる死因

		心疾患	脳血管疾患	他の循環器疾患	肺炎	肺結核	肝疾患	他の消化器疾患	その他の疾患	栄養障害	凍死	熱中症	アルコール中毒	他の外因死	不詳	総計
男性	ホームレス群	21.9%	7.1%	1.2%	7.8%	5.3%	9.2%	4.2%	6.6%	5.1%	8.4%	0.5%	0.8%	18.2%	3.8%	771
	簡宿投宿者	26.2%	5.7%	1.1%	4.9%	4.2%	13.3%	2.7%	6.1%	2.3%	1.1%	0.4%	0.4%	27.0%	4.6%	263
	野宿生活者	19.7%	7.9%	1.2%	9.3%	5.9%	7.1%	4.9%	6.9%	6.5%	12.2%	0.6%	1.0%	13.6%	3.3%	508
	コントロール群	29.9%	6.4%	1.5%	2.9%	1.4%	7.9%	1.7%	8.0%	1.3%	0.4%	0.2%	0.3%	34.4%	4.0%	6,960
女性	ホームレス群	22.7%	4.5%	4.5%	9.1%	4.5%	9.1%		4.5%	4.5%	18.2%			13.6%	4.5%	22
	簡宿投宿者	42.9%	14.3%	0.0%	0.0%	0.0%	0.0%	0.0%	14.3%	0.0%	0.0%			14.3%	14.3%	7
	野宿生活者	13.3%	0.0%	6.7%	13.3%	6.7%	13.3%	0.0%	0.0%	6.7%	26.7%	0.0%	0.0%	13.3%	0.0%	15
	コントロール群	30.9%	9.1%	2.4%	3.0%	0.5%	3.5%	1.5%	9.8%	1.4%	0.5%	0.1%	0.0%	34.6%	2.2%	1,307

13%であった。以下，肝疾患9.2%，胃潰瘍などの消化器疾患4.2%，その他の疾患6.6%と続いた。ホームレスでよくみられる栄養障害は5.1%あり，凍死8.4%，アルコール中毒は0.8%，熱中症は0.5%あった。自殺は13%，他の外因死は5.1%，死因不詳が3.8%にみられた。女性では22例と例数が少ないものの，死因の分布としては，凍死が若干多い以外には，男性と同様の傾向がみられた（表4-7）。

　(iii) **コントロール群と比べたホームレスの死亡原因**　ホームレスの死因を，ホームレスでない監察医取扱症例（コントロール群）の死因と比較したところ，ホームレスでは，病死のうち，肺炎，肺結核が明らかに多くみられた。外因死では，栄養障害，凍死，熱中症，アルコール中毒が明らかに増加していた（表4-7）。

　男女別に年齢層別に比較すると死因の特徴がよくわかる。ホームレスでない監察医取扱症例（コントロール群）は，いわゆる突然死，予期せぬ死亡を代表するデータであり，加齢にともない一定の比率で，男女とも心疾患，脳血管疾患などが漸増し，外因死は漸減している。一方，ホームレス群では，男性ではおおむねコントロール群と同様の死亡原因がみられ，年齢とともに心疾患が漸増し，他の外因死が漸減傾向にあった。ホームレス群では30歳代から50歳代にかけて肝疾患が多く目立ったが，それ以外に年齢との関連はほとんどみられなかった。女性の場合はホームレスの死亡者数自体が少ないので年齢層別の死因について言及できなかった（図4-2）。

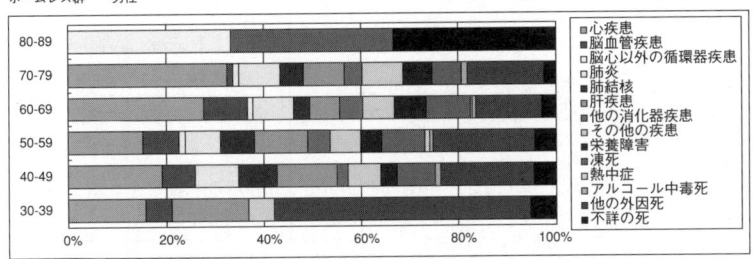

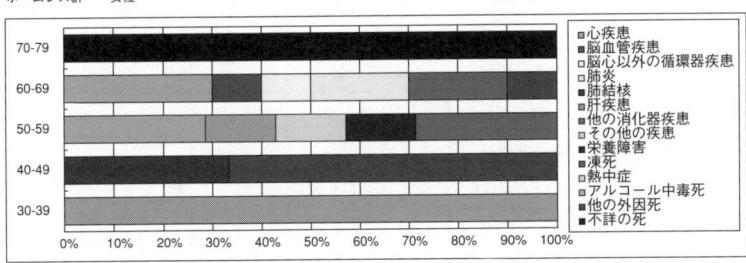

4 ホームレスの死（医療の現場から）[黒木尚長・的場梁次]　129

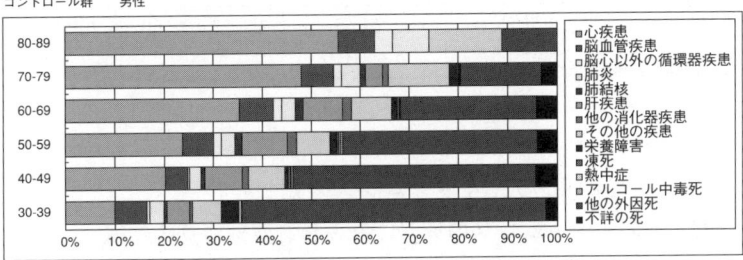

図4-2　コントロール群とホームレス群の年齢層別の14カテゴリーによる死因

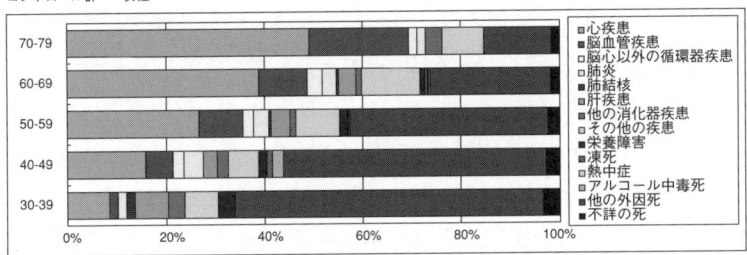

表 4-8 ホームレスの有無，男女別の年齢，身長，体重，BMI，皮下脂肪厚，心重量，心肥大度，冠動脈狭窄度

	ホームレス群 男性	非ホームレス群 男性	ホームレス群 女性	非ホームレス群 女性
年齢　歳	58.32±8.81 n＝771	58.62±8.90 n＝6,960	57.59±9.27 n＝22	58.03±9.47 n＝1,307
身長　cm	161.63±6.73 n＝318	163.99±6.75 n＝1,632	150.50±5.02 n＝14	152.24±8.46 n＝313
体重　kg	52.18±11.20 n＝324	60.50±13.89 n＝1,696	48.01±15.71 n＝15	52.45±12.31 n＝321
BMI　kg/m²	19.96±3.89 n＝314	22.49±4.71 n＝1,606	21.12±7.51 n＝14	23.03±10.23 n＝310
皮下脂肪厚　cm	1.59±1.00 n＝313	2.24±1.30 n＝1,592	2.49±1.57 n＝15	2.91±1.47 n＝313
心重量　g	375.7±101.6 n＝332	404.1±116.0 n＝1,748	359.9±149.8 n＝16	348.5±97.8 n＝341
心肥大度　%	18.46±33.71 n＝313	15.67±29.56 n＝1,600	36.82±35.60 n＝14	26.90±39.25 n＝310
冠動脈狭窄度　%	34.06±35.06 n＝160	40.22±36.45 n＝1,037	27.27±32.59 n＝11	29.73±34.31 n＝201

(4) 解剖所見からみた，「ホームレスの死」の特徴

(i) 男女別の「ホームレスの死」にみられる解剖所見の特徴　解剖所見と前述した14分類された死因との関連について，年齢，身長，体重，BMI，皮下脂肪の厚さ，心重量，心肥大度，冠動脈狭窄度について検討した。

　ホームレス群とコントロール群を比較すると，男女とも同様の傾向がみられた。男性ではホームレス群が，コントロール群と比べ，身長が2 cmほど低く，体重が8.3 kgほど少なく，BMIも2.5ほど低く，皮下脂肪厚も6.4 mmほど薄かった。栄養状態が悪さを反映している。心重量も29 gほど少なかったが，心肥大度は3％ほど高く，冠動脈狭窄度は6％程度低かった（表4-8）。心臓の大きさ，心肥大度についてまでは言及することはできないが，このことは，栄養状態が悪い分，動脈硬化の進行も比較的遅く，冠動脈の内径が保たれ狭くなって

いないことを示している．女性でも，ホームレス群では，身長の低下，体重減少，BMIの減少，皮下脂肪厚の減少がみられたが，心重量と心肥大度は若干増加し，冠動脈狭窄は軽減しており，男性と類似した傾向であった．

(ii) 「ホームレスの死」にみられる解剖所見から見た死因別の特徴　ホームレス群で死因別にBMIを検討したところ，栄養障害（14.9±3.7），肺結核（16.7±4.0），その他の疾患（18.1±3.6），凍死（18.1±3.6），肺炎（18.6±3.5）の順にBMIが低下していた．栄養状態の悪化が死に結びつくことはよく知られた事実で，単なる栄養障害（低栄養，餓死）や肺結核でBMIが低いのは当然であるが，凍死においても栄養障害が強く影響していることがわかった．また，肺炎についても，栄養障害が影響すると考えられたが，心肥大度が23％と予想以上に高く，心疾患に基づく心不全などが肺炎の発症や悪化に影響しているように思われた．その傾向はコントロール群でも同様であった．

一方，BMIが比較的高い群として，循環器疾患による死亡（心疾患［21.2］，脳血管疾患［21.2］，その他の循環器疾患［22.2］），肝疾患［22.3］，アルコール中毒死［22.5］，他の外因死［22.1］が該当した．循環器疾患による死亡例では，BMIが21〜23程度と正常範囲であったが，コントロール群と比べ，BMIが若干低下していた．冠動脈狭窄度はほぼ同じであったが，心肥大度が26％〜40％と上回り，高血圧や心疾患などのより急死しやすい背景があったと考えられるが，実際に治療を受けているホームレスは少なく，死亡状況を調査しても既往症については，ほとんど明らかにならなかった．

(5) 病理組織検査からみた，疾病により死亡したホームレスの潜在疾患

(i) 病理組織検査による潜在疾患の検索方法　ホームレスの死因を決定するためには，解剖後に，多くの検査を必要とすることも少なくない．解剖だけで死因が決定できない症例では，アルコール検査，薬毒物検査，病理組織検査などを行った上で死因を決定している．前述した監察医症例の中で，2000年に病死で死亡したホームレス29症例を無作為に抽出し，新たに病理組織学的検査を行い，潜在している病変などについて検討した．対象29症例の平均年齢は59.1歳で，死因は，再発性心筋梗塞6例，肺炎4例，脳梗塞3例，肺結核3例，

悪性新生物2例，急性心筋梗塞2例，大動脈解離2例などであった。

 (ii) **疾病で死亡したホームレスの心臓の病理組織所見** 心臓におけるアテローム変性による冠動脈硬化の狭窄度は，10％刻みで分類したところ，70％2例，60％1例，50％2例，40％2例，30％5例，20％9例で平均29％の狭窄度であった。次に，心筋内の冠動脈細動脈の狭窄度は，10％刻みで分類したところ，80％1例，70％5例，60％7例，50％7例，40％3例，30％3例，20％1例と平均53％の狭窄度であった。心筋内にみられた心筋線維化の程度は，線維化の一番強い部分を評価し，(−)，(±)，(＋)，(＋＋)，(＋＋＋)に分類したところ，(−) 0例，(±) 2例，(＋) 6例，(＋＋) 13例，(＋＋＋) 7例であった。その他，心筋内出血が1例，心筋壊死像が1例にみられた。このように死因とは直接関わりがなくても，27例中20例（71％）で冠動脈細動脈が50％以上狭窄しており，比較的強い心筋の線維化がみられた。

 (iii) **疾病で死亡したホームレスの病理組織所見** 肺において，肺胞内における心不全細胞の数は，(−) 2例，(±) 1例，(＋) 5例，(＋＋) 12例，(＋＋＋) 4例であった。また，肺胞内の好中球浸潤は，(−) 22例，(＋＋) 2例，(＋＋＋) 2例であった。肺結核病変で乾酪壊死，ラングハンス巨細胞がみられたものが1例，肺胞内出血がみられたものが1例あった。

 肝臓の線維化は，(−) 14例，(±) 7例，(＋) 3例，(＋＋) 2例，(＋＋＋) 2例であり，肝臓の脂肪変性は，(−) 8例，(±) 9例，(＋) 2例，(＋＋) 5例，(＋＋＋) 3例であった。その他，出血性肝壊死が2例に見られ，急性肝炎像が1例，糖尿病性の肝細胞内空胞が1例にみられた。膵臓の線維化の程度は，(−) 5例，(±) 1例，(＋) 9例，(＋＋) 5例，(＋＋＋) 3例であり，1例に急性膵炎像を認めた。

 腎臓においては，動脈硬化による糸球体の消失像は，ほぼ全例でみられた。
 脳においては，部分的に脳梗塞像を認められたものが3例あった。
 これらの所見より，肺胞内にやや高度から高度の心不全細胞が24例中16例（67％）にみられ，肝硬変などにみられる肝臓の線維化が28例中7例（25％）に，膵臓のやや高度の線維化が23例中8例（35％）にみられており，想像以上の動脈硬化，特に細動脈の硬化がみられていることが確認された。膵臓の機能不全に基づく糖尿病状態が影響している可能性もあると考えられた。

7）おわりに

　今回，「ホームレスの死」を疫学的に検討してきたが，「ホームレスの死」を掌握することは，ホームレス対策が進んでいるか否かのバロメーターになり重要な研究であることがあらためてわかった。

　2002年にホームレスの自立の支援等に関する特別措置法が施行されるなど，民間および自治体により，ホームレスを支援して少しでも減らす努力が行われてきた結果なのか，西成区では，野宿生活者の死亡数がほぼ5年間に半減し，簡易宿泊所利用者の死亡数も同様に半減してきた。そもそも，簡易宿泊所利用者は野宿生活者の予備軍とされ，簡易宿泊所に利用する野宿生活者は，雨風をしのぐために，泊まれるだけの所持金があるときによく利用するとされる。特に路上生活者では，ある程度の収入が得られた場合は，簡易宿泊所に泊まることが多いという。また，体調の悪い時には，なんとかして，簡易宿泊所で寝泊まりするという。つまり，野宿生活者と簡易宿泊所利用者をホームレスとしてまとめるのは意味があるといえる。

　簡易宿泊所利用者における自殺の比率が高いことは，単に，死に場所を簡易宿泊所に求めているだけのようにも思われるが，自殺に至る背景もそれなりにあると考えられる。ホームレスの自殺を減らすためには，充分な面接ができる環境と，自殺予防のためのカウンセリングやメンタルケアが必要であろう。簡易宿泊所を拠点とした施策が効果的であると考える。

　死亡者の発生は1～3月に多く，8月～10月に少なかったが，これは，監察医が取り扱う内因性急死の傾向とほとんど変わらず，温度環境の影響を強く受けているといえる。野宿生活者においては，凍死が9.5％（73名），飢餓死が4.4％（34名）を占め，劣悪な栄養状態や生活環境が背景にあることはいうまでもないが，凍死であっても栄養状態が悪い事実などを考えると，劣悪な栄養状態を改善することは，ホームレスの命を救うことにつながるはずである。

　また，病理組織検査により潜在疾患を検討したところ，ホームレスの健康状態は予想以上に悪く，虚血性心疾患を患っている者が多い。その中で，栄養状態が悪く，寒冷の環境下で生活していれば，急死してもおかしくない。「ホームレスの死」を減らすためには，基本的には，栄養対策，寒冷の環境対策，体

調の悪い者を速やかに医療施設に収容するシステムが必要と考えられる。死因の中に，肺炎や肺結核などの感染症，栄養障害，凍死，自殺といった，予防可能な死がかなり多く含まれており，充分な対策をとれば，避けることのできる死も相当多いように思われる。

(1) 肥満，るいそうの指標として，Body Mass Index（BMI）を使用した。BMIは×体重［kg］／（身長［m］)^{2}により計算され，一般臨床においては多用されている指標である。WHO（世界保健機構）ではBMI30以上を肥満とし，BMI25～30を過体重，18.5～25を普通体重，18.5未満を低体重としており，標準体重を22と判定している。

(2) 心肥大度の評価を行う上で，一杉による標準心重量計算法を使用した。正常心重量は体表面積（BSA）に相関し，男性：正常心重量［g］＝168.20×(BSA)$^{1.44}$，女性：正常心重量［g］＝161.97×(BSA［m^2］)$^{1.37}$で計算し（一杉らの方法），心肥大度を算出した[1]。体表面積（BSA）は，BSA［m^2］＝0.007184×(体重［kg］)$^{0.425}$×(身長［cm］)$^{0.725}$によって算出した。心肥大度は，(心重量／正常心重量－1)×100で計算し，パーセントで表した。今回算出した心肥大度は標準値が0％となる。心肥大度10％は，標準より10％程度心臓重量が重いことを示す。

(3) 冠動脈狭窄度は，冠動脈の主たる分枝である，左主幹部，左前下行枝，左回旋枝，右冠状動脈それぞれにおいて最大の狭窄度をパーセントで表し，その4分枝のうち，最大値を冠動脈狭窄度とした。

● 参考文献

Hitosugi M, Takatsu A, Kinugasa Y.「Estimation of normal heart weight in Japanese subjects: Development of a simplified normal heart weight scale」『Legal Medicine』1巻80-85頁，1999年

逢坂隆子，坂井芳夫，黒田研二，的場梁次．「大阪市におけるホームレス者の死亡調査」『日本公衆衛生学会雑誌』50巻8号，686-96頁，2003年

厚生労働省『ホームレスの実態に関する全国調査報告書』，2003年 http://www.mhlw.go.jp/houdou/2003/03/h0326-5.html

大阪府立大学社会福祉学部 都市福祉研究会『大阪府野宿生活者実態調査報告書』2002年

第Ⅱ部

ホームレス対策と法制度

炊き出し風景（三角公園）

5 ホームレス処遇の歴史と制度

桑原　洋子

　釜ヶ崎は江戸時代からの貧困街であった長町が大阪市の膨張とともに南部に移動して生まれたもので、行政上は愛隣地区と呼ばれている。1950年代後半以降、浮浪者が徐々に釜ヶ崎に集まりスラム地区を形成していった[1]。政権の転換期や戦禍に際しては常に、故郷を捨てて流浪を余儀なくされる者が大量に出現する。そしてそれは座視し得ない貧窮者の集団を形成する。ホームレスはそうした負の歴史を背負う者として現存するのである。

　現在、釜ヶ崎とは、西成区萩の茶屋1丁目、山王町2丁目、太子1丁目・2丁目をいう。この場所は遊興の街である新世界と公娼制度が実施されていた飛田遊廓に挟まれた所に位置する地域である。

　ホームレス支援法は「ホームレスとは都市公園、河川、道路、駅舎その他の施設を故なく起居の場所とし、日常生活を営んでいる者をいう」(同法2条)と規定しているが、「ホームレス」という文言が社会的に普遍化していったのは1970年代に入ってからである。それ以前は、行旅者・無宿者・野宿者・浮浪者などと呼ばれていた。

1）ホームレス処遇の沿革

　定住の場所を持たないホームレスは前近代から絶えることなく存在し、それは常に大きな社会問題となっていた。それ故に執政者は已むなくその対応に取り組まざるを得なかったのである。賢者は過去から学ぶといわれているが、律令国家の時代から実施されてきたホームレスに対する施策の足跡をたどることは、今後の対策の指針ともなるものと考え、その処遇の沿革について述べる[2]。

(1) 古代律令国家におけるホームレスの公的保護

わが国においてホームレスは古代律令国家の時代から存在した。行旅窮民，行旅病人，行旅死亡人等がそれである。執政者はそれに対して特別な施策を講じなければならなかった。それはその数が多かったからである。当時は，野宿者や行き倒れになった病人を穢れ者として忌み嫌い，山野に遺棄する風習があった。これを禁止し，行旅病人の療養保護に関して，その救護の責任を被救護者所在地の郡司（町村長）に負わせたのが養老令（養老2〈718〉年制定）戸令の行旅病人及行旅死亡人保護救済規定である[3]。執政者は同条の実施について度たび詔を発してその励行に努めた。元明天皇の和銅5(712)年1月6日の詔は，国司[4]に対して行旅窮民の救済，行旅死亡人の取扱について具体的に指示している[5]。これは当時行旅病人・行旅死亡人がいかに多かったかを物語るものである。また孝謙天皇の天平宝字元(757)年には，行旅病者・行旅死亡者を放置する官人（公務員）には，これに違勅（天皇の命令に反すること）の罪を科することを布令した[6]。

このように，当時から，ホームレスを保護する制度は構築されてはいたが，現実の公的対応には限界があり，多くの行旅病人・行旅死亡人は放置されていた[7]。つまり見捨てられていたのである。

この期においては，律令制度による公的保護ではないが，僧の行基[8]等によって行旅者の宿泊施設である布施屋[9]が創設された。当時運却夫や役民がその役務を果す途中で病にたおれ，路銀を使い果たすことが多かった。こうした行路困窮者の救済・療養・死者の埋葬を行う必要があったのである[10]。これは現在のボランティア活動の肇めともいえよう。

(2) 前期封建国家におけるホームレスの公的保護

この期においては「村落共同体から放出され，そこに再び還り立つことの困難となった人々の存在を推定することができる」「絶えることのない浮浪者・乞食の群の出現は……ここにあったとみなくてはならない」[11]のである。このようにして笛木俊一のいう「故郷と庇護者」を失った者がホームレスとなり，これに災害により家を失った者が加わって膨大な数になっていったのである。

地震・津波・風水害，大火等，災害の多い国である日本を統治するに当たり，

その対応に関する見通しを持たないままに、武家の棟梁が施政者となったのが源頼朝である。

この時から始まる前期封建国家の時代を通じて、源平の争乱による国土の荒廃、地震・津波・暴風雨・洪水・旱魃（干ばつ）・大火等の自然災害が頻発した。文治元(1185)年、京洛の大地震があり、京に居住する者の民家の多くが倒壊した。倒壊した家屋の下敷となり多数の圧死者が出、日用品・食糧（料）・衣類・寝具等が失われた[12]。家を失い、浪民（ホームレス）となった者が暴動を起こすことをおそれた幕府は、翌文治2(1186)年、火災により住居と職を失った窮民に、1人あたり米1斗を給与する旨を布達した[13]。つまり米の現物給付によりホームレスによる社会秩序の紊乱を抑えたのである。正治2(1200)年の風水害では多数の餓死者が出、また借米等が返済できないため居住地から逃亡しホームレスとなってゆく者が続出した[14]。

承久元(1219)年、三代将軍源実朝は暗殺され、北条氏が事実上政権を握った。その2年後、承久3(1221)年、頼朝追善法要の沙汰として、幕府は窮民1,000人に銭10疋（布2反に相当する）を施行（金銭物品の給付）している[15]。つまり、定住の場を持たず物乞いで糊口をしのぐ者に給付を行なうことで、一部の貧窮者の不満を抑え政権の安定を図ったのである。

寛喜2(1230)年の美濃国の大雪、寛喜3(1231)年の鎌倉の大火、京の町の暴風雨による家屋の損壊等により窮民は天下の三分の一に及んだ[16]。こうした状況下で執権となった北条泰時には、災害により窮民となった者とくに家を失った窮民が暴徒となって、治安を維持することができなくなるまえに救助対策を行う必要があった。このため一時的救助が無作為に行われた[17]。

北条泰時が執権であった時期には、京の大火・暴風雨・洪水、鎌倉の大火・洪水により乞食・浮浪者等、いわゆるホームレスが続出した。これに対応する財源をもたない幕府は、それらの困窮者を出生地に帰し農業に従事させるよう勧告した[18]。しかし地方も暴風雨で農作物に多大の被害が生じていたため、都から帰郷したホームレスは住居と職を失って再びホームレスとなっていった。

鎌倉幕府は、民衆を従来の住居に定着させるため税の減免を行い、また弘長元(1261)年2月20日には、「病者、孤児、屍(しかばね)路上放棄禁止ノ件」[19]が出され、これに違反した者には刑罰が科されることが布令された。財源を持たぬ幕府に

は刑罰による取り締まり以外にはなす術(すべ)がなかったのである。

　室町時代に入り京の町に集まってきた乞食・浮浪者・無宿者が餓死するのをくい止めるため，将軍足利義満は応永28（1421）年，地方大名に京の五条河原町に御救小屋を設立するよう布令した[20]。地方公共団体の財源でホームレスの収容保護を行ったのである[21]。

　この時代には公的救済ではないが，叡尊・忍性等の仏教者が篤志家として執政者の救済から漏れた者に対応していた。また「幕府独自の立場で対応するのではなく，諸大名，有力寺院等に具体的施策を命ずるところにその救済施策の特徴」[22]があった。

　「地方公共団体」と「民間活力」に困窮者の救済を託するという施策は既にこの時代に行われていたのである。

(3) 後期封建国家におけるホームレス保護制度

　後期封建国家の時代とは，徳川幕府が政権を執っていた時代をいう。

　この期は，幕府と藩からなる二重構造の支配体制であった。この時代は，享保・天明・天保の3大飢饉ならびに京・江戸の大火等で窮民が続出し，家を失った者が流浪者となり巷を徘徊するようになっていった。このため窮民の調査が江戸・大阪で頻繁に行われた[23]。ホームレス自立支援法14条に規定する調査はこの頃から実施されていた。このことはホームレスの大都市への集中は既にあったということである。また享保以降の階級分化にともない農民で離村する者が続出し，村から逃亡した倒産者や流浪者が「非合理的出稼」を行うために都市に流入し，「貧困の集団化」がみられるようになった。これがスラムの「前期的形態」といえるものである[24]。

　前期封建国家と後期封建国家の間に位置する戦国時代は分国法の時代であり，戦国各大名がそれぞれ独自に家法を制定していた。これが定着して集大成されたのが徳川幕府法である。その基本法である徳川百箇条のなかに，行旅病人・行旅死亡人の取扱制度をはじめとし，窮民の救助のための医療保護施設（小石川療養所），定住の場を提供するための収容保護施設（御救小屋）等がある。

　ホームレスの問題については原則として各地の五人組がこれを取り扱った。また幕府もたびたび通達を出し，ホームレスの救助方法について指示していた。

たとえば寛永元(1624)年9月,越後国に通達された「郡村ノ制規九ヶ条」,元禄7(1677)年「公領地各村ノ五人組帳条目六十一ヶ条」[25]等において,行旅病人・行旅死亡人の療養・埋葬に関する制度はある程度整備されていた。しかし,事実上行旅病人・行旅者の行き倒れ,行旅死亡人は放置されていた。制度は構築されていてもその運用が適正に実施されていなかったのである。このため天保年間に入ると,行き倒れの死者が放置されることが顕著になってきた。これを看過することができない状態になったため,幕府は天保8(1837)年5月,「五人組帳条目六十一ヶ条」の厳守を布令したが,その効果はなかった[26]。現在,制度が整備されていながらも,ホームレスに対する具体的救済措置が等閑に付されているのと同じである。

(4) 近代以降のホームレスに対する制度的対応

明治元年大阪では米価が急騰し,乞食になったり行倒れで病死する者が続出した。これら無告の民を入院させ,治療を受けさせるために大阪病院が開設された。また大阪府は行路病人等の宿村送りに関する取計法を制定した（明治6年4月）[27]。

明治4(1871)年6月17日,太政官布告290号「行旅ノ輩(やから)病気等ノ節取扱方」[28]が仮規則として制定された。行旅死亡人については,明治15(1882)年9月30日太政官布告49号「行旅死亡人取扱規則」[29]が制定された。行き倒れとなり死亡したホームレスの埋葬費等は,原則として扶養義務者が弁償することと規定されていたが,これができない場合には,地方税から支弁した。外国人のホームレスの引取や死亡した場合の遺留財産の処分については,領事公使に対する交渉に関する特別の規定が必要であったがこれが未整備であったため,訓令,通牒,指令等で欠落部分を補正していた。

明治21年市制が発布され同年4月大阪が市制施行地として指定された。さらに諸般の事情により,他の都市と著しく異なるとの理由により明治22年3月市制の特例が公布された。これが大阪市が指定都市となる原点である[30]。

明治22(1889)年2月11日憲法が発布され,三権分立制度が創設された。その下で帝国議会は明治32(1899)年3月27日法93号により「行旅病人及行旅死亡人取扱法」[31]を制定公布した。同法によると救護費は本人負担であったが,こ

れができない場合は扶養義務者の負担とした。しかし多くのホームレスは，扶養義務者がなく費用の負担もできなかった。したがってホームレスの救護に要した費用は現在地の道府県の負担となった。同法において「行旅病人」とは歩行に耐えない行き倒れの病人で，療養する資力がなく且つ救護者のない者をいう。「行旅死亡人」とは行旅中に死亡し引取人のない者をいう。行旅病人は歩行に耐えないことが要件であったから，一歩でも歩ける間に極力その者を他の道府県に追いやった。また同一の人物を同一の地方で再度と取り扱わないようにしていた[32]。

大阪府の社会事業に関する事務は「地方課の所管であったが，大正2年3月大久保知事は大阪市内外における社会事業の重要性を認め，小河滋次郎を社会事業の指導監のため招聘した[33]。

大正11年財団法人今宮診療所が西成区海道町11番地に設置された[34]。

昭和3年における大阪市の行政別行旅病人の数は総計985名で西成区は69名であり，隣接する天王寺区は150名であった[35]。

昭和9年度における行路病人及行路死亡人取扱い数は全国では7831名，大阪府1042名，全国行路死亡人4869名，大阪府559名である。大阪市は行旅病人902名，行旅死亡人446名[36]で大阪市は全国取扱数の2割弱である。

これに対処するために昭和9年大阪市は今宮簡易宿泊所を承継し，今宮保護所分館を開設した[37]。

「行旅病人・行旅死亡人取扱法」は，その後いく度かの改正を重ねながらも，恤救規則，救護法，旧生活保護法，現行生活保護法等の一般救済制度に対する特別立法として存続し，医療保護法（昭和16〈1941〉年法674号）が制定された後も，同法に吸収されることなく独自に存続してきた。

(5) 第二次世界戦争終結後のホームレスの処遇

ホームレスは戦前は原則として行旅病人・行旅死亡人取扱法によって処遇されてきた。第二次世界戦争は戦中戦後を通じて戦災で家を失った者の数を増大させた。徴兵された者が終戦後復員してきたとき，家は焼失し，家族の消息もわからず，食糧の欠乏にあえぐ喪失と混乱の時代であった。彼らの中には求めても職はなくあてのない流浪の果てにホームレスとなる者が続出した。また戦

災で家を焼かれ親と離ればなれになり，保護者を失った戦災孤児が放置され，そのまま，ホームレスの渦にまぎれ込んでしまったというケースもある。こうした者を救助するために戦後に明治7年制定の救貧立法である恤救規則・救護法を継受した旧生活保護法，同法を改正した現行生活保護法が緩やかな基準でホームレスにも適用されていた。1960年代まで，ホームレスは，生活保護の適用を受けてきた。行旅病人・行旅死亡人取扱法は存続していたが，この時期から同法を適用することはあまりなくなった。但し釜ヶ崎で行倒れとなった者を「座談会」において語られているように実務上同法により対処していることはある。

1970年代に入り，石油ショックを契機とする不況の中で，ホームレスに対して生活保護を適用するか否かについて，地方公共団体間で格差が生じてきた。このため財政規模の小さな町村から大都市に貧困者が流れ込み，これがスラム街の人口増大の始まりであった。またホームレスという呼称が使われるようになったのもこの頃からである。

1980年代に入り新保守主義が台頭し，いわゆるポスト福祉国家の時代が到来する。生活保護については1981（昭和56）年に123号通知[38]が出された。この通知の表向きの目的は，暴力団関係者が生活保護を不正に受給することを防止することにあった。しかし，実際に同通知による保護抑制の対象となったのは不況により職を失った生活困窮者であった。このため，生活保護を受給できない者が釜ヶ崎へ流入せざるを得なくなったのである。

1990年代に入ると釜ヶ崎ではホームレスに対する生活保護の適用は，救急車による搬送等緊急に医療機関による対応を必要とする場合，ならびに本人が更生相談所の付属施設に入所している場合に限定されることとなった[39]。

2）支援法制定のプロセスとホームレスに関する判例

(1) ホームレス支援法制定のプロセス

1990年代中葉以降，各地で保護の実施機関の決定を不服として，知事に審査請求の申立が頻繁に出されるようになり，その過半数が認容されるようになってきた。

生活保護法には独自の不服申立制度が内在しており，行政審査前置主義（裁判所に訴を提起する前に上位の行政機関に不服を申立てること）をとっている（生保69条）。保護の実施機関が行った決定を不服として，都道府県知事に申立てられた審査請求に対する裁決（生保64条以下）は，相当数に昇ってきている。大阪府だけをとってみても，1999年度においては年間88件となった[40]。ちなみに2005年度における審査請求は99件である[41]。この裁決の大多数は要保護者の不服申立理由を容認しており，福祉事務所の保護廃止決定を取り消している。このことは不服申立を受ける上位の行政機関は先進的な判断を行うように変わってきているということである。

また司法機関に対しても，ホームレスが訴えを提起するようになってきた。こうした動向に直面した当局は，ホームレス問題を放置しておくことができなくなった。1999(平11)年7月，厚生労働省の主催で「ホームレスの自立支援方策に関する研究会」が発足した（2000〈平12〉年3月報告書提出）[42]。しかし，その趣旨はホームレスに対する援護というよりも，ホームレスが地域住民に危害を与えることがないように，その退去措置に関する議論が中心であった。

平成12(2000)年度『厚生労働省社会援護局主管課長会議』においてホームレスの孤独死・自殺等にどのように取組むべきかが議論され，また一時的な宿泊所の設置について検討がなされた[43]。さらに「ホームレスであるが故に自動的に保護の対象となるわけではないのですが……居住地がないとか稼働能力があるということだけで保護しないということでもない」[44]ということが原則であることを確認した。

その後2001(平13)年6月，通常国会に民主党より提出された「ホームレスの自立支援等に関する臨時措置法案」をもとに，与党三党の合意により作成した「特別措置法案」に民主党が賛同し，衆議院厚生労働委員会の共同提案（共産党と自由党を除く）として国会に提出し，2002(平14)年8月「ホームレスの自立の支援等に関する特別措置法」が制定された[45]。

法案提出後1年2ヵ月で同法は制定されたのである。このことは拙速に過ぎたといえよう。このためホームレスの真実のニーズに対応できる法律にならなかったのであろうか。それゆえに同法制定後，ホームレスの自立支援に関する事項を通知・通達等により補正していかざるを得なかったのである。

(2) ホームレスに関する判例

ホームレス訴訟の主要なものは以下のとおりである。

(a) 中山訴訟（昭63・2・25 大阪地判・確定）

原告Xは，釜ケ崎において土木作業員として稼働し，簡易宿泊所に居住してきたが，病気となり働けなくなったため生活扶助と医療扶助を受給し，入退院を繰返しながら長期療養を続けていた。大阪市立更生相談所長（西成区福祉事務所長）は，Xについて従来実施してきた居宅保護によっては保護の目的を達しがたいとして更生施設への収容保護に変更する旨の生活保護変更決定を行った。Xは保護変更決定処分は保護の実施機関の裁量権の濫用であるとしてその取消を求めて大阪地方裁判所に提訴した。

この事件では「居宅保護によっては保護の目的を達しがたいとき」の解釈が問題となった。裁判所は「Xの年齢，病歴，家族状況等を考慮すると保護の実施機関の行った変更決定は裁量権の範囲を越え，またはその濫用があったということはできない」と判示した（原告敗訴・確定）[46]。更生相談所長の保護変更決定を是としたのである。

(b) 柳園訴訟（京都地判 平5・10・25 確定）

日雇労働者X_1は，糖尿病・肝硬変・結核（排菌状態）等のため，医療扶助を受け宇治市の病院に入院していた。これに加えて白内障の治療が必要となったため他の病院に短期間転院した。白内障治療終了後，以前入院していた病院に戻ろうとしたが，そこが満床であったため再入院することができず，知人宅から通院して治療を受けることにした。

しかし保護の実施機関Yは白内障の治療が終了したことをもって「傷病治癒」とし，医療扶助の廃止決定を行った。しかしX_1の疾病のうち治癒したのは白内障だけであって糖尿病・肝硬変等は治療の継続が必要であり，とくに結核は排菌状態であった。

そこでX_1は医療扶助の廃止決定の取消を求めると同時に，医療扶助廃止期間中治療を中止せざるを得なかったことに対する損害賠償を求めて国と宇治市を相手方として京都地方裁判所に訴えを提起した。訴訟係属中にX_1は死亡したため支援団体の代表者X_2が訴訟承継した。京都地方裁判所は訴訟承継を認め国と宇治市に30万円の支払を命じた（原告勝訴）[47]。

(c) 林訴訟
(i) 林訴訟第一審判決（名古屋地判　平8・10・30）

日雇労働者X_1は，不況により仕事がなくなり生活に困窮し，かつ体調不良となったため生活保護を申請した。保護の実施機関Yは医療扶助を一日に限り認めた後にこれを廃止し，生活扶助と住宅扶助については，申請を却下した。X_1はYに対してこの処分が違法であることの確認の訴（後に処分取消請求に訴因変更）とこれにより蒙った損害賠償（慰藉料請求）を求めて名古屋地方裁判所に訴を提起した。

裁判所は申請者がその稼働能力を活用する意思を有していてもその活用の場がなければ「利用し得る能力を活用してはいない」（生保4条1項）とは言えないと判断し，保護の実施機関Yの行った処分取消と慰謝料請求の一部を認容した[48]。

(ii) 林訴訟控訴審判決（名古屋高判　平9・8・8）

Yは第一審判決においてX_1の主張の一部が認容されたことの取消を求めて控訴したのが本件である。控訴審はX_1が稼働能力を有していても実際にそれを活用できる場がなければ「活用し得る能力を活用していない」とは言えないという第一審の判断は肯定した。そのうえで，X_1が就労する努力を怠っていたために就労の場を得なかったとの理由で保護の実施機関の処分は違法ではないと判断し第一審判決を取消し控訴人の請求を認めた[49]。

(iii) 林訴訟最高裁判決（最判　平13・5・13）

X_1は控訴審の判決を不服として直ちに上告した。事件が最高裁判所に係属中，X_1は癌により死亡した（平11・10・22）。X_1の遺言にもとづき林訴訟支援者団体の長X_2が訴訟承継した。最高裁判所は訴訟承継に関する朝日訴訟最高裁判決を踏襲し，保護請求は一身専属権であることを理由にX_2の訴訟承継を認めず訴訟条件欠缺を理由に上告を却下した[50]。つまり事案の内容に立ち入って判断することを回避したのである。

(d) 佐藤訴訟
(i) 佐藤訴訟第一審判決（大阪地判　平14・3・22）

Xは高齢（65歳）で聴覚障害があったため就労できず釜ケ崎でホームレスとして暮らしていた。Xは更生相談所（大阪市西成区福祉事務所の出張所）に生活保

護の申請をした。保護の実施機関は，Xに更生施設（生保38条2項）への入所決定を行った。Xは聴覚に障害があるため，施設内において他の入居者との意思疎通に欠けるところがあったためトラブルを起こし施設を退所した。

Xは更生相談所Yが行った施設入所決定の取消と居宅での生活扶助の実施を求めて大阪地方裁判所に訴を提起した。

大阪地裁は原告Xの請求を認容し，保護の実施機関の行った収容保護決定の取消を言渡した[51]（原告勝訴）。

(ii) 佐藤訴訟控訴審判決（大阪高判 平15・10・23）

Yは第一審判決を不服として，大阪高等裁判所に控訴を申立てた。控訴審は，収容保護は，居宅保護が物理的・現実的にできない場合に限って実施されるのであり，本件の場合はこれに当らないと判断し，第一審判決を支持し控訴を棄却した（被控訴人勝訴・確定）[52]。

(e) 山内訴訟

(i) 山内訴訟第一審判決（大阪地判 平18・1・27）

Xは大阪市北区扇町公園内で野宿をしていたが支援グループの一人であるK方において住民登録をしていた。大阪府警はKを電磁的公正証書原本不実記載幇助で逮捕したが，処分保留のまま釈放した。Kはその後不起訴となった。その間に扇町公園の管理者である大阪市北区長YがK方にある住民登録を職権で削除しようとした。そこでXは5年間テント生活をしてきた居住事実の継続性のある扇町公園23号に住民票の転入届をYに提出したが，YはXに転入届の不受理を通知した。このためXは上位の行政機関に審査請求を行ったが，これが棄却された。そこでXは，Yの住民票転居届不受理処分の取消を求めて大阪地方裁判所に訴を提起した。

裁判所は，「本件テントの所在地は……客観的に見て原告の……生活の本拠たる実態を具備していると認められるのであり，そうである限り被告は……本件転居届を原告が当該所在地について……占有権原を有していないことを理由として受理しないことは許されない」としてXの請求を認容した[53]（原告勝訴）。

(ii) 山内訴訟控訴審判決（大阪高判 平19・1・23）

北区区長Yは大阪地方裁判所の判決を不服としてその取消を求めて大阪高等

裁判所に控訴を提起した。

　控訴審は，テントの所在地は客観的に見て被控訴人の生活に最も関係の深い生活の本拠たる実体を具備しているものと認められるという原審の判断を是とした。その上で，生活の本拠としての実態があったとしても，それが健全な社会通念に基礎づけられた定型性を具備しているとはいえないという理由で原判決を取り消した（北区区長Y勝訴）[54]。

　被控訴人Xは上告し，本件は最高裁判所に係属中である（本件については訴訟代理人永嶋靖久より平成19年4月4日上告申立理由書が最高裁判所に提出されている）。

(f)　河口訴訟（大阪地裁係属中　第1回口頭弁論期日　平19・2・3）

　靱公園・大阪城公園に起居するホームレス河口幸男他16名が従来住居としてきたテント・小屋掛けを大阪市の行政代執行により強制的に奪われ排除されたことについて原告Xらが大阪市に対して国家賠償法にもとづく損害賠償を請求した事件である。原告側の提出した第一準備書面によれば被告である大阪市Yの行った行政代執行により原告らを公園から排除した行為は違憲無効であり，原告に対する不法行為を構成し，これによって蒙った損害について被告は賠償の責を負うというものである（第2回口頭弁論期日　平19・4・25　予定）[55]。

(g)　住民登録抹消差止め仮処分決定（大阪高決　平19・3・1）

　釜ヶ崎の簡易宿泊所を住所としてホームレスが住民登録をしていた。大阪市は，これらのホームレスには居住実態がないことを理由に，住民登録の抹消を行うことを通知した。住民登録者の一人であるXは住民登録が抹消されると，平成19年4月8日の統一地方選挙で選挙権が行使できなくなることを理由に，住民登録抹消差止めの仮処分を大阪地方裁判所に申立てた。同裁判所は，Xの申立てを却下した。

　Xはこれを不服として大阪高等裁判所に即時抗告を申し立てた。控訴審は，市がXの住民登録を抹消すると，その後「選挙期日までに確実に……住民登録ができるとは認めがたい」ことを指摘し，「Xは市を相手方として登録抹消の取消を求める訴を提起して」おり「この判決が確定するまで大阪市はXの住民登録を抹消してはならない」という仮処分決定を行った。

　大阪市は大阪高裁の決定を不服としながらも最高裁判所への特別抗告は憲法

違反などの事由に限定されるため，これを行なわないことにした。しかし大阪市は実態のない住民登録をもとに選挙権の行使を認めることは選挙に多大な影響を及ぼすことを危惧してX以外の簡易宿泊所を住所として住民登録を行っているホームレスの住民登録を抹消する方針を決定した[56]。

　これらの判例のなかで釜ヶ崎のホームレスに関する判例は，中山訴訟と佐藤訴訟である。中山訴訟は敗訴，佐藤訴訟は勝訴している。下級審においては，司法機関もホームレスに対してその権利を擁護する判断を行うようになってきているが，上級審においては，これがくつがえされ，最高裁においては，内容に立ち入らず上告を却下する動向にあるといえる。

　平19・3・1の大阪高等裁判所の行った仮処分決定は，ホームレスの参政権を保障したもので，従来の判例とは性格が異なる。また下級審の判断を控訴審がくつがえしてホームレスの権利を擁護した点に特徴がある。行政機関が先進的になっていくのに伴って，従来保守的であった司法機関もホームレスの権利擁護に向けた判断を行うようになってきたといえようか。

3）調査結果にみる制度上の問題点

　ホームレスに適用されるのは生活保護法，ホームレスの自立支援等に関する特別措置法，行旅病人・行旅死亡人取扱法の三法が基本である。これに加えて，ホームレスが生活の本拠としての住所・居所を欠くため，住民登録ができず住民票による身元確認ができないこと（住民基本台帳法1条，4条，6条等）が問題の基本にある。

(1) 住所を持たないことによる不利益

　住所とは各人の生活の本拠地をいう（民法21条）。住所には居住事実の継続性と期待性が必要となる。

　住所を持たないことによる不利益は，長嶋靖久によると以下の通りである。①国民健康保険の被保険者になることができないこと（国民健康保険法5条）②国民年金の被保険者になることができないこと（国民年金法9条）③金融機

関と契約ができないこと（金融機関等による顧客等に本人確認等及び預金口座等の不正な利用の防止に関する法律第3条，同施行規則3条）④運転免許証を取得することができないこと（道路交通法89条）⑤選挙権がないこと（公職選挙法9条）⑥パスポートが取得できないこと（旅券法3条3項）⑦携帯電話を購入することができないこと（携帯音声通信業者による契約者等の本人確認等及び携帯音声通信役務の不正な利用の防止に関する法律5条，同施行規則5条）[57]。

　国民健康保険の被保険者となれないことは，医療保障の対象とならないということである。国民年金の被保険者になれないことは，老後の所得保障となる年金が給付されないということになる。金融機関と契約できないことは定住するための住居の取得が困難となる。選挙権がないことはホームレスの声が立法機関に届かないということである。

　なかでも住所がないことによる基本的な不利益は住民登録ができず，住民票による身元確認をなし得ないことが問題である。これにより「本人確認の一切の手段が奪われる」[58]ことが長嶋のいう7種の不利益の基盤にあるのである。

　社会保障制度から除外されてきたホームレスに日雇失業保険制度への加入斡旋が始まったのは昭和40（1965）年4月であったが，被保険者手帳の取得には住民票の提出が義務づけられていた（本書第Ⅰ部1中山・海老参照）。このため釜ヶ崎のホームレスには，その適用が難しかった。現在，釜ヶ崎の日雇労働者・ホームレスは「日雇労働求職者給付金」，「日雇い健康保険」を受給するために住所を必要とするのである。

（2）　生活保護法と釜ヶ崎のホームレス

（a）　医療扶助

　生活保護受給者の8割は医療扶助の対象者である[59]。これは疾病が公的扶助適用の主要な要因となっているということである。一般に生活保護は要保護者が福祉事務所に申請し，知事，市町村長の決定により実施される（生保19条①項）。釜ヶ崎においては，大阪市更生相談所がホームレスの申請に対応する。

　今回逢坂らが実施した調査によれば，釜ヶ崎のホームレスには結核，生活習慣病等に罹患している者が多かった。これらの疾病は入院・通院を問わず長期療養を必要とするが，ホームレスは国民健康保険の対象となっていない。一般

市民のように病院等の窓口に保険証を呈示するだけで診療が受けられるという立場にはない。また医療扶助の適用を受けようとしても，生活保護受給の前提となる住所がないために申請に障害を伴う。更生相談所はこの問題に保護課長通知[60]に基づいて柔軟に対応しているが，若干の問題がある。わが国の生活保護法は申請主義を原則としている（生保7条本文）。医療扶助の申請には，本人に申請書の内容が理解でき，保護の実施機関に対して申請の意思表示をすることが必要である。文字を読む習慣のないホームレスは，何処に行きどのようにすれば医療が受けられるか，その方法を知らない。釜ヶ崎のホームレスにとって申請主義の原則に基づく医療扶助の適用は叩くことさえできぬ扉である。ただ釜ヶ崎のホームレスは地域内に社会医療センターがあることによって他の地域のホームレスよりも医療を受ける機会を有していることが今回の調査によって判明した。

(b) 医療保護施設と指定医療機関

医療扶助によりホームレスの治療を行うのは2種類の医療機関である。

(i) 指定医療機関

指定医療機関とは主務大臣の同意を得て知事等が医療扶助のための医療を担当させる旨指定した医療機関である（生保49条）。指定医療機関は懇切丁寧に被保護者の医療を担当しなければならない（生保50条）。

1960年代後半頃まで，釜ヶ崎のホームレスを受け入れる専用の指定医療機関が若干あった。ここでは外来治療と入院治療が行われており，その治療内容が「懇切丁寧」であったか否かは問わないが，治療を要するホームレスの受け入れはなされていた。

これが1970年代に入り，救急搬送によるなど一定の条件を充すホームレス以外は入院治療を受けることが出来なくなってきた。救急車は病人がホームレスであることが判明すると，指定医療機関の中でもホームレスを受け入れる特定の病院に搬送する。病院はホームレスを受け入れはするが，その診療内容は簡単な診察をした後，点滴をして放置しておくだけである[61]。

釜ヶ崎のホームレスをうけ入れている指定医療機関である病院・医院には生活保護法の規定にもとづいて「懇切丁寧」（同法50条1項）な診療を行う医療機関もあるが，医療行為により疾病の治療を行うことよりも診療報酬を得ること

を重視している場合がある。こうした指定医療機関は指定取消の対象とはなり得るが（生保51条2項），実務上指定医療機関辞退（同条1項）はあるが取消はほぼ行なわれていない。

(ii) **医療保護施設——大阪社会医療センター**

釜ヶ崎に設置されている大阪社会医療センターは，生計困難者のために無料，または低額な料金で診療を行う第二種社会福祉事業であって（社会福祉法2条3項9号），生活保護法上の医療保護施設である（生保38条1項3号，同条4項）。同センターは，疾病に罹患し治療を要するが健康保険証を持っておらず，また治療費の支払いができない釜ヶ崎のホームレスが，医療扶助を単給で受給することができる医療機関である。医療扶助には入院と通院が認められているが同センターでは，通院者を病状によって入院に移行させることが可能である。

医療保護施設の存否については，現行生活保護法の制定当時から議論があった。被保護者のための医療は，指定医療機関制度で事足りる。生活保護施設の中に医療保護施設をあえて加える必要があるのかということである。しかし当時，厚生省（現厚生労働省）社会局保護課長小山進次郎は「一般論としては正に然り……であるが，……浮浪者，行旅病人等にして入院治療を必要とする者は案外多いのであるが，これらの者は入院に際し，寝具の用意もなく，また着替えの持ち合わせもない。このような者を無条件で引き受ける病院を予め用意しておくことが極めて効果的である。このような点を考慮した結果，かかる極めて限定された用途のために暫くの間医療保護施設を存置することになったのである」[62]と生活保護施設の中に医療保護施設を加えた理由を説明している。

指定医療機関は医療扶助の実施機関ではあるが，そこは病院・医院であるから，入院治療が必要なホームレスが入院するには入院のための支度が必要となる。こうした支度ができないホームレスを「無条件」で，引き受けるのは，生活保護施設の一つである医療保護施設のみである。

釜ヶ崎にある大阪社会医療センターは，こうした役割を果たす医療保護施設である。ただ同センターは病床数80床，外来は年間10万人弱の小規模医療機関[63]であって，治療の必要な釜ヶ崎のホームレスに充分に対応でき得る規模ではない。これに加えて，「生活保護施設の設備および運営に関する最低基準」は，生活保護法38条に規定する5種類の施設のうち医療保護施設以外の他の4

つの生活保護施設の最低基準については規定しているが，医療保護施設の最低基準については規定がない。これは小山のいうように，医療保護施設は「暫くの間存置することになった」ものに過ぎないからであろうか。最低基準は，施設の日照・採光・換気等の保健衛生に関する設備構造基準，職員の人員配備，資格要件，苦情への対応，非常災害対策，一室の入所人員，衛生管理等について，施設が備えるべき基準を定めたものである。医療保護施設について最低基準の規定がないということはホームレスが，もっとも必要とする制度がなおざりにされているということである。

(c) 申請主義の原則の不条理

生活保護法第7条本文は申請主義の原則について規定しており，同条本文は，「保護は要保護者，その扶養義務者，又はその他の同居の親族の申請に基づいて開始するものとする」と規定している。それは，保護を必要とする者が行き倒れていようと，血を吐いていようと，餓死しかけていようと，凍死寸前であろうとも，本人か扶養義務者，同居の親族でない限り保護を申請する権利はない。これが原則である。ホームレスに扶養義務者や同居の親族が身近にいることは少なく，ホームレス自身が，医療扶助の申請を行わない限り，生活保護は適用されない。瀕死の状態にあるホームレス自身に申請手続きを求めることは情理にもとることと考える。

同条但し書は，急迫した事情がある場合には，職権で保護を行うことができると規定しているが，これは任意規程であるから，ホームレスが瀕死の状態にあるのを知りながら，これを見捨てておいても保護の実施機関は責任を問われることはないという形式をとっている。一方で生活保護法は「要保護者が急迫した状態にあるときは，すみやかに，職権をもって……保護を開始しなければならない」（生保25条1項）と規定している。生活保護法という一つの法律の中で7条但書と25条1項との間には矛盾が生じる。職権保護を保護の実施機関に義務づけている同法25条1項を原則とすべきであろう。

なお，平成15年の保護課長通知は「急迫した状況にあるものについては，申請が無くとも保護すべきものであり」として保護の実施機関に職権保護を義務づけている。立法機関の制定した法律より，行政上の通達・通知の方が先進的である。

(d) 居宅保護の原則の等閑視

　生活保護法30条1項は，同法が居宅保護が原則であることを明記している。施設保護はあくまでも例外なのである。判例は佐藤訴訟においては居宅保護を認めたが，保護の実施機関は，慣例として救護施設（生保38条2項），更生施設（同条3項）・低額簡易宿泊施設等への入所保護を横浜市等では実施している。釜ヶ崎では法外援助としてケアセンターへの短期入所が行われている。通常は2泊3日であるがこれは連続2週間を限度とする。ただし必要な場合には更新もあり得る。このいずれの施設も施設である以上，社会復帰のためのコントロールが行われる。このことは施設での生活に適応できないホームレスが出てくるということである。また既述のように一時保護施設への入所という方法もあるが，入所期間が短いため，充分な準備ができていないままに退所を要請され，野宿生活に戻らねばならないことが多い。この点に留意して平成15年保護課長通知は，無料・低額簡易宿泊所をホームレスが居宅生活へ移行するための支援を行う場所として位置づけている[64]。

(2) 行旅病人・行旅死亡人取扱法とホームレスの行き倒れ

　行倒れとなり路上で死亡した者には検視が行われなければならない。その目的は死因の究明と死体の身元確認である。その結果は死体身元調書（死体取扱規則4条），検視調書（戸籍92条，死体取扱規則9条）等の書面に記録される。ホームレスの検視の多くは行政検視であるから医師・警察官が死体の現存する場所で行う（医師21条，戸籍86条・88条・89条）のが原則であるが，大阪府監察医事務所に死体が運ばれてきて，そこで検視が行われている。

　黒田研二等の研究報告書によると，監察医は過去5年間に男771名女22名合計793名のホームレスの異常死を取扱ったとある[65]。このことは行き倒れた状態で，つまり行旅病人として生きている間に医療機関で治療を受けたならば命を落とすことはなかったであろう者が，死亡した後に監察医という医師のもとに遺体として運び込まれ，そこではじめて医師により処置されているということである。釜ヶ崎では救急搬送も行なわれているが，そのように重篤にならない限り行旅病人として医療を受けることがホームレスにはむづかしい。行旅病人・死亡人取扱法は社会的に機能していないといえる。これでは「行旅病人・

行旅死亡人取扱法」は，行旅死亡人に重点を置いた事後処理法であるといえる。

さらに，黒田等の調査結果から出された793名という行旅死亡人の数はその一部であり，監察医の目に触れることなく朽ち果てたホームレスは，この何倍もの数になるであろう。

(3) ホームレス支援法の問題点

ホームレス支援法はホームレスの自立を支援する施策を立て，ホームレスの雇用の場の確保，職業能力の開発等を目的としている。しかし同法は10年間の時限立法（附則2条）であり，また任意規定が多く，訓示法的性格をもつもので，ホームレスの権利擁護に実効性のある法律とはいい難い。たとえば同法10条は「国はホームレスの自立の支援等に関する施策を推進するため，その区域内にホームレスが多数存在する地方公共団体，およびホームレスの自立支援等を行う民間団体を支援するための財政上の措置を講ずるように努めなければならない」と規定している。

このことは，ホームレスの自立支援に要する費用は，基本的には地方公共団体，民間団体に依存し，その不足分を支援する努力義務を負っているにすぎないということである。従って，財政上の措置を全く講じなくとも，国はその責任を問われることはない。また同法は国民の協力（7条），地方公共団体の責務（6条），国による施策の目標（5条，3条），ホームレス自身の努力義務（4条），基本方針の策定（8条），全国規模の実態調査（14条）等について規定しているに過ぎない。

従って国は，計画・方針・調査等を行えばよいのであって，具体的な支援については民間団体の能力等を活用する（12条）と規定しているのである。それ故，同法はホームレスの生命権・生存権の保障を具体化した法律ではない。社会福祉行政機関は，通知・通達等によりこれを調整してはいるが，法自体は国のホームレスに対する具体的な支援の責任について規定した法律ではなく，訓示立法であり，ホームレスの権利擁護という視座からは形骸に過ぎない。これをどのように整備していくのかは，今後の課題である。

4) 今後の課題と提言

　今回の調査から得た釜ヶ崎のホームレスの実態をふまえて，以下のことを提言したい。
　第一に，生活保護法の居宅保護の原則（生保30条）を釜ヶ崎において実施すること。これは従来から自由な生活を送り，規則や規制を受ける施設保護に適応し得ないホームレスには，生活保護法30条1項の原則に立ち帰り，居宅保護が必要であるということである。また佐藤訴訟においてみられるように聴覚障害により他の入所者との人間関係を円滑に保つことができないホームレスにとっては施設保護はただ窮屈でしかなく，居宅保護が適切である。また短期間の施設入所では，その間に自立の道を探すことができず公費の投入が無意味に終る可能性がある。
　第二に，施設保護として，やむを得ず一時保護所に収容保護する場合，その入所期間の延長が必要である。各自にとって個別に必要な期間入所することがホームレスの自立につながるといえる。これにより公の支弁による給付が有効に活用されるということになる。
　第三に，生活保護法上の施設である医療保護施設の最低基準を制定すること。
　生活保護施設最低基準は，施設で生活する者に対する最低限度の生活の保障について規定する法令である。他の4種の生活保護施設については最低基準が制定されている。設備，人員配備，居室の面積，一室の入所人員，入浴，食事，その他についての細則を規定している。医療保護施設についてもこのような個別に必要な事項について詳細に規定した最低基準の制定が早急になされねばならない。
　第四に，ホームレスに識字教育を受ける機会を設けることである。逢坂の行った聞き取り調査によれば，戦災・引上げ・リストラ・サラ金に追われること等により家を失い学校に通い教育を受ける機会を失った者が釜ヶ崎にはいる。簡単な計算ができず文字が読めないことは，釣銭を誤魔化されたり，情報が入ってこないという不利益を伴う。このことは生活，医療，生命の保障につながる基本的な問題であると考える。それ故にホームレスとして生活してきた者

に教育を受ける権利を保障する場を設けることが必要である。

　第五に，ホームレスの自立支援等に関する法律は生活保護法とは別個独立の単独立法として成立したが，具体的な支援の方策を示す法律とはいえない。同法を公的責任を基盤とする効力規定を整備した法律に改正すべきである。たとえば，緊急な事態にあるホームレスの保護を職権で行うことを社会福祉行政機関の義務とする規定などが必要となろう。この点については保護の実施要領の方が先進的である。

　以上がホームレスの権利擁護に向けての今後の課題であり，ホームレスに関する制度的対応の方向性を示すものであると考える。

　経済的，社会的及び文化的権利に関する国際規約（社会権規約）は「この規約の締約国は，自己及びその家族のための相当な食糧，衣類及び住居を内容とする相当な生活水準についての並びに生活条件の不断の改善についてのすべての者の権利を認める。締約国は，この権利の実現を確保するために適当な措置をとり……」（同規約11条1項）と規定している。こうした庇護を喪失しているのがホームレスである。ホームレスは人間としてこうした庇護を求める権利がある。このことを基本理念としてホームレスに適用される法制が整備されていくべきである。釜ヶ崎のホームレスの権利を擁護するために，実態に則して福祉制度は全体として動いて行かねばならないのである。

（1）　『大阪市民生事業史』大阪市民生局，昭和53年，337頁
（2）　本稿においてとくに前近代史については，定住する宿泊の場所を持たない生活困窮者つまりホームレスについて，無宿者，野宿者，行旅者，浮浪者，行旅窮民，浪民という呼称を用いた。
（3）　国史大系本『令義解』吉川弘文館，昭和44年，102頁
　　桑原洋子「古代律令国家における社会福祉法制」皇学館大学社会福祉学部紀要第5号16－17頁
（4）　国司（こくし）
　　地方を統治するために中央から派遣された公務員（宮城洋一郎「平安初期の救済施策——生活保護——について」『福祉と家族の接点』法律文化社，1992年）
（5）　『続日本紀　前編』吉川弘文館，昭和43年，47頁
（6）　同書後編　243頁
（7）　富田愛次郎『日本社会事業の発達』巌松堂書店，昭和17年，87-88頁

(8) 行基(ぎょうき)
　渡来人の豪族を父として天智7(668)年に生れ、出家したが霊亀3(717)年、平城京において政権に対して抵抗運動を起こし、社会的混乱を招いたとして、権力をもって抑圧された。当時平城京造営工事のために全国から人夫が徴集されたが、その労働が苛酷であったため、逃亡し、行き場を失った人夫が行基の集団に多数参加した。この集団が建設したのが布施屋である。宮城洋一郎『日本佛教運動史研究』永田文昌堂、1985年、197頁以下

(9)　布施屋(はどこや)
　路上で病に倒れ、自分の郷里に帰ることのできる路銀をもたない者を受けいれて療養させる民間の施設をいう。こうした者に施をし、精神的な安堵を与えることがその本来の目的である（宮城洋一郎『日本佛教救済事業史研究』永田文昌堂、1993年、106頁）。

(10)　宮城・前掲『日本佛教運動史』197頁以下
(11)　横井　清『中世民衆の生活文化』東京大学出版会、1975年、250頁
(12)　谷山恵林『日本社会事業史』大東出版、昭和25年、263頁
(13)　黒板勝美編『吾妻鏡　第一』吉川弘文館、平成7年、225頁以下
(14)　同書　592頁
(15)　同『吾妻鏡　第二』756頁
(16)　池田敬正『日本社会福祉史』法律文化社、1986年、123頁
(17)　山口正『社会事業史』復刻版、日本図書センター、1995年、46頁
(18)　前掲『吾妻鏡　第三』312頁
(19)　谷山恵林『日本社会事業大年表』刀江書店、昭和11年、53頁
　　　『中世法制資料集第一巻』　岩波書店、2002年、214頁
(20)　『続群書類従』看門御記（上）補遺3　続群書類従刊行会、平成11年、603頁
(21)　桑原洋子「前期封建国家における社会福祉制度」『四天王寺国際仏教大学大学院紀要』、2号、2004年、42頁
(22)　宮城・前掲『日本佛教救済事業史研究』、317頁
(23)　『大阪府社会事業史』大阪社会福祉協議会、昭和33年、113頁
　　　吉田久一『日本社会事業の歴史』頸草書房、1970年、86頁
(24)　吉田久一・高島進『社会事業の歴史』誠心書房、昭和51年、171頁
(25)　富田　『前掲書』　184頁以下
(26)　同書　186頁
(27)　前掲『大阪府社会事業史』203頁
(28)　『法令全書』4巻　256頁
(29)　『法令全書』15巻　399頁
(30)　前掲『大阪府社会事業史』238頁
(31)　『法令全書』32巻2号　法律　319頁

(32) 生江孝之『社会事業綱領』厳松堂書店，大正13年，92頁
山口・前掲書　322頁
(33) 前掲『大阪府社会事業史』329頁
(34) 同書　498-499頁
(35) 同書　329頁
(36) 同書　458頁
(37) 同書　460頁
(38) 123号通知
昭和56（1981）年，厚生省（現厚生労働省）から各都道府県（知事）・指定都市（市長）宛通知「生活保護の適正実施の推進について」のことである。同通知は，暴力団の組員の不正受給を防止することを目的として出されたものであるが，同通知により一般の生活困窮者の者が暴力団関係者よりも生活保護の受給が抑制されることになった（桑原洋子「不正受給」佐藤進教授還暦論集『社会保障の変容と展望』昭和60年，勁草書房，337頁）。
(39) 高鳥毛敏雄「ホームレスの健康支援の諸問題」本書　第Ⅱ部7
道家治・松崎喜良・奥村晴彦・加美喜史「人間らしく生きていける釜ヶ崎に」本書Ⅱ部　座談会
(40) 尾藤廣喜「ホームレス裁判と公的扶助の課題」社会保障法　21号　18頁
(41) 朝日新聞平成18（2006）年7月16日朝刊
(42) 日比野正興「ホームレス施策と公的扶助実践の課題」社会保障法　21号　27頁
(43) 「平成12年度『厚生労働省社会・援護局主管課長会議』から」Life and Welfare 2001. 4，6頁
(44) 同誌10頁
(45) 西尾梓「ホームレスと住所」未発表原稿
(46) 行裁集　39巻1・2号　132頁以下
(47) 判時　1497号　112頁以下
(48) 判時　1605号　34頁以下
(49) 判時　1653号　71頁以下
(50) 森弘典「上告審における問題点」『林訴訟の意義と振り返り』林訴訟弁護団，2002年，57頁
(51) 判時　1605号　34頁以下
(52) 賃社　1358号　10頁以下
(53) 賃社　1412号　58頁以下
(54) 平18（行コ）第10号住民票転居届不受理処分取消請求控訴事件　平19・1・23　大阪高等裁判所　第10民事部
(55) 原告ら訴訟代理人「第一準備書面」2007年1月29日　弁護士・武村二三夫・熊野勝

之・後藤貞人・小久保哲郎・木原万樹子・石側亮太・小野順子・間光洋
(56) 日本経済新聞　平成19（2007）年3月2日　朝刊
(57) 長嶋靖久「占有権がなくとも生活の本拠たる実態があれば住所は当然の判決」賃社1412号　54-55頁
(58) 長島　同論文　55頁
(59) 前掲　Life and Welfare　6頁
(60) 「ホームレスに対する生活保護の適用について」（平15・7・31　社援保発0731001号厚生労働省社会・援護局保護課長通知）。同通知によれば「ホームレスに対する生活保護の適用に当たっては居住地がないことや稼働能力があることのみをもって保護の要件に欠けるものでないことに留意し，生活保護を適正に実施する」とある
(61) 高鳥毛　前掲論文
　　 前掲Ⅱ部「座談会」参照
(62) 小山進次郎『生活保護法の解釈と運用』（復刻版）全社協，平成4年，475頁
(63) 平成19年度大阪社会医療センター理事会評議員会1号議案書1頁。なお市立更生相談所により医療扶助決定を受け社会医療センター以外の医療機関に入院する場合は更生相談所のケースワーカーが「入院支度セット」を渡してくれる。その意味で本文中でもふれたが釜ヶ崎のホームレスは他の地域のホームレスより手厚い医療を受けているといえる
　　 なおこの点については逢坂隆子「不健康都市大阪の処方せん―釜ヶ崎の現場から」『大阪保険医雑誌』，第469号，2006年，9-15頁参照。厚生労働省研究費研究総合研究報告書，平成18年，137頁以下参照
(64) 「生活保護法による住宅扶助の認定について」（平15・7・31社援保発0731002号厚生労働省社会・援護局保護課長通知）
(65) 黒田研二編「ホームレス者の医療ニーズと医療保障システムのあり方に関する研究」『厚生労働省科学研究費研究報告書』2006年，7頁

古代律令国家における法制
　古代律令国家の時代の制定法は律令格式（りつりょうきゃくしき）の4つにわかれる。これは中国において隋唐の時代に完成した国家成文法の分類形式で，それをわが国がとり入れたものである。「律」および「令」は法典の形で発布され，律令の部分的改正は法典改正の形式をとらず，別箇の単行法発布の形式をとった。この臨時の単行法が「格」である。また律令の施行に必要な細則を定めたのが「式」である。大化の改新の詔にもとづいて令の編纂が行なわれることとなったが，それが完成したのは，天智天皇の即位元年（668年）で，これを「近江令」という。近江令は22巻より成っていたが，史料は現存せず内容は，不明である（非存在説あ

り)。天武天皇も律令の編纂を企てこれを完成し（682年）持統3年（689年）より施行された。これが「飛鳥浄御原律令」であって，22巻よりなっているが逸文1～2が残るにとどまる。文武天皇4年に飛鳥浄御原律令にもとづいて刑部親王および藤原不比等によって律令の編纂が行われ，大宝元年（701年）に律6巻，令11巻が完成し翌年より施行された。これが「大宝律令」で孝謙天皇の天平勝宝9年（757年）まで50年以上わたって施行された。しかし，大宝律令撰定後10余年を経て，藤原不比等がふたたび勅を奉じてこれを修正し，元正天皇の養老2年（718年）にこれを完成した。これが「養老律令」であって，そのなかに古代国家における社会福祉法制に関連する規定を含んでいる。この養老律令は，編纂後39年を経た天平勝宝9年（757年）より施行された。律は10巻12編より成っているが，現存するのは4編だけである。しかしそれ以外の原文の回復は，江戸時代より行われている。新令は10巻30編よりなるが，その大部分は，「令集解」ならびに「令義解」の形で残っている。養老律令以後は，あらたな律令の編纂はなかったが，淳和天皇の天長10年（833年）に編纂，仁明天皇の承和元年に施行された令義解には，公定註釈書として法的拘束力が附与された。「格」は弘仁・貞観・延喜の3回に編集され，「弘仁格」，「貞観格」，「延喜格」と呼ばれ，合せて3代格というが，現存せずただ3代格を綜合分類した類聚3代格30巻中17巻が現存している。「式」は格と同じく弘仁・貞観・延喜の3回に編纂が行なわれ，「弘仁式」，「貞観式」，「延喜式」と呼ばれる。弘仁式は断片的に残っているが，貞観式は亡逸した。しかし延喜式は全部残っている（桑原洋子「古代律令国家における社会福祉法制」，皇学館大学社会福祉学部紀要第5号）。

6 ホームレスと自治体の役割
――一自治体からの話題提供――

山本　繁

1）尼崎市の事例紹介

(1) 尼崎市の特徴とホームレスの現状

　まず，尼崎市は，阪神都市圏に属して，大阪平野の西部にあって大阪市に隣接し，兵庫県の南東部に位置している，総面積49.69平方キロメートルの都市である。また，地勢的には北部の伊丹市との市境に沿って，概ね9メートルの等高線が東西に走り，南方に向けてゆるい傾斜で低くなり，市域の約30％は海水面以下になる平地である。

　歴史的には，明治時代の旧6町村を合併した古い工業都市であり，2006年は市制施行90周年に当たる。高度経済成長期には鉄鋼を中心とした重工業都市になったために，九州・沖縄方面などからの転入者による人口の増加があって，1970年代後半には人口が約55万人に達するが，都市化の弊害としての大気汚染などの公害や地下水くみ上げによる地盤沈下などが発生した上に，1995年の阪神淡路大震災による都市基盤の崩壊の影響もあって，人口は下降の一途にあり，2005年9月30日現在人口460,488人（205,972世帯）である。

　さて，ホームレスの現況であるが，尼崎市は，全市が市街地地域であるため，当初武庫川・藻川などの河川敷や名神高速道路の高架下などに多く見られたが，最近は住宅地の公園などにも点在するまでになっており，増加傾向にある。2003年2月時点での調査では，ホームレスは323人〈女性12人〉である。公式にはこの数字が現在も発表されているが，実際は2005年10月では355人位まで増加していて，兵庫県下では神戸市よりも多いと分析されている。大阪，特に釜ヶ崎との交流があると考えられている。

(2) ホームレス健康支援活動の発足と経緯

尼崎市では，従来から地方自治法の主旨を踏まえてホームレスに対しては，一般施策の中で対応する方針があったので，保健所や福祉事務所などの健康相談や生活援助相談については，実施できる範囲で個別対応してきた経緯があるが，実際上，多様なトラブルが起って対応に苦慮していた部分もあった。

そんな折り，阪神淡路大震災以後ホームレスを積極的に支援している民間団体〈K会〉(2004年9月よりNPO法人) からホームレスに対する健康支援の要望があったので，住民としての (一般市民並みの) 健康支援活動を最低限実施することが市役所内部で検討された。その結果，尼崎市としては，一般施策の巡回市民検診の対象者として健康支援を行い，身体の清拭，受診者負担分の立替などは〈K会〉が担うことで，2002年度から健康支援活動の実施に踏み切って，現在5年を経過している。実務的な実施主体は尼崎市保健所であり，結果説明などは，市の保健師や栄養士が炊き出しの場に出向き個別対応する形が採られている。

(3) ホームレス健康支援活動の具体的実践例

(a) 活動の目的 (理念) と実務的対応

尼崎市保健所では，住民の健康実態を分析する中で，結核罹患率が全国平均の約2倍 (2005年の結核罹患率43.3／人口10万) であるため，結核予防法に基づく結核検診を重視している。また，住民自身が自分の健康を学習し健康づくりを実践する契機として，老人保健法の市民検診 (基本健康診査) を活用する方針をもっている。この考え方をホームレスにも適用することにした。特別対策というより既存の方策をホームレスに適用したに過ぎない。

しかし，実際的には平日での実施が困難であったので，結核予防法及び老人保健法に基づく巡回市民検診の「時間延長」(具体的には，年一回，日曜日の午後実施) で対応することにした。また，支援団体の〈K会〉はホームレスへの清拭指導 (簡易なシャワーの持ち込みなど) を行うことになった。更には，結核予防法の検診は無料でも対応できるが，老人保健法の検診 (基本健康診査) は受診者負担金を徴収せざるを得ない。特別の減免扱いはしていない。(実際的には，〈K会〉が立替え処理をしていて，ホームレス自身の負担はない。)

表6-1 ホームレス健診の受診者数

年度	受診者数（人）
2002（平成14）	51
2003（平成15）	42
2004（平成16）	34
2005（平成17）	24
2006（平成18）	8

出典：尼崎市保健所発表資料

なお，巡回市民検診の対象者ということになれば，市民登録が問題になるが，市民検診の処理上は尼崎市内のホームレス支援団体のひとつであるキリスト教教会を住所とした。

(b) 受診状況と結果

(i) 受診者の推移〈表6-1参照〉

受診者については，初年度は一定あるが，年を追うにつれて減少している。5年連続受診者は1名，4年連続受診者は3名であるが，多くは，2回受診で終わっているのが特徴である。なお，女性の受診者は2004及び2005年度に2名あった。

また受診者の年齢分布を見ると，20～80代まで各年代にわたっており，平均年齢は毎年50代後半で推移しており，これは全国実態調査で判明した兵庫県のホームレスの平均年齢（56.7歳）にほぼ合致した結果となっている。

(ii) 受診結果〈表6-2参照〉

ここでは，呼吸器疾患のハイリスクグループであるにも関わらず，最後まで追跡フォローが出来ていない実態が浮き彫りになっている。特に，05年度と06年度において顕著である。

(c) 当該健康支援活動の課題と今後の展開

過去5年間の結果を見ると，受診者数の増加がみられず，それが常態化の傾向にある。また，支援団体の〈K会〉も必要費用の捻出に苦慮している。また，保健所や所管部局においても逼迫する財政状況の中で少額であっても特別対策としての独自対策の実施は難しいと考えている。国の特別対策についても，補助率が1／2であるので，既存の結核予防法や老人保健法の補助を受けて実施する一般施策の範疇で行う方が得策なのである。

実施主体の保健所では，受診者の減少については，その原因として①個々のホームレスへの広報周知が出来にくい，②検診場所までが遠い者もいる，③保健師活動の一環に位置付けていない，④病気になった場合生活保護により受診する道がある，⑤2006年度に限っていえば，検診場所や実施時期の変更も影響した，などを考えている。

また，大きな課題として，要医療者・要精検者への対応の問題がある。受診者に対する検診後の結果報告は，支援団体との連携により1ヶ月後の炊出しの際に行うこととされているが，その場に来ない場合，結果的に受診者本人に伝わらないケースが生じる。検診の結果を伝えることで本来の目的を最低限達成できるが，ホームレスの場合は居所がはっきりしていないことが多いので，直接検診結果を

表6-2 受診結果の一覧（人・重複あり）

	2002年	2003年	2004年	2005年	2006年
1．胸部精検者	3	2	0	2	1
内訳					
肺腫瘍	1	1	0		1？
肺結核	2	0	0		0
非定型抗酸菌症	0	1	0		0
2．その他					
肥満症	4	3	3	1	0
高血圧症	24	20	14	13	2
高脂血症	9	13	6	7	0
耐糖能異常	9	2	6	2	0
肝障害	9	9	5	5	2

注：胸部精検者の不明は要精検の要精に応じないで行方不明になった人である
出典：出典尼崎市保健所発表資料

通知できない事態になりやすい。従って，今後の方針として，肺結核をはじめとする呼吸器疾患の罹患率が高いことも推測できるので，健康相談の実施が重要と考えられている。2006年から〈K会〉などの実施する炊出しの際に健康相談を試験的に開始されているが，前途多難な雲行きが予想される。

　2006年6月成立の「高齢者の医療の確保に関する法律」によって，国において2008年から老人保健法の一般健診の見直しと医療保険者によるメタボリックシンドローム検診の実施推進が打ち出されている。また2007年4月から結核予防法は感染症予防法に吸収された。一般施策自体の変容結果如何では，ホームレスへの対応が一層困難になる可能性が生まれている。

　さらに，保健所の健康危機管理センター化の構想がある。ホームレスへの健康支援は少数者の問題と考えられやすく，地域の「健康危機」と位置づけられない事態もおこりうるものと考える。

(4) 補足：ホームレスへの生活保護法の適用状況〈表6-3参照〉

　尼崎市の福祉事務所ではホームレスの生活保護適用には厳しく対応している

表6-3　ホームレスへの生活保護適用状況（尼崎市）（人：重複あり）

	2002年度	2003年度	2004年度	2005年度
外来医療単給	222	257	290	295
入院医療	56	68	62	91
施設入所	1	1	5	11
居宅保護	147	68	46	95

出典：尼崎市福祉企画課調べ

が，一般施策としての居宅保護への申請には誠実に対応している。また巡回市民検診などで発見された要精検者や要医療者或は傷病者には医療機関へ紹介する一日受診券（外来医療単給）の発行を行い，入院すれば生活保護が適用されている。尼崎市内にはNPO法人〈D会〉運営の宿泊所があるので，それらとの連携により居宅保護を進めている実態もある。

(5)　補足：尼崎市ホームレス自立支援実施計画の未策定問題

尼崎市としては，2002年公布の「ホームレス自立支援法」及びその翌年に出された「基本方針」における市町の責務は不明確であり，財政措置も不十分であるため，自治体としてホームレス対策の基本施策が確定されていない。

こうした中で，国においては2008年の年明けに全国実態調査を行い，「基本方針」等の見直しを予定している模様であるが，特別対策を実施していない尼崎市では更に進んだ方策を示されてもおそらくはそれに対応する有効な方策をもつことができず，その溝は深まるばかりであると考える。

いずれにしても，ホームレス問題は根が深く多岐にわたるにもかかわらず，三割自治の自治体がその前面に立たされねばならず，苦渋しているという現状である。とりわけ，ホームレスを自立させる雇用対策・就業保障では国や都道府県の責務と役割が，更には経済界の責任が問われるが，尼崎市のような自治体（中都市）には，そうした機関・経済界からの援助はみえない。結果として更に萎縮したホームレス対策とならざるをえない現実がある。

2）自治体と国との関係
　　——小さい政府・小さい自治体批判・尼崎市を例示して——

(1)　福祉国家の誕生と衰退

　1946年公布の日本国憲法下において，1949年には厚生省設置法が制定されることになった。それまでの厚生省は1938年の勅令設置であったが，ここにおいて，宮武光吉氏のいう「厚生省の設置は国民の保健衛生，社会福祉の発展のために必須のものであり，戦後福祉国家としてわが国が再建されるにあたり，重要な礎石が築かれていた」結果として，「大きな政府」の一翼を担うことになった。

　この厚生省設置法第4条には，〈厚生省の任務〉として社会福祉，社会保障及び公衆衛生の向上及び増進を図ることが掲げられている。憲法第25条の推進機関と位置づけられて，福祉国家の推進役となっている。そこからは，生活保護法や結核予防法の制定，更には皆医療保険制度の実施などに見られる新しい政策が，次々と登場してきたし，第一線機関としての福祉事務所や保健所の設置も推進され，国民福祉や公衆衛生の増進が積極的に進められることになった。1971年には，環境公害対策の推進機関である環境庁（現：環境省）を生み出す母体にもなった。

　しかしながら，国家財政が右肩上がりから停滞型さらには下降型になると，「福祉見直し」のターゲットになる事態が生まれて，福祉国家的な政策は行き詰ることになる。特に，工藤恒夫氏によれば，「第一次オイルショック（1973年）を契機にした資本主義経済停滞後の近年においては，支配階級の側からも福祉国家の『曲がり角』とか『限界』が叫ばれるようになり」，わが国では，中曽根内閣の時代になって，わが国独自の「福祉社会」を目指すことになった歴史がある。即ち，福祉国家づくりでなく「自助型」福祉社会建設へと方向転換をしたのである。つまり，ナショナルミニマムの見直し・削減である。

　具体的には，1979年に閣議決定した新経済社会7ヵ年計画において，新しい「日本型福祉社会」の実現を掲げて，個人の自助努力と家庭や近隣，地域社会等の連帯を基礎にした効率の良い政府が適正な公的福祉を重点的に保障する政

策を採択していくことになった。このことを，加茂利男氏は「福祉国家による人権保障というものを社会的進歩と考えるよりは，経済的なコストの増大と考える傾向が大変強くなってきた」結果と分析している。

そして，ここから「小さな政府」へ向かっての公共サービスを削減する行財政構造改革が始まり，世紀を越えて現在も続いている訳である。更には，「顧客主義」という考え方が導入されて，納税者或いは使用料・利用料の支払い者を対象にする施策を求めるようになり，商品の売買関係と同一視する政策の推進に変わっていったのである。従って，この考え方の推進は，地方自治法第2条の行政事務例示に掲げられている「地方公共の秩序を維持し，住民及び滞在者の安全，健康及び福祉を保持すること」を軽視・無視する事態に通じている。

(2) 自治体の成長と停滞 (尼崎市を例示して)

福祉国家の下では，自治体における保健・医療・福祉等の行政サービスは拡大の一途を辿るが，そこでは，多くの専門家を地方公務員化する道を拓くことになった。住民の要求に具体的に応える政策マン登用でもあった。

それを，尼崎市を例に取れば，50年代には保健所及び福祉事務所網の確立（市役所支所による旧町村単位の6行政区の確立），清掃行政の（保健衛生行政からの）分離独立，60年代には小学校単位の公立保育所の設置，環境公害行政の拡大，70年代には下水道敷設事業の（土木行政からの）分離独立など，住民に密着した現場組織の拡張時代が続いたのである。三割自治という制限下ではあったが，生き生きと働く専門技術職を擁した自治体であった。その発達は70～80年代のきめ細かい職員数になって現れるが，その後は消防局部門を除いて年々常勤職員の減少が続き，反対に対住民比率が高くなるにつれて住民サービス網が荒くなる結果を招いている。(図6-1，表6-4参照)

つまり，一方で，日本型福祉社会が叫ばれ，行財政構造改革が断行され，しかも指定管理者制度の導入などの規制緩和策が推進される中で，他方，不況と人口減などによる地方税の減少に基づく財政構造の硬直化が目立つ事態になると，尼崎市自体が小さな自治体・小さな組織を目指さざるをえないことになった。これは，職員の負担増と士気の低下を生んでいるばかりか，メンタル不全の職員を生む事態を招いている。これでは，住民要求の実現による住民との信

図6-1 尼崎市全職員の推移

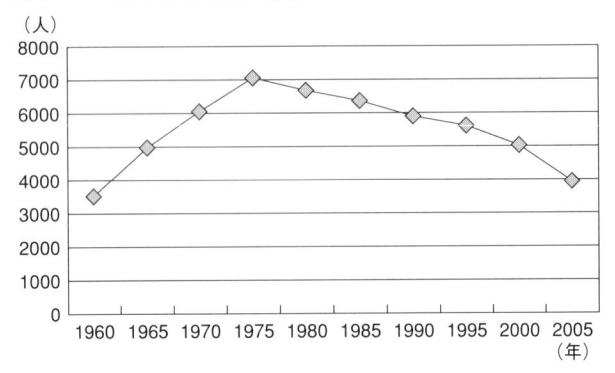

（人）

1960年: 約3500
1965年: 約5000
1970年: 約6000
1975年: 約7000
1980年: 約6700
1985年: 約6400
1990年: 約6000
1995年: 約5700
2000年: 約5100
2005年: 約4000

出典：職員数は尼崎市人事課調べ

表6-4 尼崎市常勤職員1人当たりの人口（単位：人）

年号	1960年(昭和35年)	1965年(昭和40年)	1970年(昭和45年)	1975年(昭和50年)	1980年(昭和55年)	1985年(昭和60年)	1990年(平成2年)	1995年(平成7年)	2000年(平成12年)	2005年(平成17年)
全職員	115	100	91	77	78	79	84	87	92	116
市長部局職員	206	202	164	127	134	136	140	143	149	187
消防局職員	1573	1595	1504	1340	1252	1223	1193	1168	1096	1083

出典：職員数は尼崎市人事課調べ，人口は国勢調査結果に基づき算出

頼関係も築けないので，住民には遠い自治体になりつつある。

なお，これらの背景には，1995年から本格化する国による地方分権の流れも微妙に関係している。従来の国と自治体を上下関係と見る政策から対等関係に転換する地方分権推進法などの登場である。しかし，実務的には機関委任事務が廃止されたが，補助金行政は残り，税財源の委譲は進んでいないなど，地方分権の道は未完成である。自治体は未だ三割自治からの脱皮ができないために，市町村合併を選択し，また公的サービスの範囲を縮小して事業の外部民間委託に踏み切らざるをえないのである。つまり，中央統治型の地方自治・地方分権は未だ続いているのである。

(3) 公衆衛生「城」の崩壊（尼崎市の保健所を例示して）

以上に関して，もう少し公衆衛生の拠点としての保健所の歴史と現状から考

表6-5 全国の保健所数の推移（最近10年間）

設置者	都道府県	指定都市	政令市・中核市	特別区	合　計
1996年	623	122	47	53	845
2006年	396	73	43	23	535
設置自治体数	47	15	43	23	128

出典：日本自治体労働組合総連合・公衆衛生部会調べ
注：設置自治体数は2006年4月1日現在

察を加える。1937年には，厚生省は旧保健所法を制定して，全国に保健所網を構築することにしたが，尼崎市には，1939年に兵庫県尼崎保健所が開設されている。しかし，戦後の1947年の新保健所法のもとでは，尼崎市は県から保健所を移譲される形で保健所政令市を選択して，尼崎市保健所を開設している。その後は，住民要求に応える形で，1952年に塚口保健所（後に北保健所と改称），1964年に東保健所，1965年に西保健所，1966年に衛生研究所，1970年に園田（保健所）支所，1971年に武庫（保健所）支所を設置して，市内の保健所網を完備していった。つまり，市役所支所や福祉事務所と同じく，旧町村時代の自治を尊重する通称「6行政区」における市町村保健業務の推進である。具体的には，地域密着型母子保健・老人保健活動などを，市役所支所の市民受け付け窓口や福祉のケースワーカーとの連携の下に推進する方針も堅持していたし，そのために，保健師を小学校単位に配置する地域分担制も採用していた。基本は自治体の責任を果たすべく住民に近い組織を目指したのである。基礎的な保健衛生サービス行政に親近感を持たせる努力である。

　しかしながら，全国的には，国が保健所法を廃止して地域保健法を制定した1994年を契機にして，保健所網の全面的見直しが行われた影響を受け〈表6-5参照〉，また尼崎市自体の財政力に脆弱化が生まれた結果，1保健所6保健センターに衣替えしたが，2006年現在では，1保健所1保健センター体制（福祉事務所も1か所体制）になっている。ここでは，特に物言わぬ住民から遠ざかる保健所・保健センターの道を選択したことになる。住民の集う参加型の保健所や保健センターからの後退であるばかりか，職員は住民と接しないでパソコンによる管理のみに陥るので，住民の命と健康の要求に応える公衆衛生行政が消滅していくことも懸念される。

3）自治体・国と NPO の関係

　現代社会はグローバル化しているし，交通網の発達や情報伝達の高度化などにより，行政区域の境目がわかり難い時代である。それらを良いことにして，市町村合併を進め，道州制の導入なども主張される時代である。

　しかし，住民の暮らしということになると，特に高齢者や児童，或いは障害者（児）の生活圏を視野に入れると，小学校区，更には中学校区くらいが基礎的な共同体ではないか，と考える。つまり，その範囲であれば，自治体への住民要求が聞こえてくるし，自治体サイドからも物言わぬ住民の声も聞きやすくなるのではないか。歴史的に見ても，尼崎市の保健師は生き生きしていたのは，そういう単位の地域分担をしていた時代である。声かけをしたり声かけられる関係づくりが可能な範囲である。

　今，自治体が公的サービスの守備範囲を限定し始めている時，住民の要求を自治体へ届くようにしていくのが NPO の役割でないか，と考える。

　先に触れた「顧客主義」の弊害は，税金を納めたり，一定の使用料や利用料を支払える住民を優先する施策となって現われ，自治体の行政サービスが「支払い能力」によって振り分けられることになる。支払い能力のない住民や滞在者は行政サービスの外に置かれるし，サービスを受けても例外的或いは恩恵的になる訳である。その典型例がホームレスである。こういう事態を想定して，初村尤而氏は「納税者である前に住民であり，主権者であり，人間である」ことを忘れた政策を糾弾し，「人間であるから主権者となることができるのであり，行政サービスを受ける権利があるのであって，お金を払うから権利が発生するのでは決してありません。市民は納税者である前に主権者であることが本質です。」と力説している。傾聴するに値する基本的人権論である。

　NPO は，それらを主張する組織であって，行政の下請け組織になったのでは発展性はないと考える。行政の「経費軽減策」の穴埋めになってはならない。自治体や国の硬直したやり方を改善させ，住民サイドからの声を自治体に反映できる橋渡しの役割を発揮すべき時代である。また，経済の成長や産業の保護育成を優先し，障害者・高齢者やホームレスなどの社会経済的な弱者の命と健

康をないがしろにする姿勢への警鐘乱打の機関にならなければならない。それらが，結果的には住民の自治意識を高め，自治体を蘇らせ活性化する助け船になると確信している。冷たくて形式主義で，しかも「偽りの」公平主義に陥りがちな（行政体としての）自治体に対して，住民一人ひとりが「人間らしく生きる」ことができるように，温かくて潤いがある支援主義を教えることこそ，NPOの役割ではないか，と考える。

　最後に，このレポートを書くに当たっては，尼崎市の関係職員の協力と援助があったことを記し，謝辞としたい。

●参考文献

加茂利男「いま，改めて自治体を考える」『京都自治体問題研究所第31回総会記念講演集』，2006年，5頁
奥村尤而『財政再建への提言』，尼崎市・自治体問題研究所，2005年，23頁
ホームレスの健康支援活動に関する検討会『平成16年度地域保健総合推進事業　ホームレスの健康支援活動に関する検討会報告書』，財団法人公衆衛生協会，2005年

7 ホームレスの健康と保健・医療

高鳥毛敏雄

1）ホームレスの健康支援の諸問題

わが国のホームレスの健康支援に関わる保健対策の諸問題について，かつて国民病とまでいわれ，社会をあげて取り組まれてきた結核問題に対する経緯と現状をもとに問題点や課題について検討する。

(1) わが国の結核対策の経緯

結核問題に本格的に対処した制度は大正時代につくられた工場法だと思われる。結核問題の盛衰はわが国の産業政策，労働衛生の推移と強く関連している。明治時代の中期，後半から東京，大阪などの都市部から結核の流行がはじまった。その後，都市近郊，さらにその周囲の地方へと波及し，そして全国的な流行となった。その流行拡大に紡績工場等に就労させるために集められた女子労働者（女工）の過酷な労働問題が関係していたことは周知の事実である。当時は労働衛生制度が整っていなかったために病気になると解雇され，地方に戻された。そのため都市部で罹患した結核が結核処女地である地方に持ち込まれて大流行につながった。工場労働者の健康管理体制，企業福祉制度，健康保険制度が整えられるとともに結核問題が収束してきたのである。結核の対策にはこうした労働者に対する保健対策が大きく貢献してきたといえる。その後，結核の流行は企業だけの問題ではなく，国にとっては兵隊となる人材の喪失につながるという危機意識につながった。このために昭和13年に保健所法が制定され，母子保健や結核対策などの公衆衛生対策を全国的に進める政策がとられることになった。戦後，結核実態調査が行われ，その一環として結核検診を行ったところ，予想以上に多数の結核患者が発見された。これらの患者を治療するため

には、病院を整備することが必要となり、さらに当時は医療保険制度が整っておらず、医療機関で診療を受けることができない患者が多く存在した。そのために誰しもが結核治療が受けられるように医療費の公費負担制度も設けられた。抗結核薬としてストレプトマイシンやヒドラジッドなどの薬が出てきたり、BCG接種がなされるなどの技術的な進歩、医療技術、診断技術の進歩も取り入れられ、結核対策がすすめられてきた。

(2) 結核問題の偏在化

わが国の結核の流行は都市問題であったものが、農村部の流行病に変化していった。全国的な結核対策の推進の結果、現在は再び都市の問題として偏在化してきている状況にある。わが国がかつてのように貧しい時代には、釜ヶ崎でみるような日雇い労働者に対しても、一般の住民に対しても、結核対策の網がかぶせられ、同じようなスピードで罹患率が減少してきた。現在、大阪市の結核罹患率は全国一高く、特に西成区は高い。さらに釜ヶ崎が特別に高い。それは仕方のないことだというふうに見られているが、釜ヶ崎の結核が減らなくなったことには、わが国の保健施策の変化が関係していると考えられる。保健施策の変化だけで結核の罹患率の動向を説明するのはちょっと乱暴すぎると思われるかもしれない。大阪市の結核の問題を過去の罹患率の推移をもとに分析した。大阪市の結核罹患率を過去30年前からその推移をみるとある時期まですべての地域で低下していたものが、ある時から低下しなくなってきていた。それが何故なのかということについては専門家から様々な解釈が出されている。既感染者の多くが高齢者となり、死亡せずに残存しているためだ、釜ヶ崎の労働者は栄養状態が悪いため再燃率が高いからだ、未治療の感染源となる患者が放置されているためだ、などである。さらに結核になって失業して集まってきているのだという解釈がある。実際にはいくつかの原因が複合的に重なっていると思われる。しかし、ある時期から突然に減らなくなったことを説明することができない。特に既感染者の高齢者が残存しているから罹患率が下がらなくなったという解釈には無理がある。高齢者人口が少ないところでもなぜ減らなくなってなってきたのか、また大阪市の釜ヶ崎のように中高年齢層の多いところで結核が減らなくなったのかが全く説明できないからである。私自身は、日

本全体に影響する何か大きな公衆衛生施策が変わったためではないかと考えている。わが国の保健施策のトレンドと，結核罹患率の推移を重ね合わせてみると，奇妙に一致している状況にあるからである。住所が定まった住民が多い地域の結核は順調に減少していっているのに，住民という形に当てはまらない人々が多い地域の結核は減らなくなったのはなぜか。わが国の保健施策の変化が大都市の結核の推移に極めて大きな影響を与えてきたと考えられる。

(3) わが国の保健体制の変貌

わが国の地域保健体制は昭和53年から大きく変わった。保健対策の実施主体が市町村・自治体となった。保健所の財源は国からの補助金であったため，国民全体に対する保健事業を行うことが一般的であった。保健所の管理や運営の大部分は都道府県が行っていて，保健所管内の住民でなくても保健サービスの対象者となることができた。市町村の場合，そこに住民票をおいている人を対象とした事業の実施となる。これには昭和49年のオイルショック以後にわが国の国家財政の破綻と，世界的なプライマリケアの潮流が重なって起こった保健医療制度の大きな変化であった。国の仕事を都道府県が保健所を設置して行う形態から，市町村という自治体が保健対策を行うということになった。この体制では都市に多い住所の不安定な者に対する保健対策の推進に対するインセンティブが乏しくなる。国の施策も地方分権の流れの中で当事者意識が乏しくなってきた。国から市町村に実施主体が移ったということは，大阪都市圏でいえば一番中心の都市である大阪市にのみ都市問題の責任が負わされることになる。大阪市は現在どのような存在かといえば，指定都市制度ができた当初からの指定都市であり，保健所を持っている市である。しかし，昭和30年代の大阪都市圏の拡大とともに，大阪市といえども大阪都市圏の一部を占めるだけの自治体となってしまっている。保健所設置市が保健施策の変革により保健事業の主体となったということは，従来の保健所業務に様々な影響を及ぼすことになった。大阪市の各区に存在していた保健所はそれまでは母子保健事業と結核事業を中心に業務を行っていたが，これに加えて老人保健事業などの成人保健事業が付け加わったのである。これを保健所の保健師活動の業務内容の推移からみると，保健師は従来，母子保健，結核患者の予防や管理の仕事を中心とし

て行っていたのに，ある時から突然に結核事業への関与が急減し，成人病対策や寝たきり老人の訪問指導事業に追われることになった。つまり，従来の保健所の仕事に市町村事業が加わったことで，保健師の結核患者の中で不特定多数の人々に対する関わりが量的にも質的にも減ってしまったのである。大阪市の結核罹患率の推移をみると，鶴見区などの定住住民の多い地域の結核罹患率はずっと下がっているのであるが，釜ヶ崎の労働者とか，此花区とか大正区とか不安定就労者が多い地域の結核罹患率はあまり減らなくなった。こういう現象が昭和50年の半ばからみられるようになっている。

(4) 大都市圏の保健対策の課題

既述のようにあいりんの日雇い労働者の結核問題がある時期から改善しなくなっていった。その時期は保健師活動からみると日雇い労働者は活動対象外とみなされはじめた時期でもある。現在も日雇い労働者や野宿生活者は住民検診の対象として扱われているとはいえない。日雇い労働者は労働者であり，職域保健で対応されるべきという制度の建前もある。わが国は市町村に登録している住民であることが証明されて初めて地域の保健施策の対象となるのである。日雇い労働者のような問題は全国の中でも東京や大阪などの大都市にのみ顕著な問題となっている。全国の自治体の80％位の地域においては自治体が人々の問題に対応することで十分に地域の保健対策が機能しているが，東京や大阪では住民の活動域が市町村という自治体の中だけでおさまっているわけではなく，都市圏という概念の中で人々の様々な問題を考えて対応しなければならないように思われる。どういうことかというと，この大阪都市圏の中央に大阪市があり，大阪市は神崎川を挟んですぐ西に兵庫県尼崎市と接している。兵庫県の阪神地域は大阪のベッドタウンである。大阪市の北に存在している千里ニュータウン，大阪市の南に位置する堺市の泉北ニュータウンがある。ここには大阪市のベッドタウンとして大阪市に通勤している者が多く住んでいる。阪神間は兵庫県の管轄域となっている。千里とか泉北というのは大阪市からすると市外である。これらの地域に住んでいる人たちはなぜそこに住んでいるのかとなると，大阪市で働くために生活と通勤に便利であるからである。ということは，都市圏の中で生活している人々の問題は都市圏を単位として捉えることが必要であ

ることである。しかし，法制度上は，市町村が住民に対して，保健事業を実施することを基本としているため，大阪市を超えた大阪都市圏を単位として保健問題を考える主体がないことになる。結核などの感染症の対策を考えると，ベッドタウンが大阪市外，働いている場所は大阪市内ということは，大阪市という自治体だけの問題としてではなく，都市圏を構成するすべての自治体の問題と考えて対応しないといけない可能性がある。

(5) 保健医療福祉制度の緻密化とその弊害

わが国社会は豊かになっているはずなのに，ホームレス問題など，様々な国民の健康問題の解決が行き詰まってきている。かってのように法制度が大雑把，アバウトな時代であれば，カバーされていた人々が，法制度が細分化し，精緻化してくるのにともない，制度からはみ出る者が多くなり，制度が機能不全になってきているように思われる。言い方を変えると，これは医療領域においても，専門医ばかりが多くなり，高齢者や地域医療においてかかりつけの医師不足などの問題が生じてきていることと似ている。人々の保健福祉医療に関わる問題を法律や制度を精緻化して対応することに無理があるのではないかと思われる。公衆衛生，地域保健の制度が保健所法という大ざっぱな制度であった時期の方が様々な人に対応できていたのかもしれないし，その気になれば保健所はいろんな人々を幅広く拾うことが出来たのではないかと思われる。昭和50年代から国の保健制度が市町村中心となるのにともない，制度の運用が事務的になり，制度からはみ出る人々が多くなってきているように思われる。

現在のわが国の保健体制は，職域保健と地域保健の２つの制度から成り立っている。職域保健とは，会社や事業所に属している人々に対するものであり，職場という概念でカバーされる人々を対象とするものである。地域保健とは市町村長が責任を持ち，前者は事業主が責任を持つものである。この他に学校保健というものもある。こういう保健制度の運用が緻密になっていけばいくほど，そこから漏れ出る人々が生じてくることになる。漏れ出ている人々が多いのは大都市である。都市の人々の特徴は，労働や仕事をして賃金や給料を得て，それをもとに衣食住を確保していることにある。仕事先が安定していない人は，流動性が激しくなり，住民という存在からはずれてしまいやすい。つまり，市

町村が主体の保健事業では，就業先，職場を転々としている人は保健事業の制度の運用が厳密になれば対象から外れてしまうことになる。釜ヶ崎の日雇い労働者はこれに該当する。大阪で生活している人々の中には，住民という意識で生活しているよりも，仕事があるから住んでいるという，つまり労働者という意識で生活している人々が多いのではないかと思われる。不安定就労者の結核問題がある時期から解決できなくなったことには，釜ヶ崎の日雇い労働者，パチンコ店などで住み込みで働いている人々，それからトラックの運転手など，住所地が頻繁に変わる人，職場が転々としている人，常勤雇用にしてもらえない人などについては，事業主の責任で健康管理をしてもらえないだけでなく，地域（市町村）による健康管理体制からももれてしまっていることが関係しているように思われる。

(6) 医療制度改革による懸念

結核が何故，大阪に多いかということについて大ざっぱに説明した。住所不定，職場不定の人々に対する健康管理の責任を持つ主体がはっきりしないということにある。結核問題については解決策は確立しているはずである。発見方法，治療方法，患者を管理する組織や制度も整っているのに結核問題が解決できないでいるのは，何か保健施策に構造的な問題があるからはないかと考えられる。対策を行う主体があるのか，その主体が対策を行おうとしているのか，即ち政策意思（Political Will）を明確に持っているのか検討してみる必要がある。

平成20年度から医療制度改革に伴い保健予防活動の推進体制が大きく変わる予定になっている。これまで市町村が住民の健康管理の実施主体であったわけであるが，医療保険の保険者に健康管理責任が移されることになった。医療保険の保険者が，被保険者に対する保険診療に対して医療機関に支払いをするだけではなく，被保険者の健康管理の責任を負うことになった。日雇い労働者などの不安定就労者は，健康保険証を持ってない人が多いことから，このような保険者による健康管理の対象にならないのではないかと思われる。この人たちは住民かどうかということで自治体の健康管理からはずれていただけではなく，新たな健康管理体制からももれてしまうことになると思われる。健康保険未加入者には検診を受ける権利も保障されなくなるかもしれない。制度が精緻で緻

密になっていけばいくほど，漏れ出ていく人が多くなっていくという状況が，さらに強まっていかないのか見守っていく必要がある。

(7) これからの保健対策はどうなる

　これから医療保険者による疾病予防対策の時代になる。釜ヶ崎の労働者のように病気になったら医療扶助でしか医療を受けることができない人々は，健康支援対策からは外れてしまう可能性がある。これまでのわが国の医療保障制度が社会保障制度であり得たのは，市町村が運営する国民健康保険制度が存在していたためである。国保は営利保険とは性格を異にするもので，市町村が運営する国保が個人営業者等をカバーするということで，この国民皆保険制度が機能していた。この国保制度を市町村から，都道府県レベルに広域化することが進められている。国保の財政基盤を安定化させるためである。この制度改革の中には，なぜこれまで市町村が運営主体とされてきたのかという国保制度の本質的な基盤について検討されているのか疑問に思っている。市町村の広域化が進み，さらに都道府県が運営主体になった場合，個別に医療の必要性の有無を検討するというような実態に即した運用ができなくなり，形式的な運用しかできない制度になる可能性がある。釜ヶ崎の労働者のような人々の健康問題の解決を一層困難なものにしていくことにならないように考えていかなければならない。また，医療保険者が健康管理の責任をもつという制度は，社会保障の法制度の点で問題はないのだろうか。生活保護受給者については，健康管理や健康支援の主体はどこになるのであろうか。制度的には福祉事務所となるが，どうなるのか検討が必要である。

2）ホームレスに対する保健医療

　釜ヶ崎の人々の外来受診先として社会医療センターがあるが，そこの受診者は多く，受診のためには長い列につらならければならない。それ以外の選択肢としては救急車を呼んで医療機関に搬送してもらうという方法がある。昭和40年代から医療に繋がる手段としてはその件数が増加してきていた。釜ヶ崎の実態からは昭和40年の後半，50年から医療サービスの入口として救急搬送の件数

が増加し，救急病院を経て周辺の病院で処遇されるという仕組みが出来あがっている。近年は生活保護受給者が多くなってきたために，要保護傷病者数はピークアウトしている。医療保障制度という正規のルートがあるのに，救急医療のルートでしか医療を受けれないことがなぜ容認されて来たのか疑問な点もあるが，ホームレスに対する医療需要の多くを救急医療が担ってきた現実がある。

(1) 要保護傷病者への対応

　都市には流入労働力を受け入れる労働の需要が多くある。そのために都市においては自営業，中小零細企業従業員，臨時工，日雇い労働者などの多くの不安定就労者・不安定生活者が存在している。高度経済成長期に流入してきた多数の不安定就労生活者の数的な圧力は大きく，高齢で，傷病を有した者に対しては，既存の社会福祉資源や医療施設だけでは対応しきれない状況になったものと思われる。これらの増大する社会福祉需要は民間の医療機関で対応される状況になってきた。生活保護法第25条１項において，要保護者が急迫した状況にあるときは，保護の実施機関は，すみやかに職権をもって保護の種類，程度及び方法を決定し，保護を開始しなければならないと定められている。また，市町村の救急業務運用規定において救急隊は生活保護法に定める被保護者又は要保護者等である傷病者を取り扱うときは，やむを得ない場合のほか，生活保護法による指定医療機関に搬送し，直ちにその旨を署長に報告する。報告を受け取った消防署長は要保護傷病者送院通知書を作成して収容医療機関を所管する福祉事務所長に通知するように定めている。このために，救急搬送されたホームレスに対して要保護傷病者として医療が提供されることになる。大阪市の平成13年の要保護傷病者数は16,794人であった。一方で都市部には生活困窮者が多いことから無料低額診療施設が存在している。無料又は低額診療事業とは社会福祉法第２条第３項に規定する生計困難者のために無料又は低額な料金で診療を行う事業である。大阪社会医療センターは釜ヶ崎の総合対策の一環として昭和45年７月１日に開設された無料低額診療施設である。社会医療センターの平成18年度の外来患者数は１日平均約330人，稼動病床は79床の医療施設である。このセンターは，保険証・現金を所持していない労働者・ホームレスに対

し診療費の貸し付け（診療減免）額は年間2億円を超えている。これは大阪市の補助金により補てんされている。しかし，無料低額診療制度がありながら，その制度の運用には枠をはめられている。国民皆保険制度が達成されており，しかも国民が豊かになって，むしろこうした制度の必要性が乏しくなってきていると考えられているからである。社会全体が貧困という時代にはカバーされていた人々に対する医療サービスが，国民の中に生活困窮者が少なくなるとともにその制度が縮小されることになる。しかし，何かの理由で会社が倒産したり，自分が病気になって生活出来ないという人が一定の割合で生じている現実があることも忘れてはならないはずである。

(2) ホームレス者の医療とその課題

要保護傷病の救急患者を最も多く受け入れている救急病院がある。救急外来とそこからの入院のみの診療を行い，一般外来を行っていない。救急病院であるために入院期間が3週間以内であり，病気の療養を考えると他の病院への転院が必要となる。これらの救急病院では，救急隊と後方病院を含めた病院群のネットワークの中で入院治療が行われている。これに対し，前述したとおり釜ヶ崎にある社会福祉法人社会医療センターは，釜ヶ崎の総合対策の一環として設立され，また無料低額診療施設である。病院には医療ソーシャル・ワーカーが置かれ，医療上，生活上の相談に応じ，福祉，保健当局との密接な連携とネットワークの中で診療を行っている。一般外来とともに入院治療が行われている。両医療機関の診療体制の違いがそのまま両医療機関の入院患者の特性に影響を及ぼしている。救急病院の入院患者はホームレス生活等で身体が衰弱した高齢者，または低栄養，肺炎，急性疾患を有した者が多く，社会医療センターは，高血圧や糖尿病などの慢性的に管理が必要な患者と肉体労働の結果もたらされた整形外科疾患の患者であるという特徴を有している。釜ヶ崎にはこの2つの医療機関が存在することにより，一定の医療ニーズが満たされている状況にある。しかし，ホームレスに必要とされる医療ニーズのすべてには対応できているとはいえない。

第1には救急病院による応急的な医療対応だけでは，患者の高齢化，および生活習慣病のような日常的・継続的な医療の提供や，必要な疾患管理ができな

いことがある。つまり，年齢構成上60歳を超える者も多くなってきており，これらの者は就労して生活することは難しく，長期的な生活基盤の提供もあわせた援助が必要になってきている。このニーズに応えるには現在の医療機関の短期の入院処遇だけでは限界がある。また疾病構造の面からは，高血圧，糖尿病，脳卒中，肝疾患，骨関節疾患など長期的管理が必要な慢性疾患の割合が高く，また飲酒問題については依存症にまでいたっている者も多くなっている。病院の入院だけで解決することは難しく，これまでの入院処遇の形態から，NPO，自助組織など社会的な支援の中で問題を解決する形態へと転換していくことが必要となってきている。

　第2に，疾病管理の外来機能を有している社会医療センターでは，近年外来患者数が急増し，また受診者の平均年齢が59歳と高年齢化し，不規則な食生活，多量飲酒，高血圧症，糖尿病，慢性肝炎，心疾患などの生活習慣病，過去の肉体労働による関節の変形性疾患（整形外科系）などの者が多く，開設当初の疾病構造から変化してきている。これらの問題は病院だけでは対応できない問題である。これらの人々に必要な医療は一時的な治療や入院というものではなく，生涯にわたって通院治療や健康管理が出来る保健医療施設が必要となっている。現状では，医療保険がなく経済的困窮者に対して外来診療を提供しているのは社会医療センターだけであるが，社会的自立の難しい高齢者，慢性疾患患者，障害者，アルコール依存者に対応するには地域における多様な人的資源，社会的資源の組織化が必要である。そのためには官・公・民・私の組織が力をあわせて新たな社会システムを生み出していくことが重要となっている。

(3) 生活保護制度の課題

　現状の生活保護制度には幾つかの課題がある。現在の生活保護制度の運用は，不正受給防止のため，その運用が緻密的で紋切り型であり，人間社会の現実との間に距離がある。公費を使った制度である限界かも知れないが，緻密な運用がかえってコストを増やしている状況にある。国民健康保険制度は，市町村が運営し，被保険者に対する医療サービスと健康管理の責任を負っているのであるが，生活保護制度においては福祉事務所が受給者の健康管理に対処できている状況にはない。生活保護受給者に対しては医療費だけを支給するにとどまっ

ている。釜ヶ崎の労働者は高齢化してきて生活保護受給者になる者が増えているが，生活保護を受給している人の健康管理を担当する主体をつくらない限り不必要な受療が少なくできない。また，釜ヶ崎の人々に対して結核検診をして患者発見した時に問題となるのは，発見患者の精密検査や治療を行うには，生活保護の実施機関に申請して生活保護を適用してもらわないと医療につなげることができないということである。排菌患者であっても病院は医療費の支払い問題が解決しなければ引き取ってくれない。また近年結核病院の入院期間は人権問題に抵触するということもあり，治療終了までの入院はできない状況になってきている。一方，生活保護制度は原則として居所が定まっていないと受給できないという制約がある。ホームレスは治療継続のためには退院後アパートを探さないと生活保護の継続はできない。これまで生活保護受給者の場合，治療終了まで入院ということで制度が適用されてきたが，2か月位で退院となることになり，現在釜ヶ崎に通院治療ができる結核診療の拠点をつくっていくことが緊急の大きな課題となっている。釜ヶ崎の結核問題がなぜ解決しないのかを突き詰めていくと，結核予防法などの法制度が整っていないとか，治療法が確立していない，財政状況が逼迫しているということではなく，結核問題を解決するために諸制度を柔軟に活用するための知恵と調整する努力不足が大きいように思われる。つまり結核予防法で対応していかなければならないのに，生活保護制度の原理原則にとらわれた対策に委ねていることが結核問題の解決が進まない現実はなんとかしないといけない。

参考文献

1) Amore J, Hung O, Chiang W, et al. The epidemiology of the homeless population and its impact on an urban emergency department. Acad Emerg Med. 2001; 8(11): 1051-1055
2) Little GF., Watson DP. The homeless in the emergency department: a patient profile. J Accid Emerg Med. 1996; 13(6):415-417
3) Padgett DK, Struening EL, Andrews H, Pittman J. Predictors of emergency room use by homeless adults in New York City: the influence of predisposing, enabling and need factors. Soc Sci Med. 1995; 41(4): 547-56
4) 安部嘉男，吉岡敏治．救命後の対応をめぐる諸問題　社会的入院　独り暮らし，ホームレス，不法滞在外国人など．救急医学，2001；25巻：937-942

5) 大阪市消防局, 救急年報, 大阪市消防局, 1974-2003
6) 木所昭夫, 本邦における救急医療の現況. 順天堂医学, 2001；47：302-312
7) 吉田寛, 高鳥毛敏雄, 中西範幸, 他. 大都市部救急告知病院に搬送された行旅病人の健康状態とその特性. 病院管理, 2003；40(2)：143-150
8) Moss JE, Flower CL, Houghton LM, et al. A multidisciplinary care coordination Team improves emergency department discharge planning practice. Med J Aust. 2002; 177(8): 435-439
9) Olsson M, Hansagi H. Repeated use of the emergency department: qualitative study of the patient's perspective. Emerg Med J. 2001; 18(6): 430-434
10) Mandelberg JH, Kuhn RE, Kohn MA. Epidemiologic analysis of an urban, public emergency department's frequent users. Acad Emerg Med. 2000; 7(6): 637-46
11) 谷本佐理名, 簑輪眞澄, 渋谷駅周辺の路上生活者の生活と健康. 日本公衆衛生雑誌, 1999；46(9)：838-846
12) 逢坂隆子, 坂井芳夫, 黒田研二, 他, 大阪市におけるホームレス者の死亡調査. 日本公衆衛生雑誌, 2003；50：686-696
13) 関なおみ, 矢口昇, 東京都の路上生活者におけるコロモジラミ症の再興. 衛生動物, 2003；54：81-87
14) Raoult D., Foucault C., Brouqui P. Infections in the homeless. Lancet Infect Dis. 2001; 1(2): 77-84
15) 小橋元, 太田薫里, 長野俊輔, 他, 札幌市におけるホームレス者の健康問題と生活習慣の実態 平成12年の健康相談会の実践から. 日本公衆衛生雑誌, 2001；48：785-793
16) Hwang SW; Bugeja AL. Barriers to appropriate diabetes management among homeless people in Toronto. CMAJ. 2000; 163(2): 161-165
17) Takano T, Nakamura K, Takeuchi S, et al. Disease patterns of the homeless in Tokyo. J Urban Health. 1999; 76(1): 73-84
18) 稲垣絹代, 野宿生活者の健康の実態 釜ヶ崎の健康相談活動より. 日本地域看護学会誌, 1999；1：75-80
19) Wolf L. A tuberculosis control plan for ambulatory care centers. Nurse Pract. 1995; 20(6): 34-36, 39-40
20) 高鳥毛敏雄：分担研究「大都市の特定地域における結核の実態と対策の在り方に関する研究」報告書I. (平成8年度厚生科学研究費補助金 (健康地球計画研究事業) 地球環境の変化に伴う感染症としての結核の対策に関する研究 (主任研究者 森亨)), 大阪大学医学部公衆衛生学教室, 1997：1-94
21) 高鳥毛敏雄：平成9年度厚生科学研究費補助金, 新興・再興感染症研究事業「再興感染症としての結核対策のあり方に関する総合研究」, 分担研究「大都市の特定地域における結核実態と対策に関する研究 (II)」平成9年度報告書, 1998.

22) Moran GJ., Fuchs MA., Jarvis WR., et al. Tuberculosis infection-control practices in United States emergency departments. Ann Emerg Med. 1995; 26(3): 283-289
23) 黒木美弥, 都市部の結核対策 ホームレス対策. 地域保健, 2004；35：48-54
24) Rayner D. Reducing the spread of tuberculosis in the homeless population. Br J Nurs. 2000; 9(13): 871-875
25) 木戸宜子, 住所不定の結核患者に対するソーシャルワークの課題. 日本公衆衛生雑誌, 2000；47：894-899
26) Rendleman NJ. Mandated tuberculosis screening in a community of homeless people. Am J Prev Med. 1999; 17(2): 108-113
27) 山中克己, 明石都美, 宮尾克, 他, 住所不定者の結核及び生活状況に関する調査. 結核, 1999；74：99-105
28) Asch S., Leake B., Knowles L., et al. Tuberculosis in homeless patients: potential for case finding in public emergency departments. Ann Emerg Med. 1998; 32(2): 144-147
29) Kumar D, Citron KM, Leese J, Watson JM., Tuberculosis among the homeless at a temporary shelter in London: report of a chest x ray screening programme. J Epidemiol Community Health. 1995; 49(6): 629-33
30) Brudney K. Homelessness and TB: a study in failure. J Law Med Ethics. 1993; 21(3-4): 360-367
31) 谷本佐理名, 簑輪眞澄, 渋谷駅周辺の野宿者と飲酒. 日本アルコール・薬物医学会雑誌, 1998；33：718-726
32) 高鳥毛敏雄, 都市住民男性の飲酒習慣ならびに飲酒量増加に関連する要因—大震災後の応急仮設住宅入居者における分析—. 日本公衛誌, 2001；48(5)：344-355
33) Riley AJ, Harding G, Underwood MR, et al. Homelessness: a problem for primary care?. Br J Gen Pract. 2003; 53(491): 473-479
34) Weinreb L, Goldberg R, Perloff J. Health characteristics and medical service use patterns of sheltered homeless and low-income housed mothers. J Gen Intern Med. 1998; 13(6): 389-397
35) Marks SM, Taylor Z, Burrows NR, et al. Hospitalization of homeless persons with tuberculosis in the United States. Am J Public Health. 2000; 90(3): 435-438
36) Gillis LM, Singer J. Breaking through the barriers: healthcare for the homeless. J Nurs Adm. 1997; 27(6): 30-34
37) 吉岡初枝, 大阪市「あいりん」地域の健康問題についての報告, 社会医学研究, 2002；20：67-71
38) Macnee CL, Hemphill JC, Letran J. Screening clinics for the homeless: evaluating outcomes. J-Community-Health-Nurs. 1996; 13(3): 167-177
39) Tompkins CN, Wright NM, Sheard L, et al. Associations between migrancy, health and

homelessness: a cross-sectional study. Health Soc Care Community. 2003; 11(5): 446-52

40) Gelberg L, Andersen RM, Leake BD. The Behavioral Model for Vulnerable Populations: application to medical care use and outcomes for homeless people. Health Serv Res. 2000; 34(6): 1273-1302

41) 高鳥毛敏雄, 多田羅浩三, 分担研究「大阪都市圏におけるマイノリティの保健医療サービスの利用状況」報告書 (II) ―要保護傷病救急入院患者の分析―. (平成13年度厚生労働科学研究費補助金 (健康科学総合研究事業) 大都市マイノリティに対する保健医療サービスの国際比較研究 (主任研究者川口雄二), 大阪大学医学部公衆衛生学教室, 2002; 1-139

42) 高鳥毛敏雄, 都市問題としての結核とその対策. 結核. 2002; 77: 679-686.

43) 高鳥毛敏雄, 青木美憲, 谷掛千里, 他, 大阪市の結核罹患率の低下速度の鈍化要因に関する分析. 結核. 2000; 75: 533-544.

44) 高鳥毛敏雄, 多田羅浩三, 黒田研二, 他, 救急搬送要保護傷病入院患者の疾病構造と保健医療システムの現状の検討. 社会医学研究. 2005; 22: 1-12.

45) 吉田寛, 高鳥毛敏雄, 中西範幸, 他, 大都市部救急告知病院に搬送された行旅病人の健康状態とその特性. 病院管理. 2003; 40: 143-150.

46) 黒川渡, 黒田研二, 逢坂隆子, 他, アウト・リーチ活動により認められた路上・公園・河川敷等野宿生活者の健康実態と医療・保険・福祉制度の課題. 社会医学研究. 2005; 22: 51-61.

47) Stephen C. J. New York City, Tuberculosis, and the Public Health Infrastructure. The Journal of law, Medicine & Ethics. 1993; 21: 372-375.

48) Frieden T. R., Fujiwara P. I., Washko R. M. Tuberculosis in New York City - Turning the tide. N Engl J Med. 1995; 333: 229-233.

49) Department of Health. Stopping Tuberculosis in England, An Action Plan from the Chief Medical Officer, Department of Health, 2004: 1-21.

50) 高鳥毛敏雄, 英国, ロンドンで再興する結核とその対策. 公衆衛生. 2005; 69: 203-208.

51) Timothy F Brewer, S Jody Heymann. To control and beyond: moving towards eliminating the global tuberculosis threat. J Epidemiology Community Health 2004; 58: 822-825.

52) 岩崎龍郎: 日本における結核の歴史. 結核. 1981; 56: 407-422.

53) 森亨: 低蔓延下の結核対策のあり方. 公衆衛生. 1984; 48: 532-538.

54) 大森正子, 青木正和: 都道府県別結核罹患率の将来予測. 日本公衛誌. 1997; 44: 741-748.

55) Enarson D. A., Wang J. S., Dirks J. M. : The Incidence of Active Tuberculosis In a Large Urban Area. Am J Epidemiol. 1989; 129: 1268-1276.

56) 島尾忠男：結核患者の偏在化を来した要因の分析．結核．1967；42：315-317.
57) 高鳥毛敏雄：集団感染—大都市の結核問題，保健婦の結核展望，1998.70, 2-10.
58) 高鳥毛敏雄：都市の結核問題．呼吸器疾患・結核　資料と展望．1999.29, 11-22.
59) 大阪市環境保健局：大阪市の結核の現状—結核発生動向調査情報を中心とした分析調査報告書—．1999.
60) 大森正子：結核罹患率減少速度鈍化の要因．結核．1993；68：581-587.
61) 上松敦子，山中克己，佐々木隆一郎：都市部における最近の肺結核の動向．結核．1991；66：517-523.
62) 多田羅浩三：新しい地域保健サービス—到達水準とその進め方—，ぎょうせい，東京，1998, 3-14.
63) 多田羅浩三：公衆衛生の思想—歴史からの教訓—．医学書院，東京1999.
64) 高鳥毛敏雄：21世紀に向けての地域保健，公衆衛生，63, 2-3, 1998.
65) 山中克己，明石都美，宮尾克，他：名古屋市における5年間の住所不定者の結核統計，1991-1995年．結核．1998；73：387-394.
66) 高鳥毛敏雄：中高年齢者の結核新登録者にみる健康問題，社会医学研究　第34回社会医学研究会総会講演集，1993；36-36.
67) 和田秀雄：都市における保健所の在り方．日本公衛誌．1967；14：1185-1190.
68) Etkind S. C.: The Role of the Public Health Department In Tuberculosis. Medical Clinics of North America. 1993; 77: 1303-1314.
69) 豊田恵美子，大谷直史，松田美彦，他：過去3年間のいわゆる「住所不定」の結核症例の検討．結核．1990；65：223-226.
70) 木村敦：東京都における新登録患者の最近2年間の動向．結核．1967；42：317-319.
71) 日置治男：年令と結核，とくに治療の背景について．結核．1967；42：330-332.
72) 橋本正己訳：大英国における労働人口集団の衛生状態に関する報告書．日本公衆衛生協会，東京，1990.
73) Frost W. H.: The age-selection of mortality from tuberculosis in successive decades. Am J Hyg. 1939; 30: 91-96.
74) 井上隆智，前田泰生，加藤則之，他：大阪愛隣地区労働者の肺結核の実態について．結核．1975；50：255-261.
75) 梅村典裕：低所得層への患者集積の実状とその感染源対策の反省．結核．1967；42：328-330.
76) 中西好子，大山泰雄，高橋光良，他：サウナでの結核多発の分子疫学的解明—大都市のホームレスの結核問題に関連して—．日本公衛誌．1997；44：769-777.
77) 重松逸造：結核変遷の疫学的考察．結核．1966；41：411-426.
78) 大藪壽一編：孤独と絶望　あいりん人生追跡調査誌，幻想社，1981.
79) 山口亘：あいりん地区の結核，社会医学研究　第34回社会医学研究会総会講演集，

17-20, 1993.
80) 大森正子：最近の結核の社会医学的特徴と展望．結核．1999；74：759-766.
81) 高岡幹夫：簡易宿泊所街における死亡統計．日本公衛誌．1989；36：731-734.
82) 西本儀正，平井靖男，澤田哲雄，他：大阪市西成区あいりん地域における結核患者の実態，日本公衛誌，1998；40，10，特，647-647.
83) Fujiwara P. I., Larkin C., Frieden T. R.: Directly observed therapy in New York City. History, implementation, results, and challenges. Clin-Chest-Med. 1997; 18: 135-148.

終章　ホームレス問題が社会に問いかけるもの

黒田研二

1）はじめに

　本書は，大阪・釜ヶ崎を中心としたホームレスの生活と健康問題を検討しその支援の取り組みについて編集されたものである。本稿では，その健康問題の実態と支援のあり方の要点を述べたい。だがその前に，日本の社会がホームレスの人々をどのように遇してきたかにも，一瞥を与えることにしよう。ホームレス問題の解決の基本は，人々がそのような状態に陥ることを政策として防止することである。昨今の構造改革と称する政策は人々の経済格差を増大させ，生活の安定を保障する社会のセイフティネットを弱体化させつつある。ホームレス問題の解決を考えるとは，こうした社会の構造を問い直すことであり，同時にホースレスの人々を疎外し続ける社会の価値観を問い直すことである。

2）ホームレスに非情な日本社会

(1)　愛知県岡崎市河川敷でのホームレス襲撃事件

　愛知県岡崎市の河川敷で2006年末に生じた少年らによるホームレスへの襲撃事件の記憶はまだ新しい。2006年11月20日にホームレスの女性（69歳）が他殺体で発見される事件が起きた。静岡県警の調べでは，11月6日〜22日に同市内でこの事件を含め計8件のホームレスへの襲撃が発生。警察は住所不定，無職のK容疑者（28歳）と中学2年の少年（14歳）の2人を強盗殺人容疑で逮捕した。また，当時13歳だった同市の中学2年の少年（14歳）を強盗殺人の非行事実で県西三河児童・障害者相談センター（児相）に通告。児相から送致された名古屋家裁岡崎支部は，少年を観護措置決定した。

調べによると3人は11月19日午前1時ごろ,岡崎市板屋町の河川敷で,金品を奪う目的で共謀して女性を襲い,鉄パイプで殴るなどして殺害した。同日に他に2件の襲撃事件も起きており,K容疑者は少年らに「路上生活者を襲おうと持ちかけ一緒にやった」と供述。さらにK容疑者は,同市内で11月に生じたこれらを含む8件の襲撃事件のすべてに関与したことを供述した[1]。

強盗殺人事件には2人の中学生が関わっていたが,他の襲撃にはもうひとり別の中学生も加担していた。ホームレスを襲うこの種の事件は長年にわたって全国で頻繁に起きているが,共通するのは,ホームレスをさげすむ周囲の大人の価値観が中学生たちに影響して行為に及んでいる点である。また今回の事件は,金品を奪う目的で中学生が関与していた点も注目される。中学校などで生徒間でも,金品を強要して自殺に至らしめる悪質ないじめが発生しているが,拝金主義という価値観もこどもたちをむしばんでいるのではないか。問われているのは大人社会の価値観だといわなければならない。

(2) これまでにも相次いだ少年たちによるホームレス襲撃

少年たちによる類似のホームレス襲撃事件は,20年以上にわたって繰り返されている。そこには,少年たち自身が家庭や学校などで疎外された状況にあり,不満や鬱憤のはけ口として自分より弱いホームレスを襲うという構図がある。同時に,ホームレスを疎んじる周囲の大人たちの見方を無意識のうちに内面化し,自分の行為を正当化しようとする心理が働くことにより,こうした事件が繰り返されてきたといえよう。以下,この項を藪坂が管理するホームページ「横浜・ホームレス襲撃事件」[2]から要約して記述する。

(a) 1983年2月 横浜・ホームレス襲撃事件

港町である横浜は,船舶貨物の陸上げや積みこみなどの労働力が必要で,それらは主に日雇い労働者が請け負ってきた。そうした労働者が横浜・寿町に集まっていたが,日雇いという不安定さで,仕事にありつけないと安宿にも泊れず,公園のベンチや地下街の入り口で寝る以外になくなる。ホームレスがこの街に急増したのはオイルショック以降のことであった。1982年末から翌2月にかけて,横浜市内の公園などで,少年がホームレスを襲撃するという事件が続いた。2月12日,市内の中学生を含む少年10人が傷害致死の容疑で逮捕された。

内訳は中学生が5人，高校生が1人，無職が4人。少年らの犯行の内訳は関内駅で2件，大通り公園石の広場で1件，横浜スタジアム付近で9件。被害者はわかっているだけで死者2名，重傷13名。日によっては女性が関わっていたこともあったようで，その後さらに10人の少年が逮捕された。3月5日，横浜家裁は10人に少年鑑別所送致の処分を決定。少年らの大半は2つの市立中学を母体とした「恐舞連合」のメンバーだったが，ホームレス襲撃は対立する中区元町の「中華連合」との対決前の喧嘩の訓練として行なっていた。少年たちの供述は驚くものだった。「横浜の地下街が汚いのは浮浪者がいるせいだ。俺たちは始末し，町の美化運動に協力してやったんだ。清掃してやったんだ」「乞食なんて生きてたって汚いだけで，しょうがないでしょ」「乞食の味方をされるなんて，考えもしなかった」。

(b) 1995年10月18日　道頓堀・ホームレス投げこみ事件

　午前8時30分頃，大阪市中央区の道頓堀川（水深3.1m）に架けられた戎橋上において，手押し台車の上で仮眠していたHさん（63歳）を通りかかったA（24歳）とB（25歳）が川へ投げ落とそうと企て，Hさんの体を持ち上げ，欄干越しに5.4m下の川に突き落とし，死亡させた。

(c) 2002年1月25日　東村山・中2の4人によるホームレス逆恨み傷害致死事件

　夜，東京都東村山市のゲートボール場で暮らす無職・Sさん（55歳）が複数の少年に角材で殴られたり，蹴られるなどして外傷性ショックで死亡した。まもなく逮捕されたのは同市内の私立中学2年生の4人で，ゲートボール場の小屋で眠っていたSさんを小屋裏の空地に連れ出して1時間半にわたり暴行を加えていた。4人は同じクラスメイトの友人で，前日に図書館で騒いでいたところ，職員に出ていくように言われ，たまたま傍にいたSさんに「おまえら，何を座っているんだ」などと咎められ，根に持ったという。

(d) 2002年11月25日　熊谷・中2の3人によるホームレス暴行死事件

　午後8時頃，埼玉県熊谷市の路上で住所不定・無職のIさん（45歳）が，市内の中学2年の少年3人に暴行を受け死亡するという事件が起こった。井上さんの後頭部にはブロック塀の角で殴られたような傷があり，死因は急性硬膜下血腫だった。3人は同じ中学校に通う友人で，同日午後7時頃，レンタルビデ

オ店で「ホームレスをからかいにいこう」と1人が提案。さっそく、からかいに行くと、Ｉさんが傘を振りまわして、それが少年の1人に当たったため殴ったという。2003年1月15日、埼玉家裁熊谷支部は3人に初等少年院送致を言い渡した。

(e) 2005年10月22日　姫路・少年のホームレス焼殺事件

未明、姫路市西夢前台の国道2号夢前橋西詰め下で突如出火。段ボールを敷いて寝ていた複数の路上生活者は逃げたが、足が悪かった無職・Ｍさん（60歳）が逃げ遅れ焼死した。2006年3月16日、姫路署は火炎瓶を投げて殺害したとして、市内に住む少年4人のうち高校3年・Ａ（18歳）、中学3年・Ｂ（15歳）を逮捕した。4人は遊び仲間で、事件前からＭさんら路上生活者に投石をするなどの嫌がらせをしていた。事件前日も嫌がらせをし、Ｍさんから注意されていた。

(3) セイフティネットの機能不全

ホームレス問題を解決にするにはふたつの問いに対して解答を見出し、対策を講じなければならない。ひとつは「ホームレスがなぜ生み出されるのか」という問いであり、もうひとつは「どのような支援があればホームレス状態から脱することができるか」という問いである。

日雇い労働者の寄せ場がある大阪・釜ヶ崎、横浜・寿町、東京・山谷には、簡易宿泊所が建ち並んでいる。彼らは日雇い労働により日銭が入るときは宿泊所に寝泊まりできるが、仕事にあぶれると野宿を強いられるという不安定な生活を余儀なくされている。不況が続き仕事にあぶれる期間が長期化すると、ホームレスは常態化する。80年代初期に生じた横浜・ホームレス襲撃事件は、すでに当時、日雇い労働者のホームレス常態化が生じていたことを物語っている。80年代後半から90年代初頭にかけてのバブル経済期には一時日雇い労働の需要も高まるが、その後の長期不況は失業率を押し上げるとともに、日雇い労働者のホームレス化を促進させた。また、80年代から次第に拡大されてきたネオリベラリズム的政策は、市場原理と競争原理を強化し、企業のリストラ、非正規雇用の拡大等を促進するとともに経済階層の分極化を進めている[3][4]。その結果、中高年齢層労働者が労働市場から閉め出され、90年代後半以降、新

たなホームレスが生み出されていった。このようにホームレス問題には，失業とそれにともなう貧困という古典的な社会問題の様相が含まれている。ホームレスが生み出される機序を考えると，それは端的に雇用，所得保障，住宅といった領域の社会政策のほころびを示しているように思える。

　日本国憲法は，第25条に「すべて国民は，健康で文化的な最低限度の生活を営む権利を有する。2　国は，すべての生活部面について，社会福祉，社会保障及び公衆衛生の向上及び増進に努めなければならない。」と謳（うた）い，生活保護法の第1条は「この法律は日本国憲法第25条に規定する理念に基づき，国が生活に困窮するすべての国民に対し，その困窮の程度に応じ，必要な保護を行い，その最低限度の生活を保障するとともに，その自立を助長することを目的とする。」と定めている。第2条で，すべて国民はこの法律の定める要件を満たす限り，保護を無差別平等に受けることができることを述べ，第3条では「この法律により保障される最低限度の生活は，健康で文化的な生活水準を維持することができるものでなければならない。」としている。

　こうした憲法や生活保護法の原則が貫かれるならば，一定の社会的資本や経済的富を蓄積している日本において，いくら不況とはいえホームレス状態で餓死や凍死をする人々が生じることはありえないであろうと考えるのだが，現実はそうではない。生活保護を受給する人は，1995年度に月平均88万2千人（率では7.0‰）と一旦底をうつが，平成不況の深刻化とともにその後増加に転じて2004年度は月平均142万3千人（11.1‰）にまで増加している[5]。しかしホームレスが生活保護を申請しても，稼働年齢にあるから，あるいは住所が定まっていないからという理由で却下されることが多かった。2002年8月に「ホームレスの自立の支援等に関する特別措置法」が公布され，翌年7月「ホームレスの自立の支援等に関する基本方針」が策定されて以降，65歳未満でも病気で働くことが出来ない場合は生活保護を支給することが多くなったものの，自治体によっては，非情ともいえる対応を継続しているところもある。

　北九州市では生活保護の申請を窓口で受けつけない申請権侵害が常態化し，餓死や孤独死が続発している。1998年から2003年にかけて，政令指定都市の多くは生活保護費予算額を50％前後増加させているが（札幌，仙台，川崎，横浜，名古屋，大阪，神戸，広島は35％～65％の範囲，千葉は100％超，京都，福岡は20％

ほど），しかし北九州市は，−0.15％と，その間に生活保護費をまったく増額させていない(6)。2006年5月23日に北九州市門司区でミイラ化した遺体で発見された男性（56歳）は，前年の8月に失業，収入がなく水道，ガス，電気が止められていた。2回にわたり生活保護を申請したが福祉事務所は親族で相談するようにといい，申請書を渡さずに帰し，保護が受けられないまま1月に餓死したとみられている。

3）健康政策の視点からみたホームレス問題

　生活保護は各種の社会保障制度の中でも最終的なセイフティネットである。日本の社会保障制度は，医療保障にせよ年金保険や雇用保険を含む所得保障にせよ，社会保険制度を基盤として職域または地域との関連のもとで発達してきた。野宿を余儀なくされ，定まった職場を持たず，定住する地域も持たない人々は，一般の社会保障施策の対象から漏れてしまう。ホームレスであるために医療保険制度から閉め出され，医療機関へのアクセスは制約され，適切な診断や治療を受けることができない。最後のセイフティネットである生活保護からも閉め出される。加えて，問題は社会制度の次元にあるだけではない。先述のように日本の各地でホームレス襲撃事件が起きている。ホームレスに負のしるし付けをし，地域社会から排除しようとする心理的な力動も現存している。
　こうした「社会的排除」の力に対していま問われているのは，欧州では政策目標として掲げられている「社会的包摂（Social inclusion）」を，わが国でもいかに具体化するかということである。
　健康はすべての人々に共通する課題であり，健康という視点からホームレス問題に接近することは，社会的包摂を進めるためにも有効であるように思われる。「健康の不平等（Health inequalities）の縮小」という概念も「社会的包摂」と同様，欧州とくに英国で重要な政策目標となっている。「健康の不平等の縮小」は，社会的に不利な立場にある集団や地域と，それ以外の集団・地域との間にみられる健康格差を減少させ，社会全体の健康の水準を高めることを目標にしている。2003年7月に英国保健省は残り11省の協力のもとに「健康の不平等への取組み：行動のための計画」を発表した。そこでは2010年までに乳児死

亡率と平均寿命にみられる格差を，10パーセント減少させることを数値目標として掲げている。この行動計画は冒頭で次のように述べる。「健康の不平等への取組みは，政府にとって最も優先順位の高い課題である。なぜか。健康の不平等は避けることのできるものであるし，基本的に不公正なことだからである。」[7]

　一定の人間集団や地域の健康水準は，人々の生活水準に密接に関連している。生活水準は経済水準に規定される部分が大きい。健康の不平等は，一定程度，経済格差を反映しているといえよう。したがって経済格差を縮小させることが，健康の不平等を縮小させる有力な手段となるであろう。しかし，健康の格差と経済格差は，ひとつの現象の二つの側面というほどに一体化したものでもない。健康の不平等を縮小させるには経済格差の是正といった政策以外にも，さまざまなアプローチを必要としている。健康教育，食生活の改善，生活習慣の変容，健康診断や医療の普及，安定した住居の供給といった他の分野の政策も，健康の不平等を縮小させるために不可欠なものである。

　それでは，安定した住居と仕事を喪失し，貧困を余儀なくされているホームレスの人々の健康状態はどのようであろうか。ここではまず，2003年1月～2月に実施されたホームレスに対する全国規模の実態調査[8]の結果を見ておこう。調査では都市公園，河川，道路，駅舎その他の施設を起居の場所として日常生活を営んでいるホームレスの人数の把握と同時に，約2,000人を対象に面接による生活実態調査が実施された。ホームレスの平均年齢は55.9歳，50歳以上64歳以下の年齢層が3分の2を占めていた。現在の身体の具合を尋ねた結果，具合の悪いところがあると回答した者は47.4%，そのうち，何も対応していない者が68.4%であった。身体不調を訴える者は5割弱，そのうち治療を受けていない者は7割弱という数字は，ホームレスに対する保健・医療の確保の必要性を強く示している。ホームレスに陥った理由に「病気・けが・高齢で仕事ができなくなった」を挙げる人が2割弱あり，健康状態の悪化はホームレスという状態を固定化させる要因のひとつとなっている。一方で，長期のホームレス状態のもとで健康がむしばまれていく人々が多数存在する。不健康状態とホームレス状態は，いわば悪循環を形成して，人々を螺旋状に降下させていくといえよう。

4）釜ヶ崎におけるホームレスの健康実態

(1) ホームレスの健康実態——大阪市特別清掃事業従事者の健康診査

　こうしたデータは，ホームレスの置かれた状況の過酷さ，健康の阻害状況を示すものである。しかし，現に生活しているホームレスの健康状態や医療ニーズを示す実証的データは乏しい。そこで，野宿生活者が多くを占める大阪市の高齢者特別清掃事業従事者を対象に健康診査を実施し，野宿生活が健康状態に具体的にどのような影響を与えているかをわれわれは調査した。特別清掃事業登録対象となるのは55歳以上のホームレスであり，2003年度は2,893名が登録していた。あいりん地区で日雇い労働をしていた人が多くを占める。2003年9月に行った健康診査の受診者のうち，質問票への回答と健康診査受診の両方をあわせて行った917名についてのデータを分析した。917名のうち914名は男性で，平均年齢は60.5歳であった。以下，重要な所見をいくつか示す。

(a) 要医療者・要精密検査者が健診受診者の4分の3を占める

　実施した17項目の検査のうち，要医療と判定された人の割合は，多い順に，重症高血圧の15.7％，血糖値11.0％，γ-GTP 8.2％などで，1項目以上に要医療と判定された人は34.1％を占めた。要医療・要精密検査（精検）をあわせた割合は，血圧35.9％，尿検査20.2％，血糖値19.6％，トリグリセリド18.5％，総コレステロール15.7％，γ-GTP 11.9％，胸部X線5.7％，ヘマトクリット5.0％などで，要医療・要精検と判定された人はあわせて74.8％を占めた。

(b) とくに高血圧の人の割合が多い。背景に，野宿からくるストレス，医療受診からの疎外などがある

　重症高血圧（収縮期血圧180mmHg以上，又は拡張期血圧110mmHg以上）の人は15.7％を占め，中等症高血圧（収縮期血圧160mmHg以上，又は拡張期血圧100mmHg以上で，重症高血圧を除く）は20.2％，あわせると36％に達していた。この結果を「平成13年度厚生労働省国民栄養調査結果」と比較すると，ホームレス集団では，重症高血圧の割合は4倍以上多かった。高血圧の頻度が高いことの背景には，野宿からくるストレスや飲酒といった問題が考えられる。同時に，継続的に医療受診を行うことが困難な状況に置かれていることが理由にあ

げられる。健診受診者のうち高血圧のため治療を受けていると答えた人は8.7%に過ぎなかった。「平成13年度厚生労働省国民栄養調査結果」では，血圧降下薬の服用者は，50歳代では15.7%，60歳代では29.6%である。本調査の対象者が，必要な医療受診から疎外されている集団であることが明らかである。

(c) 食事・栄養摂取，歯の状態に問題がある人が半数以上を占める

表1　血圧の状況，ホームレス健診[注]と国民栄養調査の比較　　　単位：%

	ホームレス健診 総数	50歳代 ホームレス健診	50歳代 国民栄養調査	60歳代 ホームレス健診	60歳代 国民栄養調査
至適血圧	10.9	12.9	13.9	9.5	10.4
正常血圧	11.4	11.1	21.6	10.9	11.7
正常高値血圧	13.4	14.1	22.2	13.2	21.2
軽症高血圧	28.4	29.7	28.0	27.5	38.6
中等症高血圧	20.2	18.1	11.1	21.7	14.5
重症高血圧	15.7	14.1	3.3	17.2	3.6

注　大阪市高齢者特別清掃事業従事者を対象とした健診

健診受診者のうち，1週間に一食も食べられなかった日が1日以上ある人が32.8%認められた。卵・肉・魚といった動物性たんぱく源を摂る日が1週間に2日以下の人が50.0%を占め，野菜・果物の摂取が1週間2日以下の人は62.6%を占めた。食事摂取にも関連する歯の状態について尋ねたところ，「歯がなくて不自由している」人が64.4%を占めていた。健診結果と問診票を結びつけて分析すると，欠食日が多い人ほど，血液検査から示されるヘモグロビン（血色素）量，総コレステロール値，血清総たんぱく値，アルブミン値などが低いことが明らかになった。食生活の貧困は，身体的健康をむしばむ要因となっていると考えられる。また，高齢野宿者における歯の欠損は，健康管理上注目すべき問題である。

(d) 飲酒の問題は3割の人に認められ，肝機能障害の頻度も高い。問題飲酒はストレスと関連している

飲酒については，久里浜式アルコール依存症スクリーニングテスト（KAST）を参照して，飲酒に伴う問題（以下，問題飲酒）5項目について最近6か月の間に該当するものがあるかどうかを尋ねた。回答者総数のうち，「せめて今日だけは酒を飲むまいと思っても，つい飲んでしまうことが多い」に該当する人

は21.2％，「酒を飲んだ翌朝に前夜のことをところどころ思い出せないことがしばしばある」8.7％，「酒が原因で，たいせつな人（家族や友人）との人間関係にひびがはいったことがある」7.1％，「適量で止めようと思っても，つい酔いつぶれるまで飲んでしまう」6.8％，「周囲の人（友人，家族など）から大酒飲みと非難されたことがある」2.9％となっており，問題飲酒に1項目以上該当する人が30.7％を占めていた。飲酒と絡んで肝機能（γ-GTP）に異常値（81IU/l以上）を示す人は24.3％認められた。

問題飲酒は，生活のストレスとの関連が強かった。普段寝起きしている場所が，野宿およびそれに近い状態である自前のテント，シェルターのいずれかである人（「野宿生活者」67.3％）と，それ以外に簡易宿泊所（ドヤ）やアパートにいる人を比較すると，野宿生活者では，問題飲酒2項目以上に該当する人，夜間不眠を訴える人，ストレスが健康に悪影響を及ぼしていると自覚している人の割合が，それ以外の人より有意に高かった（表2）。また，問題飲酒，不眠，ストレスの健康への悪影響の3変数間にも，強い関連が認められた。

表2　寝起きの場所別にみたストレスの状況　　　　　　　　　　人数（％）

		総数	野宿生活者	それ以外	χ^2検定
問題飲酒		（n＝917）	（n＝617）	（n＝300）	
	問題飲酒なし	635(69.2)	421(68.2)	214(71.3)	
	問題飲酒1項目	203(22.1)	126(20.4)	77(25.7)	＊＊
	問題飲酒2項目以上	79(8.6)	70(11.3)	9(3.0)	
睡眠状況		（n＝857）	（n＝597）	（n＝260）	
	よく眠れる	159(18.6)	90(15.1)	69(26.5)	
	まあ眠れる	350(40.8)	243(40.7)	107(41.2)	＊＊
	あまり眠れない	315(36.8)	236(39.5)	79(30.4)	
	ほとんど眠れない	33(3.9)	28(4.7)	5(1.9)	
ストレスの健康への影響		（n＝816）	（n＝568）	（n＝248）	
	影響なし	117(14.3)	70(12.3)	47(19.0)	
	少し	197(24.1)	124(21.8)	73(29.4)	
	ある程度	280(34.3)	197(34.7)	83(33.5)	＊＊
	かなり	147(18.0)	117(20.6)	30(12.1)	
	非常に強い	75(9.2)	60(10.6)	15(6.0)	

＊ $p<0.05$　　＊＊ $p<0.01$

(2) 健康支援から包括的支援へ

こうした健康診査結果をもとに、ホームレスの支援のあり方について考えてみる。ホームレスの自立生活にむけた支援において、健康の回復・保持はその前提となるものであるが、健康を保持するためには、住居、食事、医療、ソーシャルネットワーク（人々の人間的なつながり）などの基本的生活ニーズが充足されることが必要である。健康相談や健康診査などを通じた健康への支援は、基本的生活ニーズ充足のための生活支援へと展開されることが求められている。また、そのような支援が前提にあって、はじめて自立生活にむけた支援が可能になる。つまり、健康支援は生活支援、自立・就労支援を含む包括的支援に向かう入り口としての意義をもっており、包括的支援の中に位置づけられる必要がある。こうした考えを図式化すると図1のようになる。

図1　包括的支援施策の一環としての健康支援

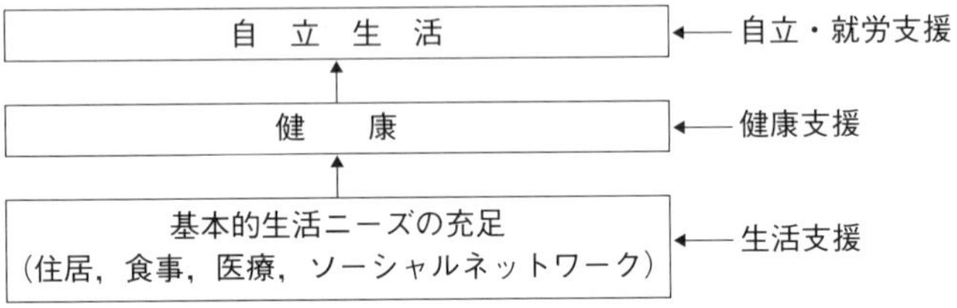

```
┌─────────────────────────┐
│      自 立 生 活         │ ←── 自立・就労支援
└─────────────────────────┘
┌─────────────────────────┐
│      健   康            │ ←── 健康支援
└─────────────────────────┘
┌─────────────────────────┐
│  基本的生活ニーズの充足   │ ←── 生活支援
│(住居，食事，医療，ソーシャルネットワーク)│
└─────────────────────────┘
```

5）包括的支援施策の課題

健康支援から包括的支援へと展開していく過程で浮かび上がる課題を、以下3点にまとめる。

(1) 健康支援と必要な医療の確保

「ホームレスの自立の支援等に関する特別措置法」は、第3条に施策の目標として、ホームレスの自立のために「安定した雇用の場の確保」「安定した居住の場所の確保」と並んで「健康診断、医療の提供等による保健及び医療の確保」および「生活に関する相談及び指導」を実施することを定めている。「ホームレスの自立の支援等に関する基本方針」の中の「保健及び医療の確保について」の項には、保健所等による「健康相談」と「保健指導」、医療の必

要がある人への「受診勧奨」と「継続的相談支援」および結核患者に対する訪問等による「服薬対面指導」が取り上げられている。また，ホームレスに対する医療の確保の対策として「無料低額診療施設の活用」と「医療機関に緊急搬送された場合の医療扶助の適用」に触れている。保健所における取組みの他，市町村では，老人保健法の健康診査事業や訪問指導事業を活用して，ホームレスへの健康支援の施策を展開することも可能であるし，また，ホームレスに対する結核検診は，結核予防法に基づき市町村が行う住民検診の一環として取り組む必要がある。

　ホームレスの健康診査や健康相談の活動を行えば，通常より高頻度で要医療者等が出現する。要医療，要精密検査と判定される人々に対し，どのような手順で医療を確保するか，健康支援の実施主体は，福祉事務所，医療機関などと事前に打ち合わせておくことが必要である。入院治療が必要な場合は生活保護を適用する。「基本方針」は，ホームレスに必要な医療を確保する手段に関し，高血圧や糖尿病などの慢性疾患や歯科治療などで継続した通院治療が必要な場合についての一般医療機関における対応には触れていないが，場合によって医療扶助のみの適用によって，慢性疾患の通院治療に対応することが必要である。

(2) 個別継続支援

　健康支援活動として健診あるいは相談事業を行い，そこで健康上の問題（例えば高血圧，糖尿病，結核など）が見出されたら，次にそれを解決するための継続的支援が要請される。もし高血圧が持続しているのであれば，本人と一緒にその問題の解決方法を考える。高血圧を助長する生活要因（ストレス，飲酒，塩分過剰摂取など）を改善する方法や，降圧剤の服薬を考えることになる。そのためには医療のみならず，住居，食事などの生活条件や生活様式を見直す必要もでてくる。生活環境を改善しながらこうしたニーズを充足する方法を一緒に考えていくには，一定の時間も必要である。個々のニーズに沿いながら，その解決の方法を考え，さまざまな社会資源を利用し，環境を改善していく支援はケースマネジメントとよばれている。健康支援活動には，こうした継続的な個別支援が付随していなければならない。このような個別支援では，どのような課題の解決をめざすか，どのような目標を設定するかは，本人と支援者が共

同で設定する。そのような支援が効果を発揮すれば，健康支援は，生活支援あるいは自立支援へと発展することになる。札幌市や広島市で取り組まれているホームレス支援活動は，健康支援に限定したものではなく，生活相談，就労や住居の支援などを含んだ，総合的な視点に立つものである。健康支援は，こうした包括的支援のひとつに位置づけられて実施されるときに効果的な支援となる。

　こうした包括的な支援を進めるには，いくつかの条件を満たす必要がある。第1に，支援する側と本人との関係のあり方である。本人が継続して接触するには信頼関係が重要となる。第2に，支援者が医療や生活支援に関する社会資源に精通していることである。支援者がひとりでそうした支援の知識や技術をもつことが難しい場合が多いので，しばしば支援は，保健・福祉・法律関係者のチームワークの中で提供されることになる。第3に，問題を解決するための社会資源を開発することである。問題を解決するための選択肢は多い方がよい。複数の選択肢があれば，利用者の好みによって選ぶことができる。

(3) 公民連携，分野間政策連携

　各地で展開されているホームレスの支援活動をみると，民間団体の活動が先行しているところが多い。ホームレスの人々を対象とした地方自治体による保健サービスは「ホームレスの自立の支援等に関する特別措置法」と「基本方針」の策定が引き金となって，新たな行政対応がはじまったところが多い。

　民間団体の活動には，行政の事業にはない柔軟な姿勢や工夫をしばしば見出すことができる。第1に，民間団体は当事者の生活に寄り添う姿勢が強い。日曜・祭日の健康相談の実施，夜間の巡回など活動時間が柔軟で，それだけに信頼関係を形成しやすい。また，活動を通じたニーズの把握がより具体的である。行政施策では保護する側とされる側といった一方向的関係が形成されることが多いが，民間団体の活動にはボランティアや学生などさまざまな人が参加し，当事者とも多様な人間関係を形成することが可能となる。第2に，民間団体は，社会的ミッションや宗教的信念をもっていることが多いが，それが原動力となって活動の持続性を生み出している。そして持続した取り組みの中から経験が蓄積されている。しかし，民間団体の大きな弱点はその財政基盤が脆弱なこ

とである。民間団体のもつ弱点を補い，優れた点を活かす役割は，国および地方自治体が担う必要がある。

　地方自治体と民間団体との協働の事例を札幌市にみることができる。札幌市は，「自立支援法」施行以来，行政として対策の方向を探るため，民間支援団体との懇談会をもっている。2003年度には，札幌市保健福祉局保護指導課と支援団体が2回の懇談会を開催した。支援団体側からは，札幌市内で活動する民間3団体が出席した。懇談の内容は，生活保護支給，住居，就労，活動協力などについての民間団体からの要望，市と合同で開催を予定している「総合相談会」の実施計画などであった。2004年10月に札幌市民会館で開催された，「炊き出し・総合相談会」は，「北海道の労働と福祉を考える会」「NPOハンド・イン・ハンド」および札幌市の共催であった。それに札幌弁護士会と市内ハローワークが協力し実施された。内容は，①健康診断（問診，血圧測定，検尿，血液検査，胸部X線検査），②炊き出し（おにぎり，豚汁），③日用品配布（風呂券など），④精神保健相談（札幌こころのセンター），⑤就労相談（ハローワーク），⑥法律相談（札幌弁護士会人権擁護委員会），および⑦生活・福祉相談（区役所保護課）を含む総合相談である。

　地方自治体と民間団体の協働についてみてきたが，同様に必要なのが，異なる行政部門間あるいは行政主体間の連携である。上記の札幌市の例では，市の保健と福祉部門のほか，ハローワーク，こころのセンターが連携をとることで総合相談を実現させている。包括的支援には保健，福祉，労働，住宅といった行政分野間の連携が要請されている。

6）おわりに

　ホームレス問題は，さまざまな社会問題が凝集している領域である。この問題に取組むには，複合的な視点による総合的施策が求められている。本書は，主に健康という視点からこの問題に接近した。健康支援というアプローチは，単独で閉じた範囲にとどまることなく，生活支援，自立支援，就労支援とあわせて包括的視野のもとに取組まれる必要がある。同時に，ホームレス状態を生み出さないために，社会のセイフティネットの強化が要請されている。昨今の

社会保障制度の見直しは必ずしもこの要請に応えるものとはなっていない。われわれはさらに，実態を解明し世論を喚起する活動を継続しなければならない。また，こうした政策を具体化するには，ホームレスの人々への社会の意識を変えることも求められている。社会的公正とはどういうことか，いじめはなぜ生じるのか，といったことをこどもたちとともに考えることが，未来社会のあり方を規定いくことになるであろう。

（1）「毎日新聞」東京朝刊，2006年12月29日
（2）以下のウェブサイトより内容を要約して引用した。藪坂（ヤブサカ）「オワリナキアクム」「横浜・ホームレス襲撃事件」http://yabusaka.moo.jp/yokohamahomeless.htm
（3）内橋克人『悪夢のサイクル　ネオリベラリズム循環』，文藝春秋，2006年
（4）橘木俊詔『格差社会　何が問題なのか』，岩波新書，2006年
（5）国立社会保障・人口問題研究所「生活保護」に関する公的データ一覧。ウェブサイトは以下の通り。http://www.ipss.go.jp/s-info/j/seiho/seiho.asp
（6）「しんぶん赤旗」2006年6月13日
（7）英国保健省のホームページを参照。ウェブサイトは以下の通り。
http://www.dh.gov.uk/PolicyAndGuidance/HealthAndSocialCareTopics/HealthInequalities/fs/en
（8）厚生省『ホームレスの実態に関する全国調査報告書』，2003年

〈座談会〉

住み続けられる街をめざして
―― 医療・生活保護の現場から ――

(出席者)
道家　浩・松崎喜良・奥村晴彦・加美嘉史
(司会)

　加美：本日の座談会の司会を担当いたします加美です。最初に私から本日の座談会の目的と議論の柱について簡単に説明いたします。

　第１のテーマは，バブル経済崩壊後の釜ヶ崎における生活保護行政の現状と変化についてお話いただきたいと思います。次に，釜ヶ崎の居宅における支援の現状と課題について発言いただきたいと思います。そして第３のテーマとして，釜ヶ崎における生活保護行政の問題と関連の深い，行旅病人(緊急入院要保護患者)に対してどのような対応をして来たのか，またその課題についての発言をお願いしたいと思います。最後に，地域の現状と課題から，今後の生活保護のあるべき姿と運用のあり方について検討していきたいと思います。

　まず第１のテーマである生活保護行政の現状，課題についてですが，釜ヶ崎における生活保護行政の歴史的経緯について話しますと，それだけで座談会が終わってしまいますので，今回はとくに1990年代以降，バブル経済崩壊後の地域における保護行政の動向と課題に焦点を絞って話し合っていきたいと考えています。

　最初に西成区保健福祉センターのケースワーカーとして，地域や住民の動向を見てきた道家さんから話をして下さい。

１．生活保護の運用をめぐって

◆住居不定の住民と生活保護

　道家：釜ヶ崎に活気があった頃，生活保護は現在のような大きな問題とはなっていなかったのです。

　具体的なことは思い出せないですが，70年代は家族単位で生活保護を受けて

いる世帯もかなりありました。また生活上の問題を抱えて「夜逃げ」の挙句釜ヶ崎にたどり着いたケースが印象に残っています。様々な事情があって住民登録を移すことができず就学できない子どもたちを受け入れる，あいりん小中学校がありました。このように被保護世帯は現在とは異なった問題を抱えていました。高度経済成長の途上において釜ヶ崎が変わって行く時期であったと思います。

　当時周辺区で建設が進んでいた市営住宅に家族で入居する者が増えるなど地域から家族と共に生活する住民が少なくなり，単身日雇労働者の街，労働力の「寄せ場」としての色彩がより強くなりました。さらにバブル経済社会の爛熟期をむかえ病気やけが，高齢などが原因で労働力を喪失し，日雇労働市場から排除されていった人々が生活保護の対象となっていきました。

　生活保護法の実施機関としては，歴史的に釜ヶ崎と深く関わってきた更生相談所[1]と西成区福祉事務所があり，住居不定であるとか「ドヤ」（簡易宿泊所）で生活する者は更生相談所が，アパート等に住んでいる人は福祉事務所が担当してきました。それは，いまも変わっていません。更生相談所の主たる措置は，入院もしくは施設への入所で，簡易宿泊所を居住地とした保護はしない。そうした生活形態で保護を必要とする人々は入院か施設入所しか選択肢がないということです。それを受け入れることができないならばホームレスになるほかはないのです。そういう状況が続いていたと思います。その頃はまだ景気がよかったし地域も活気があり，働く者どうしで助け合うということがあって，問題は顕在化しなかったといえます。

　やがてバブル経済の崩壊とともに，地区内で年間100人を超える路上死が発生するという深刻な事態になり，実情に即した生活保護の適用を，地域の支援団体等から強く要請されました。そこで指摘された問題は，何故居宅保護を行なわないのかということです。何故退院後の住居を確保して居宅保護に移さないのか，入院中にのみ保護を行ない退院後はそれを打切ることは要保護者の自立への道を閉ざしているということでした。

　生活保護法の解釈と運用の狭間に立たされた人々が，本来は要保護状態にあるにもかかわらず生活保護の適用から外されていくという状況が続くなか，バブル経済の崩壊と共に何らかの保護を必要とする人々が一挙に増えてきました。

そして，施設ではなく居宅で生活することを求めた佐藤訴訟が1997年から始まりました。

大阪府への不服審査請求[2]は却下されましたが，その直後の1998年頃から徐々にではありますが敷金を支給して居宅保護を行うことで，落着いた生活を取り戻す事例が増えてきました。生活保護を受けている人，要保護状態にある者が，どういう生活形態を選ぶかは各自の選択にあるということが認識されてきた結果だと思います。保護の実施機関の努力もあったと思っています。限定された生活保護から，自立した生活を確保することを目的とした生き方を釜ヶ崎の住民が模索しはじめました。そこからまた新たな問題も生じましたが，それは次のテーマに譲ります。

加美：いま道家さんからお話があったように佐藤訴訟が転機になったと思います。釜ヶ崎地区内での生活保護の開始時期の増減をデータで見ていくと，佐藤訴訟以降，1998年の病院退院者への敷金支給開始，2000年の施設退所者への敷金支給開始という政策上の変化が，徐々に居宅保護を増加させていくという傾向を示しています。

つぎに奥村さんに話をしていただきたいと思います。奥村さんは大阪社会医療センターの医療ソーシャルワーカーとして長く勤めてこられましたが，とくにバブル経済の崩壊以降の釜ヶ崎における生活保護行政には，どのような動きがあったと思いますか。

◆「労働者の街」の病院と生活保護

奥村：医療センターの動向から見て非常によく判るのは，受診患者数が景気の動向に敏感に左右されることです。バブルの崩壊後，患者数が大巾に増えております。2005年度を頂点として，最近はちょっと落ち着いて来ましたが，新規患者が増加の傾向にあります。特に釜ヶ崎で仕事や生活をしていない患者が目立っています。

調査すると現金就労が多いか少ないかによって，患者数が異なるのです。就労状況が病院の患者数と相関関係にあります。患者数が多ければ就労の求人が少なく，就労の求人が多ければ患者数が少ないという非常にわかりやすい相関関係があります。医療センターが労働者の街の病院ということで，当面する労

働市場に敏感に反応しております。仕事があれば無理してでも生活のために仕事へ行き，ない時にようやく病院で治療を受けることになるのだと思います。

医療保障の動向からも労働市場の問題が見えてきます。労災患者が毎年少なくなってきています。労災は仕事と因果関係がありますから，仕事がないならば減少していきます。それに応じて生活保護の比率が増えてきているということで，医療保障上からも釜ヶ崎の現状が見えてきます。労働者が中心であった状況から，生活保護の患者が非常に多い地域となってきたといえます。

地区内の生活保護の状況は，居宅保護という流れがあります。2000年から住所不定者にも敷金の支給が行われるようになりました。ちょうどこの時期に簡易宿泊所を転用したアパート[3]が出来て，簡易宿泊所から居宅へという構図が出来上がってきました。

この時期から日雇労働者の意識に変化が生じたと思います。従来，受身的な状態であったのが人間の権利ということを意識するようになりました。権利として保護を受けるという認識が広く浸透しました。特に施設から居宅へという流れが，それまでの施設における生活から人間としてあるべき生活，自分自身の生活をしたいということに変化してきた時期でもあると思います。自らの生活を自らの手で行う，そのためにはどうあるべきかということをホームレス状態にある人々が考え始めた時期であったと思います。

いま一つの問題は単身高齢者の増加です。労働市場としてもかなり高齢化しています。昭和30年代から40年代の経済成長期の労働者がそのまま年をとったため単身で高齢の者が増加して来ている。健康を害することも当然の現象です。

病院からみた生活保護の問題の一つは，例えば実施の責任の所在です。現在地保護なのか居住地保護[4]なのかがわかりにくいことです。病院のMSW[5]が困惑するのは，職員の異動が多く，行政に生活保護のことを聞いても明確な答えが返ってこない。生活保護のことを知らないことが原因で，一貫性がない等あげることができます。このため現場は戸惑いを感じており，こうした不誠実な対応は不利益となって保護の対象者にはね返ってくるということになります。

ホームレス状態にある人の生活保護についてもできないとはどこにも書いていません。居宅を原則とするため，住居がなければ保護ができないという解釈です。居宅を原則とするのであるならば，住居を持たない者には居宅を設定し

て保護を実施して行くことが居宅保護の原則であると思います。

加美：つぎに大阪市旭区で生活保護ケースワーカーをしていた神戸女子大学の松崎さんに90年代以降の釜ヶ崎における生活保護行政の変化について，発言をお願いしたいと思います。

◆流動するホームレス

松崎：私は，釜ヶ崎からは離れた区の福祉事務所で働いていました。バブル経済の崩壊後は，釜ヶ崎では仕事がなく生活ができないということで，高齢者や要保護性の高い人が，周辺区に移動しました。大阪市全域が釜ヶ崎化していったという感がありました。釜ヶ崎で保護を受けられないので，周辺区に行って行旅病人となり，そこで生活保護で救済して貰うということが起り，周辺区では行旅病人の発生が多くなっていきました。

また周辺区では行旅病人の発生件数が，あまりにも増加したので，そのつど処理せずに後でまとめて処理しました。外来とか，短期間の入院であれば本人と会うことなく医療券だけを送って終了するという処理でした。そして，入院が長期化する場合は日用品費を支給しなければ，退院するであろうということで，放置していたのです。1ヶ月を超えた頃に，ケースワーカーが病院に出かけて，未処理のケースをまとめて保護を適用していたのです。

行旅病人[6]となった人は釜ヶ崎で生活をしていたけれども，仕事がなくなり他の地区へ移動していった人です。保護の適用は，元来，その地区に住んでないので，いずれどこかに行くだろうということで，入院中の保護に限定されていました。福祉事務所では，行旅病人担当の職員，専門の職員が配置されております。

やがて，定住化したテントが，区内の住宅街や商店街の公園で目立つようになりました。釜ヶ崎から移動して来た人と，地元で住んでいたが住居をなくし路上生活に至ったという人が混在するようになりました。

ホームレス自立支援法の施行によって，こうした路上生活者に対しても生活保護法の適用が積極的に行われるようになりました。この問題について理解のあるケースワーカーは，積極的に支援しようとしましたが，多数のケースワーカーは他の地区から流れて来た，区民にとってはやっかいな邪魔者として対応

をしていました。

◆釜ヶ崎への「流入」現象

奥村：実際に釜ヶ崎から出て行った人は多数いると思います。反対に釜ヶ崎へ来る人もいるのです。釜ヶ崎のことを伝え聞いて，ここに来れば生きていけるのではないかと思い安易に来てしまいます。しかし実際には仕事はなく，そのままホームレスになってしまうということが非常に多い。地域内での生活を維持することができず地域の外に移動する労働者がいる。反対に外から流入するという，二面性が顕著であったと思います。

道家：周辺都市のホームレス対策の脆弱さですね。議論は様々ありますが，釜ヶ崎の問題に取り組んできた大阪府・大阪市のセーフティネットのレベルは相対的には高いと思います。それゆえ有効な対策を持っていない周辺都市がやむを得ずホームレスを釜ヶ崎へと追いやってくるのです。

松崎：確かに，ホームレスに対する自立支援策は充分ではありませんが，釜ヶ崎という地域があり，そこで様々な実践が行なわれたことで，大阪市は，全国的にみても「トップ」クラスの対策が取れるようになった。そこに行けば何とか救済される可能性は高いと思われるようになった。しかし周辺区や周辺都市では，対策を持っておらず，自立支援センターもなく，救護施設もない。解決する何の手立ても持っていない。敷金の給付が出来る制度上の対策があるのですが，それは実施していない。

道家：そういう点から見れば社会医療センターの存在は，大きいと思います。

◆大阪社会医療センターの役割

奥村：実際に当院に来る患者で，周辺の福祉事務所で来院を指導されたことが明確になれば，その福祉事務所に連絡をしています。福祉事務所から指示されて来たということは，そこで相談を受けた，そして保護の要件が発生したとみなされるから，現在地保護の処遇とみなさなければならない。従って，医療券なり意見書を発行して欲しいという請求を当然することになります。ホームレス状態の人が福祉事務所へ相談に行くと，本来その福祉事務所で対応しなければならない。しかしその福祉事務所では対応出来ないので社会医療センター

の紹介をした。本人は福祉事務所の指示で動いているだけなのです。医療センターという社会資源を福祉事務所が活用するならば，実施責任を負う必要があると思います。

加美：やはり釜ヶ崎に大阪社会医療センターがあるというのは大きな意義がありますね。実際には無料低額診療施設[7]のなかには，あまり機能していない医療機関もあると思うのですが，釜ヶ崎では，病気になった時に無料低額診療施設としての医療センターがあるということは，不安定な雇用や生活環境におかれている地区の人々にとっては，安心して暮らすことのできる基盤になっています。

奥村：ホームレス状態の人にとって大きい意味でのセーフティネットとして社会医療センターが，大阪市の中でそれも西成，釜ヶ崎という場所に特化して設置されていると思います。

他の病院で対応できないから医療センターに来ることによって，その人が次の段階に進むことができるのであるならば，医療センターは引受けざるを得ません。多少の無理はあろうとも引受けるということもあると思うのです。地域外の人は引受けないと排除するならば，また新しい問題が生まれる可能性があります。

2．住民生活の変化と支援のあり方

加美：バブル経済崩壊後の釜ヶ崎における生活保護行政の動向や変化について，それぞれの立場で話していただきました。そうしたなかで釜ヶ崎では居宅保護に移行していく者が増加してきました。その結果居宅生活において問題点や課題点も出てきたと思います。そうした動きのなかで，釜ヶ崎には簡易宿泊所を転用して「サポーティブハウス」[8]といわれるホームレス支援のためのアパートも作られました。それ以外にも簡易宿泊所を廃止して，居宅保護受給者を対象とした転用アパートも多数できましたよね。実際には何軒くらいですか。

奥村：サポーティブハウスといわれるところは8軒です。

道家：転用アパートは2006年4月の資料で61軒です。もう少し増えているかもしれません。

◆「簡易宿泊所」からアパートへ

加美：転用アパートはかなり増えましたね。そうした状況について，どのように感じていますか。例えば居宅生活においてどのような問題があるのか，またどのような支援を必要としているのか，話していただけないでしょうか。

奥村：実際に居宅における暮らし，支援の現状で問題となる例をあげます。精神障害のある人が様々な場面で適応ができないから野宿をしている現状があります。そのことを理解して支援をしていけばよいのですが，路上で生活しているということで，とりあえず部屋を借りて生活保護を受けるようにする。保護の要件はほとんど充足しているのですが，問題は保護開始後にあります。また，それまで覚醒剤や薬物依存があった人が，入院してもなかなか回復が望めず，適切な支援も受けることができずに仕方なく路上で生活していることもあります。そういう人が生活保護を受給するとその生活保護費で，また覚醒剤など薬物を購入するということも充分にあり得るため生活の支援が重要となります。

地域の中で居宅生活をどのように支援していくかということが，いま，大きな問題になっています。そうした状況を生活保護担当のケースワーカーが充分に援助することができるならばよいのですが，そうではないことが多いと思います。例えば病院への通院間隔があき，病状が心配になる。その際に担当のケースワーカーに訪問をお願いしても断られるということが結構あります。忙しいとか，そこまでできないとかいうことです。そうなれば，私ども病院のスタッフが動くか，あるいは支援団体にお願いして訪問していただくとか，何らかの手立てを考えなければならないというのが現状です。

単身で様々な問題を持った者の居宅生活を支えることが非常に難しい状況にあります。釜ヶ崎であるからこそ，いままさに，そういう生活を支えるネットワークの充実を進めていかなければならないと思うのです。とくに生活と地域福祉を担う生活保護担当者の意識の向上が望まれます。

道家：現場のケースワーカーの立場から一言発言します。忙しいからというのは事実だと思いますが，自分の担当ケースをある程度把握していたら危険を予知することができます。何か異常を察知したらすぐに家庭訪問する。たとえば，奥村さんから電話があればすぐに訪問します。保護受給者が孤独死に至ら

ないように気をつけています。

　しかし，ケースワーカーは3年から5年で他の職場へ異動します。これに加えて1人が担当するケース数は非常に多いのでケースに深くかかわることが困難でとうてい「第6感」を養えない状況です。

　査察指導員[9]として長く仕事を続けてきた者が存在するならば，指導しながらある程度補うことができると思います。しかし，そういう経験者は減ってきています。生活問題の相談支援から生活保護事務へと仕事の比重が移りつつあるというのが実情です。

　また「簡易宿泊所転用住宅」は，1つの建物の中に100人以上の生活保護受給者が暮らしているところがあります。そうした状況の建物が10ヶ所を超えています。それはきわめて異常な居住形態です。ほとんどが高齢者です。大阪市では380世帯に1人のケースワーカーを配備しています。訪問担当の嘱託職員が1年に3回ほど訪問しますが，こうした居住状況では，個別の話は出来ない。相談に乗ることには困難が伴い，こうした状況では生活保護を適用しただけで将来の見通しはないですね。

　居住者も，生活の場としてずっと暮らし続ける「終の棲家(すみか)」という意識は持っていないと思います。雨露をしのげる場所と，毎月暮らして行ける生活保護費を受け取る，そうした状態が真実人間としての暮らしといえるのかを考える必要があります。そのうえで個別の支援体制をどう構築していくかを考えると，それはケースワーカーだけでは担いきれないと思います。

　松崎：地域としての問題でもありますね。保護費さえ渡しておけばいいという状態で，なんの支援も援助もなく，また本人も望まず，多くの人は，そうした生活をずっと続けている。

　道家：そういうなかで，要介護状態になると建物の構造上，介護が非常に困難です。また，地区外のアパートに住んでいる人も，それまでの生活経験から近隣の人たちと上手につき合うことができない。些細なことが壁となって，アパートで孤立してしまう。1つのアパートに3人，5人とホームレス経験者が住むと，その人たちだけの生活空間をつくってしまって近隣に溶け込むことができない。公園で宴会をして近所から苦情を言われる。そういう話をよく聞きました。

衣食住を整えただけでは社会復帰にならない。自分で生活をコントロールし，地域社会とかかわって暮らしていける力を回復していくための様々な支援が必要で，関係機関の協力のもと，ケースワーカーが対象者との窓口となって調整しながら支援体制を組み立てていくべきだろうと思います。ホームレスという状態に追いやられていた人々が，人間らしい暮らしを取戻していくために生活保護を有効に活用すべきですね。

3．住み続けられる地域をめざして

加美：ケースワーカーだけで問題に対処しようとせず，関係機関や地域との繋がりを広げて支援を行っていくという課題が提示されました。いま地域のサポーティブハウスなどと日常的に関わりをもっておられる奥村さんは地域における支援の現状や今後の課題についてどのように考えていますか。

◆地域の課題と行政の課題

奥村：最近大阪市が力を入れて取組んでいる対策に自立支援プログラムがあります。自立支援プログラムとは，必要な支援を組織的に実施するということで3つの柱があります。就労による"経済的自立"と自ら健康や生活の管理を行う"日常生活自立"，地域社会の一員として充実した生活を行う"社会生活自立"があります。被保護者の自立支援は，地域の関係機関に任すのではなく，本来は，保護の実施機関が援助して行くべきです。被保護者と保護の実施機関との関係であれば，経済的な支援をしていることもあり，ある程度効果的に指導していけると思います。

地域で支えていくためにはどうすればよいのか。日雇生活あるいはホームレス状態であった人が地域で1人で生活するというのは非常に不安もあり，生活習慣にもいろいろな違いがある。その地域のネットワークの中で，社会性をどれだけ身に付けることができるかということが課題です。そうしたことをきっちり教えることが必要だと思うのです。それを支援なしにいきなり自立して生活をしていけと言ってもできないのは当り前です。だからこそ，このプログラムを地域全体の課題として取り組んでいかなければならないと思います。

それは福祉の仕事だとか，地域の仕事だとかいうようなことであってはなら

ない。社会全体としてどう受けとめ包みあうことができるかがソーシャル・インクルージョンという概念であって，地域の中でいかに支えていくかということだと思います。

　そのためには関連する各機関がその専門分野で関わることが必要です。医療であれば病院がその中心で，医療センターが関わって行きます。仕事のことであれば職業安定所，西成労働福祉センターが関わって行きます。生活のことは本来福祉事務所がかかわらなくてはなりません。さまざまな機関がかかわりあいながら地域生活を支えることを考えなければ釜ヶ崎における生活を援助していくことが困難であると思います。

　松崎：釜ヶ崎に限らず，いずれの地区においても当たり前の社会生活をやっていけるように，支援するプログラムを作り，実行していかなければならないのです。例えば，大阪市内には，釜ヶ崎で暮らしていた人を入所させている更生施設があります。そこでは，通所訓練事業，日常生活支援事業などを実施して，施設に入所していた人が，地域で生活を始めても施設との繋がりを持つようにしている。施設職員も地域に出かけていき，地域での生活を支援していく。そういう丁寧な取り組みを行っています。

　残念ながら釜ヶ崎の中ではこのような取り組みは，まだ十分に行なわれているとは思いません。それでは税金の無駄遣いをしているという批判が起こらないでもない。あれだけ多くの人が何らかの形で社会と関わりを持ちたい，働きたいと望んでいる。しかし，働く場所がない。釜ヶ崎はこういった潜在的な力がある街なのです。それを活用しない手はないと思います。特別清掃事業[10]だけではなく，いろいろな事業を起こして，大阪市にとっても有益な事業を起こせば，生活保護費の節約にも繋がっていくわけです。

　加美：釜ヶ崎という地域において生活づくりのための支援の仕組みやプログラムが模索され，構築されていくことによって，例えば他の地域でも釜ヶ崎での支援の経験が生かされたり，応用できることもあります。

　松崎：行政がやろうとしないところに問題がある。地域のNPOやボランティアは，問題意識を持っているのですが，権限がない，金もない。福祉事務所でさえ，保護費を出すだけでよいのかという問題意識を持っていながらやろうとしない。誰かが，提唱して地域の関係機関，関係者が釜ヶ崎の生活保護問

題をどうすればよいのかという話し合いを行い，お互いに協力していかなければならない。それぞれが垣根を作っているという感じはありませんか。

奥村：サポーティブハウスは自分のところに入居した人については，いろいろな形での生活支援をしています。新しい取り組みとして入居者の就労支援を始めています。その前段階として，まずボランティア活動を行いました。生活保護を受給しているけれども，すぐに働くには無理があるが体を動かすことはできる場合など，イベントの際の清掃，会場整理の応援に行く等のことを行っています。そのような体験から，身体を動かすことや，ボランティアとして働くことの喜びを実感していきます。家でずっと居るのではなくて，外と接することで生きがいを見つけることもできます。そういうことが仕事に結びつき，自立した生活への契機となる。民間では徐々に行なわれ始めているのですが，生活保護の枠組みの中でもそのことをどう取り入れていくかが課題であると思います。釜ヶ崎に定住しなくてもいいわけで，地域外で生活をするということも考えてみてはどうでしょうか。

4．抜本的な行旅病人の処遇改善を

加美：第3のテーマに移りましょう。道家さんは2006年から緊急入院保護業務センターに移り，現在は行旅病人に関する仕事をされています。釜ヶ崎と行旅病人は非常に密接な繋がりがあると思いますが，現在どのような問題があるのか話して下さい。

◆救急車で運ばれるホームレス

道家：行旅病人の件数がある時期から極端に減少している。大阪市全体で2003年度の発生件数が15000件ほどあったのが，翌2004年度は10000件未満になった。生活保護事務にOAの導入，これまで各区で実施していた業務を1ヵ所（大阪市緊急入院保護業務センター）に集約したことなどで数値が整理されたこともありますが，敷金を支給して居宅生活へ導いたことで入退院を繰り返す状態がある程度緩和されたと思います。

そういう点は積極的な評価ができると思う。業務センターの功罪はありますが各区ごとの判断ではなく，統一した基準で対応する体制になったことが大き

いと思います。保護開始時の面接調査は私ども嘱託職員が行います。ケースワーカーは保護適用後に本人からの相談を受けてから動きますが、この仕組は再考を要するものと思います。各区役所に申請があったときには、区役所によって判断基準が一定しないが窓口は明確で相談がしやすかった。しかし現在は不便な感じがあると思います。

　私は面接で、退院後の身の振り方を入院中に相談するようにと、できるだけ具体的な助言を心がけております。話の流れによっては、釜ヶ崎の周辺には敷金の要らない住宅があるから、住居を定めて生活保護の申請を行った方がよいなどという立ち入った話をすることもあります。

松崎：区の福祉事務所では、現在は施設入所ケースだけを担当しています。施設入所と住居を持たない長期入院患者はどれくらいあるのでしょうか

道家：行旅病人の発生件数は2004年度で入院4528件、外来5208件で合計9736件。継続ケースが約3500件。老人ホームや介護施設などを含めた施設入所者は約350人、うち救護施設は200人弱。施設以外の3000人余は長期入院とみていいのです。なお、ホームレスと密接に関連する生活保護施設の入所者は各区あわせて、全市で600人ぐらいです。

　新規開始ケースの特徴は、40歳から60歳までの人が6割おり、働き盛りの者が多い。出身地は九州出身者が多い。石炭産業の崩壊との関係があるではないかと思いますが、はっきりしておりません。また、受給歴は初めての人が3割弱おります。ホームレスになった原因は様々ですが、いま社会問題となっている個人営業の破綻や、不安定雇用に起因する比重が高くなってきた。言い換えればホームレスと僅差(きんさ)の生活状況にある人が増えているという印象をもっています。初めて行旅病人として保護された人への支援が効果的にできるならば増加を抑制できると思います。

　再保護までの期間ですが、退院して1ヵ月以内に救急搬送される人が54.8％。仕事や住む場所など生活の目途がないままに退院している、退院せざるを得ない状況になってまた野宿、もしくはそれに近い状況に陥って再入院します。この繰り返しを食い止めるのが最大の課題です。

　なかには、10回、20回と入退院を繰り返してる人がおります。それが彼らの生活の手段で、救急車で運ばれて入院する。月初めに日用品費を貰う。その金

を飲食に費やす。そして金がなくなると，また救急車で運ばれて来る。彼らにこうしたことの繰り返しは自分を亡ぼすことであるから，もうやめようと忠告するのですが，彼らには行政に対する不信感と，施設より路上生活のほうが自由であるという反発が強い。

　生活保護で180日以上入院している大阪市の患者を1年に回訪問します。病院を回っていると路上生活から入院した人は入院が長期に渡るという印象が強い。

　極端な例は，救急車で運ばれて以来，そのまま3ヵ月から半年で病院を転々とし10ヵ所以上も転院を繰り返している人が何人かいました。その間に何らかの方法がなかったのか疑問ですが，通院治療が可能となっても帰るところがない，一人暮らしが不安であるといったことで，転院を繰り返しているように見受けられます。

◆長期入院患者の社会復帰への道標

　松崎：病院は，患者の入院を継続するならば，医療扶助費という名目の収入が毎月確実に入ってくる。社会復帰させないのは，病院の怠慢ではありましょうが，病院としては，社会復帰を援助するのは保護の実施機関の責任においてなされるもので，福祉行政がなおざりにしている故に病院でそれを代替してるということになります。

　そのような生活保護を受けている長期入院患者が，大阪市では3000人いる。そういう人たちを退院させて，在宅での生活を準備することには，大きな行動力を必要とします。扶養義務者や地域の友人，知人からの援助は断たれています。施設はその定員をはるかに上廻っています。患者が退院したいと希望しても，すぐには住居を見つけることは難しい。住民票がないので住民票を作ることから始めなければならない。知らない土地に住居を見つけたとしても，保証人が必要です。これをどうするのか。住居を見つけた後に，全ての生活用品を整えなければならない。また退院後に，地域でその人を支えるシステムをどう構築するのかということもあります。地域に帰っても，すぐに生活につまづきます。地域での生活に適応するには時間がかかります。そうしたことを考えると患者としては退院をためらうし，ケースワーカーも支援しようという意欲を

失ないます。しかし，財政上から見るならば，社会復帰させるという方が経費が安いはずです。

奥村：病院は長期入院になれば，一定の方針を打ち出した上で退院先を確保してくれるようにと保護の実施機関に要請することがあります。保護の実施機関のおおかたの返答は，「そちらの病院で無理であるならば病院を替わらせてください」です。そういった対応が多いです。そのほうが手っ取り早いので病院は了承します。生活保護の担当者もその方が好都合なのです。そして，次の病院でまた新たに社会的入院を生み出していくことになります。そうした形で転々とされる被保護者は非常に多いのです。

　実際に私が担当したケースでも，2年間に10箇所に及ぶ病院を転々とさせられていました。72歳で糖尿病がありますが，ADLは問題なく普通の生活には差しつかえないのです。「とにかくもう退院なので病院を替われと言われて，それを何回も繰り返されたから嫌になって勝手に出て来た」ということでした。医療センターで希望を聴き本人と相談しました。その結果アパートを借りて自分で生活していきたいと希望されたため，すぐにサポーティブハウスに相談して入居を決めました。現在は普通に生活をしています。転院を繰返す過程でその患者の視点で状況を検討する者がいたならばよかったのに残念です。

　それだけ病院を転々とするということが，どのようなことになるのかを病院も福祉事務所のケースワーカーも考えていなかったのではないでしょうか。その弊害が結局患者本人の生活を壊してしまうことになると思います。

道家：長期入院の患者さんの場合は，退院可能な人々を個別にピックアップしながらそれぞれの条件にあった，退院後の生活に繋げていくような支援システムづくり，それと行旅病人として運ばれた最初の段階での決してこれを繰り返させない支援体制づくりです。それは生活保護の実施機関の対応だけとは限らない。例えば，労働能力があると思われる人は自立支援センターに行けば生活を立て直すきっかけにはなる。それだけでは充分ではないと思います。初期の段階でホームレスとなっていくことを食い止める支援システムの強化が必要です。

　また「常態化した行旅病人」について，彼らと向き合って個別の自立支援プログラムを立ててサポートしていける体制をつくって働きかけることが必要で

す。

　この3項目に焦点を置いてやってみて，ある程度効果が出るならば，それに基づいてまた違った方法も考えられるでありましょうし，行旅病人という問題を全面的には解消できないかもしれないが大幅に減らすことができると思います。

◆退院後の生活支援

　加美：奥村さん，医療センターでは退院した患者の住居を確保することについても猶余はありませんよね。実際に，これまで医療センターで支援をしてきて，どのような点が課題になっていると感じていますか。

　奥村：医療センターは救急指定病院ではないので，救急搬送されることはほとんどありません。ただし，市立更生相談所からの入院患者を独歩の行旅病人と考えるならば非常に多いというのが実態です。

　実施機関が更生相談所である入院患者は，退院と同時に就労する人がかなりいます。すぐに就労できなければ，生活ケアセンター[11]に2週間程度入所することができます。また長期療養の場合は，更生相談所が一時保護所という生活保護施設を併設していますので，そこへ入所して，それから後の療養を考えることもできます。また居宅生活が可能な患者については，保護の変更ということで敷金等を支給していくという方法もあります。

　このような資源があるので医療センターとしては，スムーズに退院後の生活に結びつけていけることが多いのですが，退院時面接によってそれを見極めることが求められます。たとえ本人が希望しても一定の期間，施設で規則正しい生活をした方がよいと判断すれば，施設の入所を勧めて考えていただく。居宅を構えてもそこで自立して生活する意欲がなければ居宅生活が崩壊し，再び野宿生活に戻ってしまうことになって，なんのための退院支援かわかりません。

　福祉事務所としても一度敷金を支給したならば，その後すぐに再度敷金を出すということは難しい。それは居宅生活ができないということを証明したことになり，施設に入所させ様子を見ようとなります。それゆえ，今後の自分の生活をどう考えているのかを，面接の上で協働作業をおこない自己決定してもらうことが大切だと思います。

加美：入院患者の退院後の生活をどう支援していくのか，その仕組みについて考えていく必要があるということが1つの課題だと思います。

5．生活保護法改悪の動向とホームレス

◆生活保護受給者急増の「ひずみ」

奥村：釜ヶ崎の大きな変化は，介護保険の事業所と診療所が非常に増えたことです。かつては釜ヶ崎には診療所さえも少なかったのですが，医療扶助受給患者を対象として増えてきました。診療所の前には生活保護を受けている人を歓迎するというような看板が出ていたりします。

地区内にそれだけ多くの診療所や事業所が開設されるのは，それだけ被保護者を抱える街になったことを示します。そのように考えると生活保護がともすればビジネスの手段になりかねないという危惧を懐きます。簡易宿泊所も生活保護の受給者が利用するならば収入が安定するという理由で転用アパートとして登録を変更することがあります。利用者にとって身近に診療所や事業所が増えて利用しやすくなったということはメリットであると思います。

しかし実際に医療扶助の中身を生活保護の実施機関が正確に把握できる状況になっているのかという疑問があります。もう少し専門的に医療扶助や介護扶助のありかたを考えていく必要があるとは思います。

道家：西成では生活保護が「地場産業」ようなものになっており，本人負担がないから生活保護の基準内なら「何でもあり」という安易な風潮がないとはいえません。

加美：これまで主に3つのテーマについて話を進めてきました。まだ議論のできていない部分はたくさんあると思いますが，そうした状況においても生活保護の役割は大きいと改めて感じました。これまで生活保護は，国の政策の影響を受けて，あるべき姿がかなり歪められてきたのではないかと思います。そういう意味で本来の生活保護のあるべき姿や運用のあり方について，私たちはしっかりと考えておく必要があります。この点について，皆さんから問題を提示して下さい。

◆福祉の理念に基づく制度の改善

奥村：「生活保護のあり方検討会」にしても，現状を考えたうえで生活保護制度自体を変えなければならない，生活保護制度に替わるものを何か考えないといけないなど，いろいろな議論がありますが，私は現行の生活保護制度を変えなくとも保護の実施は可能であると思います。これまでの運用にさまざまな問題があり，本来やらなければならないことが放置されているために，問題が生じたと思います。

123号通知[12]から始まった保護の適正化や2006年3月末の「生活保護行政を適正に実施するための手引き」の内容は確かに厳しい部分とか，当然のこととかが混在しています。今回の「手引き」では保護申請権が強調され，生活保護が必要な人については申請手続きの助言指導をしていくとともに，申請権を侵害するようなことは慎むこととなっています。申請が必要な場合は，懇切丁寧に保護が受けられるように助言・指導をしなさいということです。それが実施できるかどうかは，それを運用する者が生活保護をどのように考えているかが問題だと思うのです。生存権を保障するのが生活保護制度でありますから，現場の役割は重要です。

運用の方法を模索していく中で生活保護のあるべき姿が見えてくると思います。基本はホームレス状態にある人が人間として幸せに暮すことができるかどうか，健康で文化的な生活ができるかどうか，生活保護行政のあるべき姿はどのようなものであるかということを絶えず検証して，現実的なことからその地域にとって適切な方法を創造していくことが必要であると思います。

◆国と自治体の役割

道家：釜ヶ崎の問題は，大阪市が主張しているように政令指定都市ではあっても自治体単独の問題といえるのか。国の労働政策・経済政策の矛盾の顕現であり，国の責任を問わなければならないと思います。

現状では生活保護でしか救済できないという不備をどう克服していけばよいのか。ホームレスの問題や釜ヶ崎の問題は自立支援法その他，労働政策や医療・公衆衛生など，総合的な施策を展開し国の責任で解決していくべき社会問題です。

また，生活保護のあるべき姿は，人々の生活が様々に変化する，その実態に即した運用がなされることだと考えています。自立自助という考え方は，家族があって相互扶助が機能していた時代のものです。現在はその機能が著しく低下しており，生活保護を受けざるを得ないような経済的困窮に陥った場合は，親族からの援助は期待できないと思います。厚生労働省の示している生活保護の実施要領が時代のニーズを反映したものかどうか疑問です。

　例えば，世帯の認定については，同じ屋根の下で同じ釜の飯を食ってる者は，同一世帯としてみなしている。高校を卒業して働き始めた子に家族の生活を支えろというのは無理な話です。しかし，今の運用では貧しい家庭に縛りつけられてしまう。また，友達と一緒に住んでいると，友達の収入が問題になります。家族単位というのは，1つの基本ではあるけれども，個々の生活実態に即した生活保護の運用が必要ではないかと思います。

◆**生活保護法と生存権の保障**

　松崎：確かに西成では様々な生活保護の問題が凝縮しています。福祉のニーズも高いのですけれども，残念ながらこれからの生活保護の流れはそのようになっておりません。国も地方も「適正化」に一層熱心に取り組むということが約束されました。厳密な調査と徹底した指導を行うことで，保護の必要な者さえも排除することが起こっています。そして保護基準が引下げられ，高齢者や母子家庭への加算がなくなったり減らされたりしました。

　ワーキングプアの問題もあり，働いて得られる賃金が生活保護の基準以下であるからさらに生活保護基準を下げたらよい，受給する年金が生活保護基準よりも低いのであるから生活保護基準を下げたらよいとの意見もあります。

　全国市長会，知事会は，「新たなセーフティネットの提案─『保護する制度』から『再チャレンジ』する人に手を差し伸べる制度へ」という提案を致しました。その中では，高齢者については，500万円以上の資産価値のある住居を保有している者には，生活保護を適用せず，生活資金の貸し付けを行い，限度額に達したならば住居を売却して清算するということを提案したり，ケースワークなどの丁寧な支援は外部に委託するなど，高齢者世帯について行政は金銭給付と管理に専念しようというのです。また，労働能力のある者については，保

護は5年を限度とするということを提案しています。

　全国的に生活困窮者が増加して行く中で、生活保護を受けることが非常に厳しくなってきます。大阪市の、保護率は全国一の高さを示し、保護世帯数が多いのですから、これまでとは異なる対応が予測されます。

　そのような状況を招来してはなりません。本日議論した問題、釜ヶ崎の問題を、住民が人間として住み続けられる街に作り替えていくためには、こうした保護行政が必要だということを示し、言い続けていかなければなりません。釜ヶ崎を特別視することなく、ホームレスだからと排除することなく、憲法と生活保護法の精神にもとづく運用を進めていかなければならないと思います。

（2006年10月30日収録）

（1）　地区内にある生活保護の実施機関。正式名称は大阪市立更生相談所。
（2）　不服申立て。福祉事務所が行った保護の開始申請却下、保護の変更、停止・廃止などに対し、要保護者がその決定に不服がある場合、都道府県知事に審査請求を行うことをいう。
（3）　従来の簡易宿泊所から主に生活保護受給者を対象としたアパートに業態を転換したアパートのこと。（＊「サポーティブハウス」の説明も参照）。
（4）　生活保護法では居住地保護を原則としながらも、居住地がないか、あるいは明らかでない要保護者の保護については現在地を管轄する実施機関が行うことを明記している。
（5）　医療ソーシャルワーカー。保健医療機関でソーシャルワーク実践を行なう専門家。
（6）　1899年に制定された「行旅病人及行旅死亡人取扱法」にもとづく用語。今日では適切な表現とは言えませんが、本文では便宜上「行旅病人」という表現を使用しています。一般的には「行路病人」と書かれる場合もあります。
（7）　社会福祉法の第2種社会福祉事業の一つ。生活困窮者のために無料または低額料金で診療を行う病院や診療所のこと。
（8）　近年、釜ヶ崎では簡易宿泊所から主に生活保護受給者を対象としたアパートへの転用が進んだが、これら転用アパートのうち特に入居者を支援するための設備や相談体制を備えたアパートのことをサポーティブハウスと呼んでいる。平成16年にはNPO法人サポーティブハウス連絡協議会も設立され、入居者の生活相談や金銭管理、交流や生きがいづくりの支援に取り組んでいる。
（9）　福祉事務所のケースワーカー（現業員）に対し、指導監督を行う所員のこと。スーパーバイザーともいう。
（10）　日雇労働市場において就労の機会を確保することが難しい釜ヶ崎の高齢日雇労働者（55歳以上）を対象に、大阪市と府が1994年秋から開始した公的就労事業のこと。登録

した労働者は輪番方式で仕事の紹介を受け，地区内外の清掃作業や大阪市内の保育所の営繕作業などに従事する。賃金日額5700円。
(11) 大阪市が独自で行う法外援護で，緊急保護のため1泊から最長2週間まで利用できるショートステイ事業。
(12) 1981年11月17日に社保第一二三号保護課長・監査指導課長通知として出された「生活保護の適正実施の推進について」という文書を指す。この通知を皮切りに生活保護の「第3次適正化政策」が行われ，保護受給者を抑制するために相談時点においてできるだけ申請を受理しない「水際作戦」などが全国で展開された。

あ と が き

　本書は文部科学省科学研究補助金（平成16年度から18年度までの3年間）により行った研究成果を公刊するものである。本研究は，公衆衛生学を専攻する逢坂隆子が研究代表となって医師，保健師，法律学者，社会福祉学を専攻する者，ソーシャルワーカー等が協同して行った調査を基盤とした学術的研究である。

　今回行った調査では，医師が釜ヶ崎においてホームレスを個別に診察し，そのありのままの健康状態を精査したさいに，ホームレスのニーズについて直接聞き取りを行って得た結果を，医学と法律学等を専攻する者が協議し，分析したことを特徴とする。また監察医の報告をふまえて，ホームレスの死亡原因を検討した。

　厚生労働省が実施した全国調査によれば，ホームレスは2007年1月現在において，市職員・民生委員等の目視調査では18,564名であるという結果を得たと2007年4月6日公表した。前回2003年の調査より約27％減っていることが明らかにされた。とくに大阪市では38％減っており減少の割合は全国で第1位であると報ぜられている。これについては，実態と異なるという批判もある（朝日新聞2000年4月7日朝刊）。これは，メディアが報じるホームレスの動勢であり公的機関がホームレス対策を視座に入れて調査を行ったことは注目に値する。しかし今回の調査結果は，退去措置が効を奏したといえるかもしれない。

　「ホームレスの自立支援等に関する特別措置法」（平14・8・7　法105号）第2条は，「ホームレスとは都市公園，河川，道路，駅舎その他の施設を故なく起居の場所とし，日常生活を営んでいる者をいう」と規定している。これはホームレスの生活形態，生活の場を視座に置いた形式的定義である。これに対して笛木俊一は，アンナ・ハーベントを引用しながら「ホームレスとは故郷と庇護者を喪失した者」と定義している。これは実質的定義といえる。そして笛木は「ホームレス裁判は，……喪失させられた庇護者を再び取りもどすための社会的実践」であり，それは人間の生きる依存点である「故郷の再構築につながってくる」と述べている。このことがホームレスの人権という概念の根源になっているのであろうか。

　最後に，この出版事情の困難な時期に本書の出版を御快諾下さった信山社社長袖山貴氏ならびに終始編集上の有益な助言をいただいた同社編集部稲葉文子氏に深甚なる感謝の意を捧げたい。

桑原洋子

〈著者紹介〉

編著者
高田　敏（大阪大学名誉教授，近畿大学法科大学法科大学院教授）
桑原洋子（四天王寺国際仏教大学大学院教授）
逢坂隆子（四天王寺国際仏教大学大学院教授）

執筆者
水内俊雄（大阪市立大学都市研究プラザ大学院文学研究科教授）
的場梁次（大阪大学大学院医学系研究科法医学教室教授，大阪府監察医事務所所長兼監察医）
黒木尚長（大阪大学大学院医学系研究科法医学教室助教授，大阪府監察医事務所監察医）
中山　徹（大阪府立大学人間社会学部教授）
海老一郎（財団法人西成労働福祉センター）
山本　繁（元尼崎市保健所長）
高鳥毛敏雄（大阪大学大学院医学系研究科社会環境医学講座助教授）
黒田研二（大阪府立大学人間社会学部教授・学部長）

座談会出席者
加美嘉史（大阪体育大学健康福祉学部専任講師）
道家　浩（大阪市緊急入院保護業務センター調査室嘱託）
松崎喜良（神戸女子大学健康福祉学部助教授）
奥村晴彦（大阪社会医療センター付属病院医事課課長代理・医療ソーシャルワーカー）

ホームレス研究──釜ヶ崎からの発信──

2007年7月10日　第1版第1刷発行

編者　　高田　　敏
　　　　桑原　洋子
　　　　逢坂　隆子

発行者　今井　　貴
発行所　株式会社 信山社
　　　〒113-0033　東京都文京区本郷6-2-9-102
　　　　　　　　Tel　03-3818-1019
　　　　　　　　Fax　03-3818-0344
　　　　　　制作　編集工房 INABA

Printed in Japan, 2007　　印刷・製本／松澤印刷
ISBN978-4-7972-8544-4
禁コピー　信山社　2007

判例総合解説シリーズ

分野別判例解説書の新定番　　　　　　　　　実務家必携のシリーズ

実務に役立つ理論の創造

緻密な判例の分析と理論根拠を探る

石外克喜 著 (広島大学名誉教授)　2,900 円
権利金・更新料の判例総合解説
●大審院判例から平成の最新判例まで。権利金・更新料の算定実務にも役立つ。

生熊長幸 著 (大阪市立大学教授)　2,200 円
即時取得の判例総合解説
●民法192条から194条の即時取得の判例を網羅。動産の取引、紛争解決の実務に。

土田哲也 著 (香川大学名誉教授・高松大学教授)　2,400 円
不当利得の判例総合解説
●不当利得論を、通説となってきた類型論の立場で整理。事実関係の要旨をすべて付し、実務的判断に便利。

平野裕之 著 (慶應義塾大学教授)　3,200 円
保証人保護の判例総合解説〔第2版〕
●信義則違反の保証「契約」の否定、「債務」の制限、保証人の「責任」制限を正当化。総合的な再構成を試みる。

佐藤隆夫 著 (國学院大学名誉教授)　2,200 円
親権の判例総合解説
●離婚後の親権の帰属等、子をめぐる争いは多い。親権法の改正を急務とする著者が、判例を分析・整理。

河内 宏 著 (九州大学教授)　2,400 円
権利能力なき社団・財団の判例総合解説
●民法667条～688条の組合の規定が適用されている、権利能力のない団体に関する判例の解説。

清水 元 著 (中央大学教授)　2,300 円
同時履行の抗弁権の判例総合解説
●民法533条に規定する同時履行の抗弁権の適用範囲の根拠を判例分析。双務契約の処遇等、検証。

右近 建男 著 (岡山大学教授)　2,200 円
婚姻無効の判例総合解説
●婚姻意思と届出意思との関係、民法と民訴学説の立場の違いなど、婚姻無効に関わる判例を総合的に分析。

小林 一俊 著 (大宮法科大学院教授・亜細亜大学名誉教授)　2,400 円
錯誤の判例総合解説
●錯誤無効の要因となる要保護信頼の有無、錯誤危険の引受等の観点から実質的な判断基準を判例分析。

小野 秀誠 著 (一橋大学教授)　2,900 円
危険負担の判例総合解説
●実質的意味の危険負担や、清算関係における裁判例、解除の裁判例など危険負担論の新たな進路を示す。

平野裕之 著 (慶應義塾大学教授)　2,800 円
間接被害者の判例総合解説
●間接被害者による損害賠償請求の判例に加え、企業損害以外の事例の総論・各論的な学理的分析をも試みる。

三木 義一 著 (立命館大学教授)　2,900 円
相続・贈与と税の判例総合解説
●譲渡課税を含めた相続贈与税について、課税方式の基本原理から相続税法のあり方まで総合的に判例分析。

二宮周平 著 (立命館大学教授)　2,800 円
事実婚の判例総合解説
●100年に及ぶ内縁判例を個別具体的な領域毎に分析し考察・検討。今日的な事実婚の法的問題解決に必須。

手塚 宣夫 著 (石巻専修大学教授)　2,200 円
リース契約の判例総合解説
●リース会社の負うべき義務・責任を明らかにすることで、リース契約を体系的に見直し、判例を再検討。

信山社

信山社　判例総合解説シリーズ

公共の福祉の判例総合解説	長谷川貞之
権利能力なき社団・財団の判例総合解説	**河内宏**
法人の不法行為責任と表見代理責任の判例総合解説	阿久沢利朋
公序良俗の判例総合解説	中舎寛樹
錯誤の判例総合解説	**小林一俊**
心裡留保の判例総合解説	七戸克彦
虚偽表示の判例総合解説	七戸克彦
詐欺・強迫の判例総合解説	松尾弘
無権代理の判例総合解説	半田正夫
委任状と表見代理の判例総合解説	武川幸嗣
越権代理の判例総合解説	高森八四郎
時効の援用・放棄の判例総合解説	松久三四彦
除斥期間の判例総合解説	山崎敏彦
登記請求権の判例総合解説	鎌野邦樹
民法77条における第三者の範囲の判例総合解説	半田正夫
物上請求権の判例総合解説	徳本鎮・五十川直行
自主占有の判例総合解説	下村正明
占有訴権の判例総合解説	五十川直行
地役権の判例総合解説	五十川直行
使用者責任の判例総合解説	五十川直行
工作物責任の判例総合解説	五十川直行
名誉毀損侵害の判例総合解説	五十川直行
即時取得の判例総合解説	**生熊長幸**
附合の判例総合解説	潮見佳男
共有の判例総合解説	小杉茂雄
入会権の判例総合解説	中尾英俊
留置権の判例総合解説	清水元
質権・先取特権の判例総合解説	椿久美子
共同抵当の判例総合解説	下村正明
抵当権の侵害の判例総合解説	宇佐見大司
物上保証の判例総合解説	椿久美子
物上代位の判例総合解説	小林資郎
譲渡担保の判例総合解説	小杉茂雄
賃借権侵害の判例総合解説	赤松秀岳
安全配慮義務の判例総合解説	円谷峻
履行補助者の故意・過失の判例総合解説	鳥谷部茂
損害賠償の範囲の判例総合解説	岡本詔治
不完全履行と瑕疵担保責任の判例総合解説	久保宏之
詐害行為取消権の判例総合解説	佐藤岩昭
債権者代位権の判例総合解説	佐藤岩昭
連帯債務の判例総合解説	手嶋豊・難波譲治
保証人保護の判例総合解説〔第2版〕	**平野裕之**
間接被害者の判例総合解説	**平野裕之**
製造物責任法の判例総合解説	平野裕之
消費者契約法の判例総合解説	平野裕之
在学契約の判例総合解説	平野裕之

弁済の提供と受領遅滞の判例総合解説	北居功
債権譲渡の判例総合解説	野澤正充
債務引受・契約上の地位の移転の判例総合解説	野澤正充
弁済者代位の判例総合解説	寺田正春
契約締結上の過失の判例総合解説	本田純一
事情変更の原則の判例総合解説	小野秀誠
危険負担の判例総合解説	**小野秀誠**
同時履行の抗弁権の判例総合解説	**清水元**
専門家責任の判例総合解説	笠井修
契約解除の判例総合解説	笠井修
約款の効力の判例総合解説	中井美雄
リース契約の判例総合解説	**手塚宣夫**
クレジット取引の判例総合解説	後藤巻則
金銭消費貸借と利息の判例総合解説	鎌野邦樹
銀行取引契約の判例総合解説	関英昭
先物取引の判例総合解説	宮下修一
フランチャイズ契約の判例総合解説	宮下修一
賃借権の対抗力の判例総合解説	野澤正充
無断譲渡・転貸借の効力の判例総合解説	藤原正則
権利金・更新料の判例総合解説	**石外克喜**
敷金・保証金の判例総合解説	石外克喜
借家法と正当事由の判例総合解説	本田純一
借地借家における用方違反の判例総合解説	藤井俊二
マンション管理の判例総合解説	藤井俊二
建設・請負の判例総合解説	山口康夫
相殺の担保的機能の判例総合解説	千葉恵美子
事務管理の判例総合解説	副田隆重
不当利得の判例総合解説	**土田哲也**
不法原因給付の判例総合解説	田山輝明
不法行為に基づく損害賠償請求権の消滅時効期間の判例総合解説	松久三四彦
事業の執行性の判例総合解説	國井和郎
土地工作物設置保存瑕疵の判例総合解説	國井和郎
過失相殺の判例総合解説	浦川道太郎
生命侵害の損害賠償の判例総合解説	田井義信
請求権の競合の判例総合解説	奥田昌道
婚姻の成立と一般的効果の判例総合解説	床谷文雄
婚約の判例総合解説	國府剛
事実婚の判例総合解説	**二宮周平**
婚姻無効の判例総合解説	**右近健男**
離婚原因の判例総合解説	阿部徹
子の引渡の判例総合解説	許末恵
養子の判例総合解説	中川高男
親権の判例総合解説	**佐藤隆夫**
扶養の判例総合解説	西原道雄
相続回復請求権の判例総合解説	門広乃里子
相続・贈与と税の判例総合解説	**三木義一**
遺言意思の判例総合解説	潮見佳男

［太字は既刊、各巻2,200円〜3,200円（税別）］

信山社　労働法判例総合解説シリーズ

分野別判例解説書の決定版　　　　　　　実務家必携のシリーズ

実務に役立つ理論の創造

1　労働者性・使用者性　5751-9	皆川宏之	
2　労働基本権　5752-6	大内伸哉	
3　労働者の人格権　5753-3	石田　眞	
4　就業規則　5754-0	唐津　博	
5　労使慣行　5755-7	野田　進	
6　雇用差別　5756-4	笹沼朋子	
7　女性労働　5757-1	相澤美智子	
8　職場のハラスメント　5758-8	山田省三	
9　労働契約締結過程　5759-5	小宮文人	
10　使用者の付随義務　5760-1	有田謙司	
11　労働者の付随義務　5761-8	和田　肇	
12　競業避止義務・秘密保持義務　5762-5	石橋　洋	
13　職務発明・職務著作　5763-2	永野秀雄	
14　配転・出向・転籍　5764-9	川口美貴	
15　昇進・昇格・降職・降格　5765-6	三井正信	
16　賃金の発生要件　5766-3	石井保雄	
17　賃金支払の方法と形態　5767-0	中窪裕也	
18　賞与・退職金・企業年金　5768-7	古川陽二	
19　労働時間の概念・算定　5769-4	盛　誠吾	
20　休憩・休日・変形労働時間制　5770-0	柳屋孝安	
21　時間外・休日労働・割増賃金　5771-7	青野　覚	
22　年次有給休暇　5772-4	浜村　彰	
23　労働条件変更　5773-1	毛塚勝利	
24　懲戒　5774-8	鈴木　隆	
25　個人情報・プライバシー・内部告発　5775-5	竹地　潔	
26　辞職・希望退職・早期優遇退職　5776-2	根本　到	
27　解雇権濫用の判断基準　5777-9	藤原稔弘	
28　整理解雇　5778-6	中村和夫	
29　有期労働契約　5779-3	奥田香子	
30　派遣・紹介・業務委託・アウトソーシング　5780-9	鎌田耕一	
31　企業組織変動　5781-6	本久洋一	
32　倒産労働法　5782-3	山川隆一・小西康之	
33　労災認定　5783-0	小西啓文	
34　過労死・過労自殺　5784-7	三柴丈典	
35　労災の民事責任　5785-4	小畑史子	
36　組合活動　5786-1	米津孝司	
37　団体交渉・協議制　5787-8	野川　忍	
38　労働協約　5788-5	諏訪康雄	
39　**不当労働行為**　5789-2	道幸哲也	
40　不当労働行為の救済　5790-8	盛　誠吾	
41　**争議行為**　5791-5	奥野　寿	
42　公務労働　5792-2	清水　敏	

各巻 2,200 円～3,200 円（税別）　※予価

〒113-0033 東京都文京区本郷6-2-9-101 東大正門前
TEL:03（3818）1019 FAX:03（3818）0344 E-MAIL:order@shinzansha.co.jp

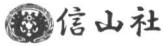

信山社
HOMEPAGE:http://www.shinzansha.co.jp